"十二五"普通高等教育本科国家级规划教材

经全国高等学校体育教学指导委员会审定

普通高等学校"互联网+"立体化示范教材

学校体育教程

主　审　杨　桦　孙麒麟　郝光安

总主编　刘海元

北京体育大学出版社

策划编辑：高云智
责任编辑：魏国旺
责任校对：宋志华
版式设计：沈小峰

图书在版编目（CIP）数据

学校体育教程 / 刘海元等主编 . -- 北京：北京体
育大学出版社 , 2015.5（2020.8 重印）
"十二五"普通高等教育国家级规划教材
ISBN 978-7-5644-1912-7

Ⅰ . ①学… Ⅱ . ①刘… Ⅲ . ①学校体育—高等学校—
教材 Ⅳ . ① G807

中国版本图书馆 CIP 数据核字 (2015) 第 100082 号

学校体育教程　　　　　　　　　　　　　　　　刘海元　等　主编

出版发行：北京体育大学出版社
地　　址：北京市海淀区农大南路 1 号院 2 号楼 4 层办公 B-421
邮　　编：100084
网　　址：http://cbs.bsu.edu.cn
发 行 部：010-62989320
邮 购 部：北京体育大学出版社读者服务部 010-62989432
印　　刷：三河市聚河金源印刷有限公司
开　　本：787mm×1092mm　1/16
成品尺寸：185mm×260mm
印　　张：20
字　　数：512 千字
版　　次：2015 年 5 月第 1 版
印　　次：2020 年 8 月第 6 次印刷
定　　价：46.00 元

《学校体育教程》编审委员会

前言

2013 年 11 月 12 日，中共十八届三中全会全体会议通过《中共中央关于全面深化改革若干重大问题的决定》（以下简称《决定》），《决定》对学校体育工作做出重要部署，明确提出"强化体育课和课外锻炼，促进青少年身心健康、体魄强健"。这是继《中共中央国务院关于加强青少年体育增强青少年体质的意见》（中发〔2007〕7 号）印发以来，党中央对学校体育工作提出的重要而明确的要求，必将对我国学校体育产生重大而深远的影响。

原教育部袁贵仁部长在 2014 年全国教育工作会议上的讲话中提出："要牢固树立'健康第一'的教育理念，强化体育课和课外锻炼，通过多种形式，保障学生体育活动时间，教会学生掌握一两项终身受益的运动技能，养成锻炼身体的良好习惯。"

围绕《决定》和全国教育工作会议上提出的要求，做好学校体育工作，加快高校体育发展的步伐，是我国高校体育工作者义不容辞的责任。强化体育课，就要切实保证大学的体育课时，实施《全国普通高校体育课程教学指导纲要》，丰富教学内容，改进教学方法，提高教学质量，提高体育课的实效性；强化课外锻炼，就要参加丰富多彩的课外体育活动，开展"亿万学生阳光体育运动"，切实落实每天一小时校园体育活动时间，有序开展学生课余体育竞赛活动。

2014 年 12 月，我们组织有关专家、教授，按照《决定》和全国工作会议上提出的关于学校体育工作的要求，认真总结了目前普通高校体育教学现状，遵循高等学校体育工作基本标准，广泛参阅了众多优秀教材，编写了这本教材。本教材具有以下特色。

1. 全新的理念

本教材以"健康第一"为指导思想，以促进大学生身心健康、体魄强健为目标，重视提高学生的身体、心理、社会适应和道德的整体健康水平；坚持"终身体育"的主导思想，以此影响到体育教育行为方式的根本转变，努力实现体育与生活的整合，使现代大学生在价值观念、身体健康、生活能力等方面能适应社会的变迁。

2. 独特的结构和体系

本教材紧紧围绕体育与健康这个核心，形成了系统性很强的 29 章，结构合理、体系新颖、便于学习。

3. 较强的实用性

本教材针对大学生的身心特点与健康需要，提出相应的锻炼方法，为大学生的身心健康提供有力保障；本教材对目前流行和热门的体育运动项目进行了阐述，力求使本教材成为体育爱好者锻炼健身的良师益友。

4. 崭新的内容和形式

本教材内容丰富，文字精练，通俗易懂，图文并茂。活泼的版式和二维码扫码设计、新颖的知识窗和案例，都让人耳目一新。

在编写过程中我们参考和借鉴了众多的书籍、资料，在此向有关作者致以真诚的感谢。

由于编写人员水平有限，若有不妥之处，恳切希望广大读者给予批评与指正，以便今后进一步完善和提高。

目录

理论篇

实践篇

第一章 高等学校体育概述

章前导言

    高校体育是高等教育的重要组成部分，是完成高等学校教育目标和人才培养工作的重要载体。了解高校体育的目的和任务，掌握高校体育的基本途径，明确高校体育工作对学生的基本要求是切实提高学生体质健康水平，促进学生全面发展的基石。

    重要提示： 体育意识；高校体育的基本要求；高校体育的基本途径

第一节 高校体育工作对大学生的基本要求

    高校体育工作对当代大学生的基本要求是：建立正确的体育意识、提高自身的锻炼能力、培养体育兴趣和习惯、塑造强健的体魄，为自身的全面发展打下良好的身体基础。

一、树立良好的体育意识

    体育意识是一种复杂的社会现象，可以表述为：人们对体育及其重要性的认识，以及由此产生的思想观念、心理活动的总和。而大学生的体育意识是指大学生对体育的认识和理解，主要包括理解体育运动的意义和作用，具有参与体育活动的欲望和要求等。

    体育锻炼意识是引导学生正确认识体育锻炼、指导学生参与体育活动的理论和思想基础。普通大学生体育意识的形成和发展，受生理、心理、生活、环境、学习、文化素质以及社会诸因素的影响。大学生体育意识的形成与变化，作用于自己的思想和行为，影响自己的体质与健康，同时与学习、生活互相影响。

    在现代社会生活中，体育与商品经济和社会化大生产之间存在着极为密切的联系。体育中的竞争意识、参与意识、合作意识、奋斗意识、拼搏意识、创新意识、自强意识、交往意识以及健美意识等都是与商品经济所需要的各种需求息息相通的，从这里我们应更加深刻地体会到体育意识与合格人才健康成长的内在联系。从这个意义上讲，增强体育意识已远远超过了增强体质、增进健康的范畴了。

二、提高体育的基本活动能力

能力通常是指人在从事某种活动中表现出来的本领。人们最为重视的是智力，其实，智力也是一种能力，即人们认识客观事物和运用知识经验解决实际问题的能力。但是人们很少知道，人的任何一种能力都是在以下三个因素的相互作用下产生、发展和变化的：第一是生理素质基础；第二是教育培养的作用；第三是个人努力和实践的成就。从这个视角来看，人的任何一种能力都受其德、智、体实际状况的制约和影响。

（一）人的基本活动能力

走、跑、跳跃、投掷、悬垂、支撑、爬越和涉水等人的基本活动能力，既是人的相应个性心理特征的反映，又是人的随意运动技巧的具体表现。它们直接影响着人活动程度的相应效率与顺利完成的程度。

（二）提高人的基本活动能力的有效途径

在漫长的人类历史进程中，人们对体育与运动是形成和发展人的基本活动能力的良好手段和有效途径早已有了深刻认识，并在不断深化。要提高人的基本活动能力，我们应从以下几方面着手：首先是认识能力；第二是体育运动能力；第三是制订锻炼计划及组织锻炼能力；第四是自我检查和自我评价能力。从这个意义上审视，体育成为人的全面发展教育的不可分割部分的本质意义才得以充分体现。

（三）优化智能结构

厚基础、宽专业、个性鲜明、社会择业适应力强和富于创造能力的德智体全面发展的新世纪合格人才应有最优化的智能结构。智能一般可理解为一个人智力和能力的总称，包括身体力、知识力、认识力、实践力和创造力五种基本要素，是相互联系、相互影响和相互制约的动态综合系统。

三、培养体育的兴趣和习惯

（一）兴趣是人们积极探究某一事物的认识倾向

对体育的兴趣，首先是在人们对体育需要的基础上产生和发展的，因为需要的对象正是兴趣的对象。同时我们必须明白，在较低级的需要基础上产生的兴趣是暂时的，只有建立在文化和精神需要的基础上的兴趣才是持久的，在需要得到满足后又会产生更加浓厚的兴趣。

（二）爱好是从事某种活动的倾向

对体育的兴趣进一步发展成为从事体育活动的倾向时，就发展成了对体育运动的爱好，爱好总是和兴趣紧密联系在一起的。

（三）正确对待体育的兴趣和爱好

首先从教育的角度出发，对待兴趣，学生有兴趣的要发扬；学生无兴趣，但有价值的，则必须加以引导。其次，培养学生参加体育锻炼的兴趣、爱好和习惯，不仅是一般的体育教育过程，而且更是一个培养、教育的过程。

四、努力塑造强健的体魄

增强体质，增进健康，努力塑造强健的体魄，这应视为我们接受体育教育的直接目标或首要任务。它既受高校体育本质功能的制约，又充分反映了现代社会对提高人类自身素质的现实需要，自然也是 21 世纪对合格人才的基本要求。

体育教育家马约翰：为何梁思成、钱伟长都感谢他？

著名的体育教育家马约翰教授，因为体育而成为清华大学的标志性人物。他说：体育可以带给人勇气、坚持、自信心、进取心和决心，培养人的社会品质——公正、忠实、自由。

清华大学当时每年要送出 100 名学生到美国。送出去的学生不能像"东亚病夫"，因此学校很重视体育。著名科学家钱伟长，1931 年考进清华大学时，身高只有 1.49 米，体重也不够 50 公斤。在马约翰教授不断的雪耻健身和体育报国的教育下，他充分发挥其顽强拼搏的精神，从没有停过一天的体育运动，成为当时全校闻名的中长跑运动员，在那期间打下了良好的健康底子。晚年的梁思成常笑着对后辈说："别看我现在又驼又瘸，当年可是马约翰先生的好学生，有名的足球健将，在全校运动会上得过跳高第一名，单双杠和爬绳的技巧也是呱呱叫的……我非常感谢马约翰。"

1958 年，76 岁的马约翰和土建系的一位中年教授合作，轻松地夺得北京市网球双打冠军，首创了 76 岁老人达到一级运动员标准的纪录。马约翰教授树立了坚持体育锻炼的典范。

第二节　实现高校体育的基本途径

一、体育的功能

"体育是社会发展与人类文明进步的一个重要标志，体育事业发展水平是一个国家综合实力和社会文明程度的重要表现。在现代化建设的进程中，体育伴随着经济、社会的发展而发展。"体育随着人类社会发展而发展，得到了不同民族和国家人们的喜爱、认同，发展的同时其影响和作用也越来越大。这充分说明体育对人类社会发展有着重要的功能和作用。而且，经济越发展，社会越进步，人们强身健体的意识就越强烈，体育的地位就越重要，作用就越显著。为了深入地分析和认识体育的功能，将体育的功能分成体育的特有功能和派生功能两大类。

（一）体育的特有功能

1. 增强体质，增强国力

这是体育的本质功能，通过体育途径实现人的增强体质、促进自由、全面发展的目的。这是体育的特有之处，也是体育区别于其他社会活动和事物对人和社会作用的根本点，并且具有不可替代性。毛泽东在《体育之研究》一文中指出："体育一道，配德育与智育，而德智皆寄于体。无体是无德智也。"他还指出："体者，载知识之车而寓道德之舍也。"通过体育达到增强体质，增强国力的目的，已经成为人类社会一种普遍的做法，也是当今世界各国普遍重视体育运动的根本原因。

2. 培养个人顽强拼搏、卓越自我、吃苦耐劳等意志品质

在进行体育运动和运动训练过程中，人们要克服由体育运动产生的特有的身体困难，体验到很多在正常条件下无法获得的身体体验，对一个人的内在意志品质具有特殊的培养和陶冶作用。健筋骨、强意志、调感情是体育的特殊功效，它可以起到"文明其精神，野蛮其体魄"的作用。北京大学前校长蔡元培先生说过："完善人格，首在体育。"体育的这些功能对青少年的意志品质的培养作用尤为重要。

3. 培养人们竞争、团结、协作等社会意识

体育有利于人的"社会化"。竞赛是体育运动的一个最显著的特征，体育竞赛能有效地培养竞争和团结的意识。没有强烈的取胜欲望和良好的团结协作精神，在体育竞赛中不可能取得胜利。人类现实社会是一个充满着激烈竞争的场所，需要团结和协作精神。体育竞赛，特别是在集体项目的竞赛过程中，要想取得胜利，既要有力争胜利的顽强竞争意识，又要懂得与同伴和队友的团结协作，这样才可能达到目的。

4. 丰富文化生活，提高生活质量

人们通过参加和欣赏体育运动不仅能增强体质，还能够愉悦身心，丰富文化生活。世界上还没有其他任何一种活动能像体育竞赛那样有规律地大规模举行，特别是以奥运会为最高层次的国际体育竞赛已经成为现代人们关注的焦点和欣赏的热点。各种不同形式和类型的体育竞赛，以它独有的形式和方式为人类社会生产出丰富多彩的文化精神食粮，提高人类的生存和生活质量，改变和改善着当今人们的生存和生活方式。

5. 协助构建公平、公开、公正的价值体系与标准

公平是人类社会所共同追求的一种理想社会状态。竞赛是体育最鲜明的特点，通过竞赛，优胜劣败，决出名次，可以激发荣誉感，鼓舞上进心。这是其他任何形式的社会活动和手段所不能代替的。在一定意义上说，没有竞赛，就没有体育运动。体育竞赛就是在公平的规则下，在公开场合中，通过最大限度地发挥个人和集体的体力和智力，优胜者得到奖励和人们的尊重。体育运动向人们和社会所展示的，以公平、公开、公正为核心的价值体系和价值标准得到了不同民族和国家的普遍尊重和推崇。

（二）体育的派生功能

1. 交流功能

在体育运动过程中，体育运动能增强人与人之间的交流和交往，是促进人们友谊和增强团结的重要手段。通过体育活动，能够扩大人们的情感交流，增加人与人之间的相互了解，改善人际关系，共同创造和谐文明的社会环境。国际的体育交往，还能够促进国家与国家之间，不同民族之间的相互了解和相互信任，有利于人类社会的和平与发展。

2. 经济功能

体育是人的活动，特别是体育成为一种很多社会成员参加的经常性活动后，总是在一定的物质消费的基础上进行的，必然要消耗一定的人力、物力和财力。因此，与体育活动相关的服装、器材、装备和体育场地设施等就会随之而产生，体育服务等社会行业就必然会出现。特别是在现代社会，体育中的很多内容已经发展成为人类社会的第三产业，在社会经济生活中发挥着越来越大的作用。2014 年 10 月国务院颁布了《关于加快发展体育产业促进体育消费的若干意见》，部署积极扩大体育产品和服务供给，推动体育产业成为经济转型升级的重要力量，促进群众体育与竞技体育全面发展，加快体育强国建设，不断满足人民群众日益增长的体育需求。发展体育事业和产业是提高中华民族身体素质和健康水平的必然要求，有利于满足人民群众多样化的体育需求、培育新的经济增长点，有利于弘扬民族精神、增强国家凝聚力和文化竞争力。体育产业已经上升为国家战略，到 2025 年体育产业将创造 5 万亿元的产值，这充分说明了体育的经济功能和作用。

3. 教育功能

体育是学校教育的一个重要组成部分，是教育的一个重要手段和方面。几乎所有国家都把体育作为教育的内容之一。体育在培养人们健康、合理的生活方式，集体主义精神，爱国主义精神，刻苦耐劳，顽强拼搏精神等方面有着重要作用。

4. 娱乐功能

体育运动能得到广大社会成员的喜爱，一个重要原因是体育与文化、艺术等活动一样具有较强的娱乐功能。人们在体育运动的过程中能体验到乐趣和快感，因而它成为人们娱乐的一种形式。

此外，体育还具有政治功能、外交功能、科学研究功能等多种功能。体育的派生功能和体育的独特在人类发展和社会进步中起着重要的作用，同时也促进了体育运动本身在人类社会中的不断发展。

体育的功能会随着社会和体育的发展而不断变化与发展。正确认识和深入研究体育的功能，有助于了解体育在人类社会中的作用和充分发挥体育的不同功能，使体育更好地为人类社会进步和发展服务。

二、体育课

体育课作为高校体育教育最主要的组织形式，是高等学校教学计划所规定的必修课程之一。由于体育课是按照教育计划和体育教学大纲而组织的专门的教育过程，因而它是实现高校体育目标的基本途径。

（一）体育课的指导思想

1. "健康第一"的思想。党中央明确指出："健康体魄是青少年为祖国和人民服务的基本前提，是中华民族旺盛生命力的体现。学校教育要树立健康第一的指导思想。"学校体育更应该树立健康第一的指导思想。

2. 全面素质教育的思想。学会生存、学会健康是学会学习、学会工作、学会生活、学会创造的基础，通过科学有效的体育与健康课程的教学过程，促进学生全面素质的提高。

3. 终身体育的思想。终身教育、终身学习、终身体育是新世纪教育和人的发展总趋势。要重视把运动、体育、健康置于人的生命的全过程之中。

4. 面向全体学生的思想。作为现代教育计划的基本组成部分，体育与健康课程必须面对全体学生，促使每一位大学生都能得到发展，实现人人享有体育、人人享有健康的目的。

5. 个性教育的思想。以人为本，重视个性，创造良好的氛围，展示学生的个性，发展学生的天赋，挖掘学生的潜能。

6. 整体化的课程建设思想。建立教师为主导，学生为主体，课内课外相结合，理论实践相结合，生理心理相结合，观赏参与相结合。运动是手段，体育是过程，健康是目标。以教书育人，全面培养，学以致用和终身受益的整体化的课程建设作为指导思想。

（二）体育课的性质和任务

体育课是培养21世纪合格人才的现代教学计划的基本组成部分，是高等学校的基础课程之一，它是高校体育工作的中心环节，也是完成高等教育和高校体育工作任务的重要途径。

体育课的基本概念是：按照国家规定的教育目标来组织有关体育的多因素、多层次、多维度的动态复合性教育过程。

体育课的目的旨在通过合理的体育教育过程和科学的体育锻炼的行为过程，促使学生增强体育意识，树立现代健康观念，不断提高体育能力与培养熏陶健康的行为方式，养成坚持参加体育锻炼和重视身心健康的习惯。同时受到良好的思想品德教育，努力成为体魄强健、身心健康的社会主义事业的建设者和接班人。

体育课的基本任务：① 增强体质，增进健康，全面提高学生的素质和提高对环境的适应能力，促进其身心全面发展；② 促使学生掌握体育基本理论知识，形成良好的体育意识，建立正确的体育观念，在全面学习体育运动技术过程中，掌握适用的基本技能，为养成终身进行体育锻炼的良好习惯打下坚实的基础；③ 促使学生掌握现代健康的理论知识，形成正确的健康观念和意识，通过运用科学组合的体育运动为基本手段，促进身心健康；④ 培养学生爱国主义和集体主义的思想品德，树立正确的体育观念，形成勇敢顽强、善于拼搏、团结进取、开拓创新的精神面貌。

（三）体育课的设置与时数分配

根据《全国普通高等学校体育课程教学指导纲要》的要求，必须为一、二年级本科学生开设不少于144学时（专科生不少于108学时）的体育必修课，每周安排体育课不少于2学时，每学时不少于45分钟。为其他年级学生和研究生开设体育选修课，必须开设不少于15门的体育项目。

根据教育的总目标和体育学科及现代课论的自身规律，有针对性地开设以下几种类型的体育课。

1. 必修基础课

必修基础课使学生形成正确的体育意识和现代健康观念，真正地懂得：健康是目的，体育是过程，运动和身体练习是良好的手段；掌握体育和健康的基本知识、技术和技能；全面提高学生身体素质，改善身体形态机能，增进身心健康。既要重视和中学体育与健康课程相衔接，又应注意为下一阶段学习奠定坚实的基础。本课程宜在一年级开设。

2. 必修选项课

必修选项课是在一年级基础课教学的基础上，根据学生个人的喜好、特长和身心发展水平，以某一类（组）运动和身体练习项目为主要内容组织系统教学，通过学习和掌握该项目的相应知识、技术和技能，增加对参与体育活动的兴趣、培养终身坚持体育锻炼的习惯和健康生活的行为方式，进一步增强体质、增进健康，并获得体质与健康的自我评价能力。本课程宜在二年级开设。

3. 选修课

选修课是在一、二年级必修课程的基础上，根据实际情况（体育运动设施、气候、地域、师资队伍、传统爱好和习惯、学生身心发展水平等）开设的若干门以某一类（组）或某几类（组）身体练习项目为主要内容的课程。选修课能进一步培养学生自觉参加体育活动，提高健康行为方式的意识和能力，为终身坚持体育锻炼打下坚实的基础，并在此过程中增强体质，增进身心健康。

4. 训练课程

训练课程是对部分身体素质较好并有一定运动专长的学生开设的一种专门的课程，是贯彻、执行、普及体育课与提高体育运动素质相结合的重要措施，此举肩负着提高运动技术水平、创造优异成绩、参与校际和国际交往、为校为国争光的使命。

5. 保健课

保健课是为个别身体异常和少数病、弱学生（高年级）开设的必修课和选修课。根据实际情况选择有针对性的内容组织教学，其目的在于增进体力，帮助恢复健康，调节生理功能和矫正某些身体缺陷，促使其形成正确的体育与健康意识，提高体育活动能力，注重康复、保健，增强体质，增进身心健康。

三、课余体育活动

高等学校的课余体育活动是体育课程的延续和补充，是高校体育教育过程中不可分割的环节，它为实现高校体育的目的和任务提供了又一重要途径。课外体育教学是学校体育的基本形式，其目的在于增强学生体质，培养学生自觉锻炼身体的习惯，同时可以陶冶学生情操，丰富学生文化活动，发展学生个性，对完成本课程教学任务具有潜移默化的作用。《高等学校体育工作基本标准》规定，每周应至少组织学生参加三次课外体育锻炼，切实保证学生每天一小时体育活动。

（一）清晨运动

早操应视为每天从事有效脑力劳动的准备活动，它可以消除抑制、兴奋神经、加强条件反射、提高生理机能，促使机体以良好的状态开始一天的学习生活。早操以多样化的内容与形式满足大学生的个体需要，如轻音乐相伴的健身跑，新推广的集体广播操，太极拳、迪斯科健美操以及各种身体素质的锻炼等。组织形式可以是进行定点辅导，分班召集，与个人活动相结合。早操有统一要求，也有相当的自由度，实效性很好，许多高校把加强早操与校风、学风建设紧密联系起来，是有远见卓识之举，理当效法。

（二）课间运动

课间操是积极性的休息。文化课程下课后，在教室周围进行 3～5 分钟的轻微运动，适时转移大脑的优势兴奋中枢，可为下一堂课注入更充沛的精力。

（三）课后运动

课后运动是大学生们结束一天课程之后有目的、有计划和有组织地进行身体练习的具体实践。课后运动有如下形式：以教学班为单位的课外辅导；以达到《国家学生体质健康标准》为中心的素质测验；以学生单项运动协会和学生体育社团为中心的小型多样的体育锻炼和运动竞赛；安置现代健美机械的健身房运动等。

（四）全校性的运动会和体育节

《高等学校体育工作基本标准》规定学校每年要组织春、秋季运动会（或体育文化节），设置学生喜闻乐见、易于参与竞技性、健身性和民族性的体育项目。以运动会为舞台，给全校师生公平竞争的机会。在拼搏中找寻个人的成功，在竞争中增强集体的凝聚力。每一次校运会的成功，都给学校带来新的活力。

（五）课余运动训练

大学课余运动训练是利用课余时间，对部分身体素质较好并有某项运动专长的学生进行系统训练的一种专门教育过程。它是高校体育的一种主要组织形式，也是认真贯彻、执行、普及体育课与提高体育运动素质的重要措施。它一方面肩负着提高运动技术水平、创造优异成绩、参与校际和国际交往、为校为国争光的光荣使命；另一方面又承担着指导普及、促进高校体育运动蓬勃开展的艰巨任务。大学课余运动训练有着目标的双重性、对象的广泛性、时间的课余性、运动项目的专门性与训练手段的多样性等优点，并且拥有高科技、多学科和大学生的体能和智能优势，更新观念、增添措施、遵循规律、敢于创新，有中国特色的大学课余运动训练之路是十分广阔的。

（六）野外活动

野外就是指山、河、湖、海、草原、天空等自然环境，野外活动就是指在这种自然环境中开展的各种活动的总称。野外活动的内容主要可以分为陆域活动、水域活动和空域活动。国内外的实践和研究表明，野外活动是一项具有陶冶情操、强身健体和消除疲劳等效能，深受青少年和广大人民群众喜爱，并不能为其他运动所替代的有益活动。其活动特点决定了它对青少年的教育意义，因而已成为发达国家学校教育的内容和终身体育不可缺少的部分。

四、西方高校体育的启示

（一）美国高校体育的理念与开展

美国大学体育一般分为两个类别内容：校际体育竞赛和娱乐体育。娱乐体育一般包括体育课程教学、校内体育竞赛、俱乐部体育、集体和个人的课外体育锻炼等。

美国一部分大学设置了必修体育课程，另一部分大学没有设置必修体育课程。不设置必修体育课程的大学则为学生提供了无专业学分的娱乐体育课程。其体育课程教学内容中，健身类教学内容所占的比例较大。

美国大学的课外体育主要是以各个运动项目的体育俱乐部、各类体育中心和健身中心为平台，以校内体育竞赛为载体，在其大学体育部的组织和学生积极自主参与下来实施各类课外体育活动计划。

美国大学的学生多穿着运动服装，在课余时间进行健身活动。他们酷爱橄榄球、篮球、棒球等联赛，经常穿着统一的服装为自己喜欢的球队呐喊助威。

美国大学学校体育已经成功地实现了竞技体育、学校体育和社会体育的一体化。确立了"努力迎合与满足参与者体育活动需要"的学校体育核心指导思想。

1. 哈佛大学

哈佛大学注重对体育教学的培养，体育部以"全体学生的体育运动"为己任。竞技运动和娱乐健身运动是教育内容过程中必不可少的部分。哈佛大学认为参与体育运动是学生们成长、学习和娱乐的途径，也是他们塑造和发展自身个性、身体、智能的途径。体育部的所有人员，包括教练、医务和训练辅助人员、器材和设备人员以及管理人员，致力于实现这些目标，以大学的价值观为荣，并支持常春藤联盟和全国大学生体育协会。哈佛大学体育协会隶属于NCAA的常春藤联盟。在联盟的单项运动中，哈佛大学一共有34个校级运动队，但打开哈佛大学的官方网站你会发现，所有的34个运动队中只有一个项目自建队起从来没拿过联盟冠军，那就是男子篮球。哈佛大学也是联盟中唯一一所从来没有问鼎过联盟冠军的学校。

2. 耶鲁大学

耶鲁大学是美国NCAA（全国大学体育联盟）的一级成员，有35个校级运动队参加常青藤联赛、美东大学体育联赛、新英格兰地区校际帆船联赛。耶鲁大学是美式足球的发源地。耶鲁拥有大量的体育设施，包括耶鲁大球场（因其形状也被称为"耶鲁碗"，是美国第一座这样形制的球场）、Walter Camp Field体育中心、Payne Whitney体育/健身馆、Corinthian游艇俱乐部（建于1881年，是世界上第一个大学游艇俱乐部，并培养了多名奥运会运动员）。

3. 斯坦福大学

斯坦福大学体育管理部门机构健全，人员配备充足，功能强大；竞技体育规模大，地位突出，管理科学，国内外战绩极其辉煌；校内体育形式多样，内容丰富，广大师生员工踊跃参加；场馆设施完善先进，可完全满足各种体育活动的需要。斯坦福大学有大型的高尔夫球场和游泳池等，并且也拥有能容纳85000人的体育馆。

4. 宾夕法尼亚大学

学校的橄榄球运动发达，在1982—2003年间，橄榄球队曾12次获得联盟冠军。从1970—2006年，学校篮球队22次获得联盟冠军。早期的宾夕法尼亚大学橄榄球队曾对该项运动做出许多贡献。在 1894 年、1895 年、1897 年和 1904 年，学校的橄榄球队 4 次获得全国冠军。

（二）英国高校体育的开展

1. 牛津大学

从伦敦出发，西北方向，两个小时的车程就抵达了著名的牛津城。

39 个学院散落在牛津镇上，与公共建筑毗邻，使得这里成了名副其实的大学城。800 多年的变迁，让这所学校充满了沧桑的质感。你可以在学院间的大小道路上轻易地发现 17 世纪留下的痕迹，也能在转身间看到最现代最时尚的商业符号，历史和现代在这里无缝融合。

穿着博士服玩滑板的中年毕业生，在草坪上踢"野球"的青年人，摆满运动书籍的街角书店，播放着奥运会比赛的酒吧……走在牛津大学城里，处处都有运动的影子，让人感觉充满活力。

现代短跑的诞生

根据资料记载，短跑项目起源于公元前 776 年，是古希腊奥运会唯一的竞技项目。但现代短跑则起源于牛津大学，在 1850 年的牛津校运动会上，短跑第一次被设为综合性体育比赛项目，也是从那时起，有了第一份比赛规则。

"很少有人会问我牛津大学与体育的问题，据我了解，那是一个古老的故事，老得让我们都有些记不清了。"伊丽莎白，牛津大学文化协会会长，对于牛津傲人的文化历史，年长的她可谓如数家珍，"162 年前，牛津大学校级运动会出现了短跑项目。我想设立这个项目的初衷，也是为了让整个运动会更加好看。至于竞技性嘛，从规则的简陋就可以看得出来。"

"现在的规则和那时相比，已经修改了太多太多。在当时，现代短跑起源时，唯一的规则就是谁先跑到终点谁就是胜者。没有姿势的要求，没有起跑的规范，现在看起来似乎有一点可笑，但那确实是一个重要的节点，现代短跑的历史也正是在那一年开始书写。"伊丽莎白说。

2. 剑桥大学

剑桥大学，是一所位于英国剑桥市的世界顶级研究型大学。始创于 1209 年，亦是英语世界里第二古老的大学。

剑桥大学学风自由，学生平常参与多种业余活动，其中划船是最流行的体育运动，剑桥大学各学院间经常比赛，而且剑桥大学每年都会与牛津大学举行划船比赛。各学院间还举行其他各种体育比赛，包括橄榄球、板球、国际象棋等。9 月暑期的剑桥电影节还没有开幕，免费音乐会也屈指可数，倒是各类体育俱乐部已经把招收新会员的广告打了出来——板球、橄榄球、马术、自行车、划船，后两个体育项目中，剑桥出过不少奥运会冠军选手，自然是这里的热门。但乒乓球也有俱乐部，土地经济系另一位中国博士邓亚萍只在乒乓球俱乐部出现过一次，打败了剑桥排名第一的男选手之后就再也没有露面。

案 例 牛津、剑桥赛艇对抗赛

牛津大学（Oxford University）和剑桥大学（Cambridge University），是不列颠高等教育的双子星。即使是在全球范围内，这两所大学也毫不逊色于其他任何大学，一直稳稳占据世界大学排行榜前十的宝座。

"艺术的牛津，科学的剑桥"——一方是人文科学，另一方是自然科学，这似乎是很多人心中固定的公式。施强留学杭州分公司英国部经理苏丹表示：剑桥大学类似中国的清华大学，以理工科著称，历史上出了70多位诺贝尔奖得主；而牛津大学则和国内的北京大学一样，以文科著称，以"铁娘子"著称的英国首相玛格丽特·撒切尔、美国前总统克林顿和已故印度总理英迪拉·甘地夫人，都毕业于牛津大学。

作为英格兰民族知识界的双驾马车，牛津、剑桥之间的互不服气也算历史久远了。

19世纪20年代，两个分别跻身于这两大名校的好友突发奇想，既然牛剑在学术教育上互不服输，不如举行一次划船对抗赛来较量一番。原来这两所大学都位于河畔，分别依傍着康河和查韦尔河。

划船运动在两校都很受欢迎，唯一的不同是划船的方法：在剑桥，船头朝前，划船人站在船尾；而在牛津，则是船尾朝前，划船人站在船头。划船比赛的两个创始人碰巧都叫作查尔斯。

剑桥的查尔斯·莫瓦尔出身名门，牛津的查尔斯·华兹华斯更是有来头，他的叔叔就是英国著名的"湖畔派"桂冠诗人威廉·华兹华斯。老华兹华斯还曾是剑桥的学子。

1829年3月12日，剑桥向牛津下了战书："剑桥大学在此向牛津大学挑战，在伦敦或靠近伦敦的泰晤士河上进行一次8人赛艇比赛，时间定在复活节期间。"

同年6月10日，划船赛在伦敦泰晤士河牛津郡的亨利段河面进行，牛津大学在首次比赛中获胜，从此拉开了两校间百年恩怨的序幕，前一年的失败者就成为下一年的挑战者。在过去的151届比赛中，剑桥赢了78次，而牛津赢了72次。

在1877年的那次对抗赛中，两队同时抵达，由于当时并没有终点摄像设备，所以被裁定为平局。目前，剑桥大学保持着时间最长的连胜纪录——1924—1936年连胜13次，而牛津只有一次10连胜（1976—1985年）。

思考题

1. 高校体育工作对大学生的基本要求有哪些？
2. 请简要说明体育的特有功能有哪些。
3. 体育课余活动有哪些形式？

第二章　体育运动的益处

章前导言

　　体育运动是在人类发展过程中逐步开展起来的有意识地对自己身体素质的培养的各种活动。了解体育运动的益处可以了解体育锻炼的重要性，明确体育锻炼的目标，增强终身体育意识。

　　重要提示：生命教育；生存教育；天天运动

第一节　体育与生命教育

一、生命教育概述

　　生命是生物的本质和组成部分，是生物体无穷变化所遵循的普遍规律，生命构成了世界的存在，世界因为有了生命而显示出生生不息的活力。生命是人类追求梦想、实现个人潜能和理想的基础，是人类情感的载体。

　　有这样一个游戏：托盘中放了若干个瓶子，上面分别写着"爱情""房子""工作""汽车"和"生命"，参与者从托盘中任意挑选一个瓶子，然后让他们把瓶子扔在地上。其中，"爱情"并不会摔坏，可以捡起来，意味着爱情可以重新开始；"房子""工作""汽车"也都不会摔坏，也就是说，这些都能失而复得；只有代表"生命"的瓶子会被摔破，想再找回来是不可能的。这个游戏告诉我们，人的生命只有一次，如果失去将不再拥有。

　　生命教育就是以生命为核心，以教育为手段，倡导认识生命、珍惜生命、尊重生命、爱护生命、享受生命、超越生命的一种提升生命质量、获得生命价值的教育活动。

　　近年来我国已经出现了严重的自杀问题，而青少年的自杀率也有升高的趋势。有人估计，每年约有 25 万青少年自杀身亡。另外，人们刻意追求当下的娱乐或是沉迷于网络的虚拟世界等生活状态对青少年产生了越来越严重的影响。青少年在思想和行为上表现出对生命的无畏、对生存的无能和对生活的无趣等特征，其根本原因就在于缺乏对于生命的敬畏之心，有意回避生命的沉重。这种生命状态犹如泡沫一般轻飘，一时间可以在阳光下呈现五彩缤纷的色彩，但转瞬就在阳光中破裂消散，不会留下任何生命印迹。

如何在无法回避的生命的沉重与脆弱的冲突中发掘并整合生命意义，使个体生命最大限度地成就自我，这应是当前教育首先需要认真对待的问题。

生命教育要立足每一个真实的生命个体，以培养生命个体生的勇气和使命感为追求，以帮助生命个体具备成就生命意义的实践能力为内涵。由此，我们无须回避生命本身的沉重，我们要一起直面生命让我们遭遇的一切苦难，唤起真实人生体验的共鸣，感悟人类生命历程的悲怆实质，反思人类生命的文化精神和文明进程。

生命教育是一种全人教育。它涵盖了人从出生到死亡的整个过程和在这一过程中所涉及的各个方面，既关乎人的生存与生活，也关乎人的成长与发展，更关乎人的本性与价值。生命教育的核心目标在于：通过生命管理，让每一个人都成为"我自己"，都能最终实现"我之为我"的生命价值，即把生命中的爱和亮点全部展现出来，为社会、为人类焕发出自己独有的美丽光彩。

二、体育与生命的延续

生理老化是人不可避免的自然现象，但人类可以采取一定的措施，适当地延缓生理老化。病理老化是由疾病引起的老化，单单由于生理老化而导致的死亡是很少见的，即我们所称的"老熟"而死。有一位科学家，原本以为在众多的死亡者之中必有老熟而死者，但事实上发现他们均因某种疾病而死。可见，预防疾病不仅是避免疾病对人的伤害，也延长人的寿命。

哺乳动物的生长期（发育完成并到达成年）和寿命之间有显著相关性，后者是前者的5～7倍。按此计算，人的寿命理应达到125～175岁。之所以未能达到这个年龄，均是因为有病，导致病理衰老之故。了解了人的衰老原因之后，我们再来考虑体育和人的衰老之间有什么关系。既然人的老化和疾病关系密切，那我们可以得出这样的结论：如果体育能有防病、治病的作用，就会减缓人的病理老化过程，达到使人延年益寿的目标。

造成人类死亡的主要疾病是什么？在经济欠发达的发展中国家，主要的致命疾病是传染病，但是在抗生素得到充分供应和预防接种得到普及的条件下，传染病已得到控制。这种控制的功劳和体育无任何关系，因为从来也不存在因体育运动而使传染病治愈这样的案例。

造成人类死亡的另一种疾病是癌症。癌症的原因不详，也无特效药，因此，它是全球的一种高死亡率的疾病。但是，也从来不存在这样一个案例，因为体育，有效地预防和治愈了这一类疾病。

与体育关系密切的疾病是被称之为现代文明病的代谢综合征。随着经济的快速发展，现代人的生活水平不断提升，饮食营养过剩；同时，交通运输的快捷，使人的运动也减少了，加上生活节奏加快、精神紧张加剧，导致了肥胖、高血压病、冠心病、糖尿病等一些慢性疾病的蔓延。我们知道，这一类疾病是可以通过有效的体育运动加以预防的，也可以把体育运动作为辅助治疗和康复的手段。这一事实说明了体育和人的延年益寿是相关的，它既证明了体育运动对干预人的健康、延长人的寿命起了一定作用，也表明了这种作用是有限的，只有措施合理、方法得当才能取得实际效果。

我们知道，胸腺是具有免疫功能的组织之一，被认为是中枢免疫器官，它是被称作免疫活性细胞之一的T细胞的培训站，这种T细胞越多，免疫功能就越好，人就不易生病和衰老。

经研究观察表明：运动能够推迟机体免疫系统的衰老。有人做过这样的实验，一组年龄为65～75岁的老年人以50%最大摄氧量的运动强度（大约运动时最高心率为130次/分）持续跑步45分钟，即可明显提高外周血中T细胞、NK细胞以及由B细胞分泌产生的抗体水平，并持续到运动后6小时左右。如果能长期坚持这种强度的运动锻炼，锻炼持续到6周左右，同时把运动看作是一种娱乐活动，而不能把它当作一种负担，如此，才有可能对人的健康和寿命产生潜在效果。

美国运动医学会对健康成年人身体活动的具体建议

1.应每周至少完成150分钟的中等强度有氧运动，或每周累计至少75分钟的大强度有氧运动身体活动，或中等和高强度两种活动相当量的组合。

2.每次坚持30～60分钟的中等强度有氧运动，每次20～60分钟的大强度有氧运动。

3.想要获得更多的健康效益，成人应增加有氧活动量，达到每周300分钟中等强度或每周150分钟高强度有氧活动，或中等和大强度两种活动相当量的组合。

4.每周应该至少有2天进行大肌肉群参与的增强肌肉力量的活动。

三、体育与生活质量

生命周期不同阶段的人，有着不同的体育价值取向，也有着对体育的不同需求。凡是能实现这种价值取向并满足这种特定需求的体育，就能达到提高人的生活质量的效果。由此可见，我们提出的"人"的生活质量，均是指不同生命周期的特定阶段的人的生活质量。

总的来说，体育对提高生活质量有以下几个方面的作用。

（一）体育运动改变我们的生活方式

在城市化的进程中，由于传媒和交通工具的迅速发展，加速了改变人们生活方式的步伐，以往单一的生活方式不复存在，生活方式的多元化正逐步改变。

体育是集政治影响力、经济生产力、文化传播力、社会亲和力于一体的综合性实现社会价值的平台。体育还是制度化、生活化的游戏。体育有健身、健美、身体教育、休闲娱乐、时尚品位、运动体验、压力宣泄、人际交往等多种功能。

体育运动是一种生活方式，现代体育无论是体育产业还是体育事业都能提高生命质量和生活质量。从世界范围来看，预防心脏病、心血管疾病等慢性病的最好办法就是运动。现代社会生活方式的改变和缺乏运动导致了医疗成本的增加。在西方发达国家，有人说国民健康决定财政健康，全民参与体育锻炼能让一个国家财政健康，这当然是一个长期的过程。缺乏锻炼会导致一系列慢性疾病，导致医疗成本增加。每个人都应该参加体育锻炼。美国非常重视国民体育运动，对青少年、中老年人进行不同的运动指导。

体育还形成了一个庞大的产业，范围包括体育用品制造、体育中介、体育赛事，等等。目前全球的体育产业增加值超过8000亿美元。统计数据表明：在2000年，美国体育产业产值2125亿美元，占该国GDP的2.4%。我国体育产业发展得也很快，呈现东强西弱的地域分布特点。

（二）体育运动使我们在生活余暇的支配上，得到更多的体验和改善

在现代社会中，人们在支配余暇时间的方式上出现了新的变化。人们越来越认识到消遣娱

乐、体育运动的重要性。劳动是人类生存的必要条件，休闲娱乐、体育运动同样对人类生存具有积极的意义。这些活动不仅可消除大脑疲劳感，使疲劳的身体得到积极休息，精力充沛地投入到劳动中去，而且这些活动可以使劳动者摆脱必然性的支配，可以自由地决定自己的行为方式，发挥自己的爱好、兴趣和才能，为自身的充分发展提供广阔的天地。

在传统社会里，人们支配余暇的能力是很低的，而且范围狭小，是一种简单的个人行为，基本上是靠接受外来信息，看书看报度过，在家庭或亲戚之间小范围内度过余暇时间。而现代社会人们支配闲暇时间的方式发生了巨大变化，人们已不再满足过去那些低层次的方式，开始向发散性、开放性的方式转化。人们厌倦家内单调的生活，特别是在城市污染十分严重的情况下，更有一种离开市井生活，回归自然，重回田园生活的强烈愿望。这使人们热衷于旅游、远足、登山、泛舟、探险、漂流等，以上这些支配余暇时间方式的变化，与体育健身，特别是休闲体育是一脉相承的。这些活动恰好为人们度过余暇提供了良好的活动内容。把更多的余暇时间投入到体育中来，逐渐成为人们生活的一种时尚，一种新理念。

（三）体育运动可以增强人的体质

生活质量的高低最基本的要求是健康，健康就是具有强健的体魄、充沛的精力、敏捷的思维、平衡的代谢功能、正常的生理活动和心理反应以及强大的抵抗力。体育锻炼对人的形体健美、心肺健康和神经系统都有良好作用。合理的体育锻炼能促进器官的发育，促进肌肉的新陈代谢；改善形体，矫正畸形；增强心肺工作能力；预防呼吸系统、消化系统及心血管系统疾病；提高脑细胞生理功能，提高神经系统机能等。体育运动是增强体质最基本的方式。增强体质不仅使我们有一个强健的体魄，而且具有一定的体育素养，可以更好地适应现代生产方式和生活方式，提高生活质量（图 2-1-1）。

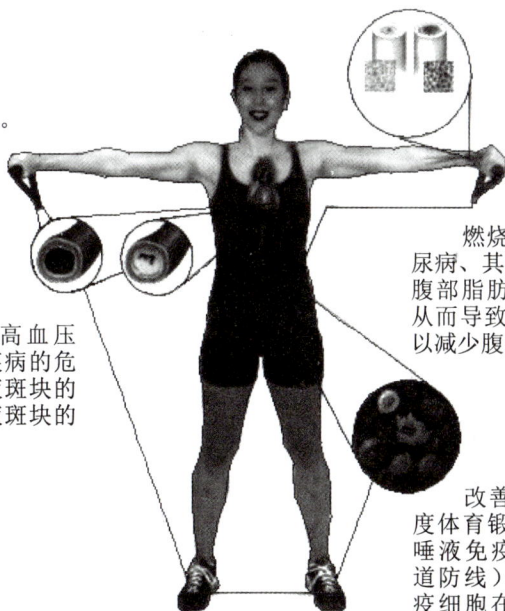

有助于增强骨密度，降低罹患骨质疏松症、骨关节炎和腰痛的风险。

延年益寿，减少疾病。

燃烧脂肪，降低发生肥胖或罹患糖尿病、其他代谢类综合征和癌症的危险。腹部脂肪会产生进入血液的炎症分子，从而导致 2 型糖尿病和心脏病。锻炼可以减少腹部脂肪，降低以上风险。

降低罹患心脏病、高血压病、中风及其他心血管疾病的危险。锻炼能减少引起血液斑块的坏胆固醇，增加去除血液斑块的好胆固醇。

改善免疫系统功能。从事中等强度体育锻炼时，身体会增加巨噬细胞、唾液免疫球蛋白 A（上呼吸道的第一道防线）及其他免疫成分；可以使免疫细胞在血液内更快流动，杀死更多细菌和病毒。

图 2-1-1　体育运动的好处

（四）体育运动可以促进智力的发展

智力的高低是人们能否成功与快乐的一个重要因素，是提高生活质量的一个重要砝码，而体育运动可以有效地促进智力的发展。体育运动是一种积极的休息方式。适量运动使运动中枢兴奋，可有效地抑制思维中枢，使其得到积极的休息。这有利于大脑思维功能的合理应用，提高工作效率。其次，体育运动可以促进观察力、记忆力、想象力和思维能力等智力因素的发展。例如，体育运动能有效地发展我们的观察能力；技术动作的练习，有利于促进我们记忆力、想象力的发展；各种体育活动可以潜移默化地提高我们思维的灵敏度和应变能力。

（五）体育运动改善人际关系

体育运动具有集群性特点，它能提供群众聚会的机会，使人接触面不断扩大。人们在一起活动的过程中，人与人之间的思想交流、情感交流和日常交往加强，人与人之间、家庭邻里之间、集体之间、民族之间的了解得到促进，从而使人们的人际关系得到大大改善。这对创造一个和谐、文明、健康的社会环境有极大的帮助。

（六）体育运动改善人的精神面貌，培养竞争意识和进取精神

精神面貌是指人的内在意识、思维活动和心理状态通过外在的、让人看得到的行为或气质所表现出来的精神状态。体育运动可以陶冶人们的情操，使人们不断追求生活中的真、善、美的东西，自觉地抵制假、恶、丑的现象，使人感到生活充实且有意义，因而在工作和学习中就会精力充沛、精神振奋。体育运动带来的形体美、姿态美的良好变化，也会使人变得活泼开朗、朝气蓬勃，使人感到生活充实而有意义。通过体育运动，可以调节人的心理活动，松弛紧张的神经，转移和消除人的疲劳感、压抑感。这些都可以使人精神面貌焕然一新。另外，体育运动还可以培养人们顽强的毅力，培养人们团结合作、办事果断、灵活机智、诚实可靠、奋勇拼搏、勇于进取的意志品质和良好作风。

（七）体育运动可以提高美的鉴赏能力

人的美是内在体现出的精神气质美和外部表现的形体美的和谐统一，两者有机结合才能称得上真正的美。体育是实施美育的重要手段之一。在多姿多彩的体育活动中，各种体育竞赛、体育表演，以至体育场馆的形状、体育器材的布置等，都可以使人们受到外在美和内在美的熏陶，并获得丰富的、多种多样的美的情感体验，使人们健康的审美观念和热爱美的情感得以提高，使人们鉴赏美、创造美和表演美的能力得以促进，从而使人们更加自尊、自爱、自信、自强。

总之，体质、智力、人际关系、竞争意识和进取精神、良好的鉴赏美的能力都是提高我们自身生活质量的必要条件，而体育正是获得这些条件的必要手段。体育运动让我们的生活更加健康和快乐。它促使人们更加积极地追求健康、强壮、快乐、豁达、平等、善良、竞争和友爱。社会发展的最终目标是提高人的生活质量，体育在提高生活质量的进程中显示了越来越重要的作用。

第二节　体育与生存教育

一、生存教育概述

（一）生存是人类的根本需求

迅速提高的经济与生活水平并没有使人们获得更多的安全感。与此相反，事实上我们生活在一个极不安全的世界里，车祸、火灾、入室抢劫、暴力犯罪……各种外在的不安全因素几乎每天都能在新闻中听到，各种恐惧笼罩着我们。面对这样的现实，我们既需要利用它来实现自身的成长与发展，又无法凭一己之力改变和脱离它，因此，不管是生活在大城市还是小城镇，不管是什么样的身份，个人安全已成为人们工作、居家和出门旅行首先要考虑的问题。

（二）生存教育是基础教育

> **案　例**
>
> 2010年11月15日，上海市静安区胶州路728号胶州教师公寓正在进行外墙整体节能保温改造。约在14时14分，大楼中部发生火灾，大火引燃了楼外部楼梯表面的尼龙防护网和脚手架上的毛竹片，随后在烟囱效应的作用下在楼内迅速蔓延，最终包围并烧毁了整栋大厦。消防部门全力进行救援，火灾持续了4小时15分，至18点30分大火基本被扑灭。这场大火最终导致58人遇难，71人受伤。

上海静安大火火灾现场

生存教育是日常生活中每个人都应时刻关注并不断学习和积累的各种关于生命安全的经验。教育包括了直接经验的获得，也包括间接经验的学习。对已发生过的安全问题进行经验总结，学会运用安全的智慧来处理问题，在很多时候可以帮助我们远离不必要的麻烦和危险。

生存教育是针对遭遇突发性事件和灾害性事件的应急、应变能力，避免生命受到侵害的安全防范能力，遇到人身伤害时的自我保护、防卫能力，以及法制观念、健康心理状态和抵御违法犯罪能力的教育。生存教育是维护大众安全状态的一项基础教育，其内容包括在众多情况下，应该如何更好地保护自己的生命（如在遭遇自然灾害、意外事故、人身侵害时，以及日常生活、外出郊游时遇险等）。

有目的地开展生存教育是非常必要的，正如德国著名教育哲学家博尔诺夫所言，危机或遭遇是人生的一个组成部分，只要人活着，就必然会遇到这样那样的危机或遭遇，危机或遭遇的发生或出现带有必然性。我们不可能消除危机或遭遇，所能做的只能是从心理上做好准备，并准备好应对的方法和技能，这是应对突发事件或灾难的生存教育所应完成的任务。从某种角度上讲，人类发展的历史可以理解为抗击天灾与人祸的历史。有些灾害并不常见，但危害不可小视。可以说，无论你生活在地球的什么地方，无论你具有什么职位和处于什么年龄，个体都会遇到危害程度不同、形式不一的灾害。

二、体育与生存教育的关系

从教育的实质来看，生存教育是最基本的教育。体育作为全面发展的教育目标中的一个组成部分，是使学生其他方面得到充分发展的重要保证。而生存教育就是要发掘人的各种潜能，增强人的生存能力。从体育教育的目的看，体育教育是以促进学生健康为第一要素，是为人类身心健康与人的发展服务的。从体育教育的过程看，是一种教与学的过程，是一种有效地掌握体育基本知识、技能和技术以及卫生保健常识等的学习过程，从体育教育的内容看，应包含人类生存与发展需要的各种生存能力的形成与提高的内容。在体育教学活动中通过目标教学内容的设置（如各种比赛和游戏等）、气氛的营造以及学生积极有效的参与，使学生有参加竞争的众多机会，不断体验成功与失败。长期的训练可以使学生养成"胜不骄，败不馁"的健康心态。体育教学中的许多内容是群体项目（如球类），有利于学生之间的交流、沟通与协作。也有许多项目动作难度大又有一定的危险性，需要勇敢精神和意志力，这就有利于培养学生的竞争意识和磨炼学生的意志品质。从生理角度来看，复杂多变的体育活动内容可以促进学生大脑的发育，提高其思维应变能力，并有利于学生创造性思维能力的训练。同时，体育运动能够提高学生对新生事物和社会性事件的综合性应变能力，有利于形成自身生存发展需要的坚强品格，使之能在社会竞争中立于不败之地。

体育与生存教育的目的具有一致性。二者都是以身体锻炼为手段，以提高人的基本运动能力，使人掌握终身运用的基本生活与生存技能为目的。通过体育锻炼，可以在运动过程中达到锻炼意志品质，增强心理素质，提高社会责任感，培养独立思考与处理问题的能力。还可以加强对人们的安全防卫教育，能有效地提高和培养自护自救的各种技能和心理素质等综合能力。

体育是生存需要的产物

"需要"是促进人类活动的基本动力，人正是受"需要"的激励才得以生存、生活和参与社会活动的。而在现实生活中，"生存需要"作为人类的主体需要，实质是受生理规律支配的一种机能反应。如常言所说的"饥思食，困思寝，久卧思动，久动思静"就表明人类出于最低生存本能的要求，为谋生和防卫去从事一些有意或无意的肢体活动，即通过各种生产劳动技能和防卫手段，为自己获取生存物质创造最起码的条件，从而使体育也得以在人类求生存的本能活动中萌生。

体育课程兼有学科性和活动性特点，除了本身所具有的健身功能外，还能有效地提高人体的各种与自救能力相关的基本素质，避免机械外力的伤害和人身伤害。它能使人掌握自救、互救的知识和本领，使人具有灵敏的反应能力和应变能力、克服意外事故的良好体力，并能培养处变不惊的良好心理状态。体育具备了天然的安全教育属性，能与人类生存所需要的基本能力很好地融合。

第三节　为什么要天天运动

"Move your body everyday（天天运动）""Stay active（保持天天运动）"是最近几年欧美宣传健康理念时常常提到的两句话。

"天天运动"并不是指每天都进行枯燥的重复性运动，"天天运动"是以周为时间单位，有计划、有目的地开展与健康相关的各类体育运动。目的在于通过不同的运动方法，保持或改善关乎人体健康的各项素质，从而获得真正意义上的健康，即身体健康、心理健康和社交健康。

一、天天运动能促进身体健康

（一）健康的概念

1989 年世界卫生组织提出：一个人只有在躯体健康、心理健康、社会适应良好和道德健康等 4 个方面皆健全，才可被认作健康。

（二）影响健康的因素

影响健康的因素，又称健康决定因素，是指影响和决定个人与人群健康状态的各种条件变化。

1. 人类生物学因素

人类生物学因素包括遗传、病原微生物和个人生物学特征等。其中，遗传因素是影响人类健康的基本因素。

2. 环境因素

环境因素包括自然环境和社会环境，对人类健康的影响极大。

3. 生活方式因素

生活方式因素又称行为与生活方式因素，特指人类个体或群体长期受一定文化、民族、社会、经济、风俗、习惯等因素影响而形成的一系列生活观念、生活态度、生活习惯和生活制度等，给个人、群体乃至社会的健康带来直接或间接的危害，它对机体产生潜袭性、累积性和广泛性等影响。不良生活方式是影响健康的重要因素之一，而良好的生活方式则是长寿的重要保证。

4. 医疗卫生服务因素

医疗卫生服务是指为了防治疾病和增进健康，卫生机构和卫生专业人员运用卫生资源和各种手段，有计划、有目的地向个人、群体和社会提供必要服务的活动过程。健全的医疗卫生机构，完备的服务网络，一定的卫生经济投入以及合理的卫生资源配置，都对人群健康有促进作用。

除此之外，包括个人收入和社会地位等在内的社会经济环境、婴儿早期生长发育状态、个

人卫生习惯、个人健康生活能力和技能也被看作是影响健康的主要因素。

（三）身体活动与健康

世界卫生组织 2013 年最新全球健康统计数据表明，每 10 个人中便有 1 名糖尿病患者。同时，缺乏身体活动已成为全球范围死亡的第 4 位主要危险因素（占全球死亡归因的 6%）、仅次于高血压病（占 13%）、烟草使用（占 9%）和高血糖（占 6%）。超重和肥胖占全球死因的 5%，缺乏身体活动的情况在不断加重，并对全世界范围内人们的总体健康状况以及心血管疾病、糖尿病和癌症等慢性病患病率及其危险因素（如高血压病、高血糖和超重）等具有重要影响。据统计，21%～25% 的乳腺癌和直肠癌、27% 的糖尿病和 30% 的缺血性心脏病可以归因于缺乏身体活动。

全球健康水平目前受三个趋势的影响：人口老龄化、无序的快速城市化和全球化。这些趋势均导致了不健康的生存环境和行为方式，并导致了慢性非传染性疾病及其危险因素患病率在全球范围内的蔓延。大量科学证据表明，有规律地进行身体活动可以降低患冠心病、卒中、2型糖尿病、高血压病、结肠癌、乳腺癌和抑郁症的风险。此外，身体活动是能量消耗的关键因素，也是维持能量平衡和控制体重的基础。

根据美国运动医学杂志发布的权威报告，运动对于健康的益处主要表现在：① 增进心血管和呼吸系统功能（包括增加最大摄氧量，降低非最大运动负荷的心肌耗氧，降低非最大运动负荷时的心率和血压、减少乳酸生成、减少运动过程中的心绞痛现象）；② 减少冠状动脉疾病的危险（包括降低安静状态下收缩压和舒张压、增加血液高密度脂蛋白含量、减少全身脂肪含量、增强葡萄糖耐受和减少胰岛素需求）；③ 减少患病率和死亡率；④ 降低焦虑水平和精神沮丧、增强自我健康感觉、保持并改善人体工作能力和运动成绩。

另据其他研究证明，坚持规律运动还能够在一定的程度上改善机体免疫功能，提高机体的抗病能力，减缓机体的衰老速度，改善糖尿病、骨质疏松、关节炎、精神紧张、焦虑和抑郁等身心疾病的病情，提高睡眠质量，预防骨质增生和恶性肿瘤生成，改善自我形象，提高自我生活满意度和社会适应能力，对社会技巧和认知功能也有一定的促进作用。

> **天天运动的益处**
>
> 天天运动可以增进心肺健康、增进代谢功能健康、增进肌肉骨骼系统健康、癌症预防、抑郁症预防、针对增进功能性健康、健康状况导致的能力受限、降低脂肪含量，提高体成分组成优势、提高骨密度、改善血糖水平、提高免疫力、降低心血管相关疾病风险。

二、天天运动能够促进心理健康

（一）心理健康的概念

精神卫生也称心理卫生，狭义的精神卫生，主要涉及精神疾病的防治，健全人格的培养；广义的精神卫生，则以促进人们的心理健康，发挥更大的心理效能为目标。心理卫生包括一切旨在改进及保持心理健康的措施。诸如精神疾病的康复和预防，减轻充满冲突的世界带来的精神压力，以及使人处于能按其身心潜能进行活动的健康水平。美国学者坎布斯认为一个心理健康、人格健全的人应有 4 种特质：① 积极的自我观念；② 恰当地认同他人；③ 面对和接受现实；④ 主观经验丰富，可供提取。

著名心理学家马斯洛和密特尔曼也曾提出人的心理是否健康的 10 条标准：① 是否有充分的安全感；② 充分了解、恰当评价自己；③ 生活理想的目标能否切合实际；④ 能否与周围环境保持良好接触；⑤ 能否保持自身人格的完整与和谐；⑥ 是否具备从经验中学习的能力；⑦ 能否保持适当的和很好的人际关系；⑧ 能否适度地表达和控制自己的情绪；⑨ 能否在集体允许的前提下有限度地发挥个性；⑩ 能否在社会规范的范围内，适度地满足个人的基本需求。

心理健康指标

① 了解自我；② 悦纳自我；③ 接受他人；④ 善与人处；⑤ 正视现实；⑥ 接受现实；⑦ 热爱生活；⑧ 乐于工作；⑨ 能协调和控制情绪；⑩ 心境良好；⑪ 人格完整和谐；⑫ 智力正常；⑬ 智商在 80 以上；⑭ 心理行为符合年龄特征。

（二）运动对心理的影响

大量的实践经验和科学实验证明，体育锻炼对增进健康（包括心理健康）、增强体质、发展身体是一种最积极、最有效的方法，是任何文化活动都不能取代的。

1. 体育运动能促进智能发展

体育运动是一种积极、主动的活动过程，在此过程中，锻炼者必须组织好自己的注意力，有目的地知觉（观察）、记忆、思维和想象。因此，经常参加体育运动能改善人体中枢神经系统，提高大脑皮层的兴奋和抑制的协调作用，使神经系统的兴奋和抑制的交替转换过程得到强化，从而改善大脑皮质神经系统的均衡性和准确性，促进人体感知能力的发展，使得大脑思维想象的灵活性、协调性、反应速度等得以改善和提高。

2. 体育锻炼改善情绪控制

应激反应是指一种不适宜的紧张表现。通过运动可以降低应激反应，这是因为运动可以降低肾上腺素能受律的数目或敏感性，可以降低心率和血压而减轻特定的应激源对生理的影响。心理学实验表明，运动具有减轻应激反应以降低紧张情绪的作用。运动可以锻炼人的意志，增加人的心理坚韧性。

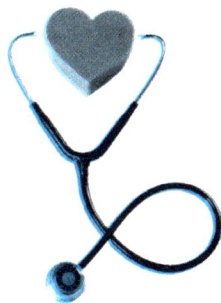

这些"运动成瘾"症状，你有吗？

运动形式单一，导致每天身体活动形成固定的时间表。比如有的人喜欢每天在同一时间跑步，形成习惯后，不管身体状态如何都要坚持，容易把自己弄得筋疲力尽。为了保证运动，渐渐把锻炼放在了优先于其他事务的突出地位，把其余的生活搞得一团乱。长时间机械化的锻炼，会出现生理依赖，致使他们拒绝停下来或者当身体受伤了还要坚持。有规律的运动一旦停止，则出现心境状态紊乱的信号，而一旦恢复运动，紊乱现象减轻或消失。锻炼者觉得自己非运动不可，并深信加倍运动会提高健康状态，造成过量运动。"多巴胺"是人大脑分泌的一种神经传导物质，这种脑内分泌主要负责传递亢奋和欢愉的信息，人们对一些事物"上瘾"主要是由于它。"内啡肽"是一种脑下垂体分泌的类吗啡生物化学合成物激素，跟吗啡、鸦片剂一样有止痛和欣快感，等同于天然的镇痛剂，当机体有伤痛刺激时，内源性阿片肽被释放出来以对抗疼痛。内腓肽也被称之为"快感荷尔蒙"或者"年轻荷尔蒙"，意味这种荷尔蒙可以帮助人保持年轻快乐的状态。

3. 体育锻炼提高自我知觉

自我知觉和人格的形成与发展与人的行为活动密不可分。运动能培养和谐的人际关系及良好的心理调控能力，增强意志品质，培养集体观念，有助于排除各种不健康的心理因素。个体在体育运动的过程中，与其他参加体育的个体接触，不可避免地会对自己的行为、形象能力等进行自我评价，而个体主动参加体育运动一般都会促进积极自我知觉。个体参加体育运动的内容绝大多数是根据自我兴趣、能力等选择的，他们一般都能很好地胜任体育活动的内容，有利于增强个体的自信心和自尊心。

4. 体育运动能够消除疲劳

疲劳是一种综合症状，与人的生理和心理因素有关。当一个人从事运动时情绪消极，或当任务的要求超出个人的能力时，生理和心理都会很快地产生疲劳感。然而，如果在从事体育运动时保持良好的情绪状态和保证中等强度的运动量，就能减少疲劳感。有研究显示，体育运动能提高诸如最大输出和最大肌肉力量等生理功能，这就能够减少疲劳。

5. 体育运动增强社会适应能力

我国著名的医学心理学家丁肇教授指出：人类的心理适应，最主要的就是对于人际关系的适应，所以，人类的心理病态，主要是由于人际关系的失调所导致。随着社会经济的发展以及生活节奏的加快，许多生活在大城市的人（尤其是住在高楼的老年人群），越来越缺乏适当的社会交往，人与人之间的关系趋向冷漠，因此体育锻炼就成为一个增进人与人接触的最好形式。参加体育运动可以使人与人之间互相产生亲近感，使个体社会交往的需要得到满足，丰富和发展人们的生活方式，有利于个体忘却工作、生活带来的烦恼，消除精神压力和孤独感。体育锻炼者以体育活动为纽带，不论职务、层次、文化水平，平等地从事体育锻炼，锻炼者胸怀坦荡、心情舒畅，没有任何的思想负担，不带有任何个人隐私目的，这种体育锻炼过程能够促进参加者之间思想情感的交流，使人产生亲密感，联络与他人的感情。体育锻炼有利于人际关系的适应。

（三）运动的社交作用

体育活动在一定程度上具有社会交往性质。无论是对抗性体育活动还是群体体育活动，人们都可以通过体育这个媒介，增加与人的交往机会，从而在学习、工作、生活中得到满足感。参加学校足球队、参加活动公司附近的健身中心、参与社区组织的登山活动，或是加入本地的网球俱乐部等，这些举动不仅仅锻炼了身体，同时在一定程度上扩大了社交圈，体现了体育的社会性。

思考题

1. 体育对提高生活质量有哪些作用？
2. 试简单说明体育与生存教育的关系。
3. 影响健康的因素有哪些？

第三章 科学运动的原则与方法

章前导言

体育活动是现代生活方式中增强体质、防治慢性病的最积极手段之一，每个人必须养成良好的体育锻炼习惯。运动是良医，运动要科学。科学的体育锻炼要求体育锻炼者应当遵循运动健身的基本原则；了解体育锻炼的常识与误区；制订科学的运动健身方案；合理安排准备活动与放松活动。

重要提示：原则；内容选择；运动健身方案；准备活动；放松活动

第一节 科学运动的原则与内容选择

一、国际主流健身理念

早在 2000 多年前，西方"医学之父"希波克拉底就指出，规律的步行和其他形式的中等强度运动可以促进健康和治疗疾病。希波克拉底有句名言："人间最好的医生是阳光、空气和运动。"

随着现代医学的发展，健康的理念不断更新，人们的健身理念也更加细致和全面。下面我们介绍 8 个国际流行的健身理念。

（一）运动是良医

自 2007 年以来，美国开展了运动是良医（Exercise is medicine.）的健康促进项目。现代人类健康最大的威胁来源于不良的生活方式。运动是良医鼓励人们要把体力活动和运动作为日常生活的一部分，广泛宣传适当运动为健康带来的巨大益处，号召医生要为病人开运动处方。强有力的证据表明，体力活动不足已经成为全球疾病的重要影响因素，"运动是良医"已成为目前全球重要公共卫生问题的解决方案。运动作为 21 世纪延缓和治疗慢性疾病，改善健康水平的方法，疗效明显，疗效确切，花费较少，而且运动预防"生活方式病"的作用是任何药物、营养品替代不了的。

（二）天天运动

天天运动强调了运动的重要性，但并不是指每天都进行枯燥的重复性运动，而是让运动成为你每天生活的一部分。天天运动是以每周为时间单位，有计划、有目的地开展与健康有关的各类体育运动，如有氧运动、力量练习、柔韧运动和神经运动能力训练。

美国运动医学学会建议，成年人应每周至少完成 150 分钟中等强度的有氧运动，或每周应完成至少 75 分钟较大强度的有氧运动。有氧运动每次应该至少持续 10 分钟。为了获得更多的健康效益，成人应该增加有氧运动量，达到每周 300 分钟中等强度或每周 150 分钟较大强度。

有氧运动

运动根据运动供能的代谢方式，分为有氧运动和无氧运动。有氧运动（Aerobic exercise）是一种以提高人体耐力素质，增强心肺功能为目的体育运动，很多时候被用来减轻体重。有氧运动除了主要由氧气参与供能外，还要求全身主要肌群参与，运动连续持续较长时间，并且是有规律的运动。测定标准：有氧运动是指长时间（15 分钟以上）、有节奏、会令心跳率上升（感觉有点累）的大肌肉运动。常用作有氧运动的项目有：长距离慢跑、健步走、骑自行车、游泳、跳绳、有氧健身操等。

（三）锻炼时要强调足够的运动强度

超量恢复的理论揭示了运动促进健康的原理。体育运动后，在恢复阶段，人体内被运动时所消耗的能量物质，不仅能恢复到运动前的原有水平，且在一定时间内出现超过原有水平的现象，称为超量恢复。这种不断地大量消耗身体内能量物质，又不断地恢复，特别是形成的超量恢复，是我们人体进行运动健身的重要生理学依据。运动健身的效果是在运动后的恢复中产生的。健康的产生有两个关键因素：一是刺激够强，弱刺激无效；二是恢复过程要重视。没有恢复，就没有健康。提高运动强度可以在更短的时间内起到更长时间的锻炼效果。建议大学生重视进行中等强度以上的锻炼，可以提高运动效果。在剧烈运动后没有完全恢复前，不要进行第二次的剧烈运动，只是做积极性恢复锻炼。锻炼就是对身体的刺激，而健康就是在身体对刺激产生的恢复过程中产生的。恢复时，可以采用积极性恢复和消极性恢复。积极性恢复主要采用低强度有氧运动和柔韧运动的方法，这样效果好、恢复时间快，可以预防肌肉痉挛、促进血液流通、更快地消除运动疲劳。消极性恢复就是睡觉和休息。采用积极性恢复时，可以变换运动形式，如前一天是跑步，今天就是力量练习。或者交替安排运动负荷，前一天是强度跑（快跑），今天是慢跑，还可以调整运动间歇的时间和方式。

（四）强调全面锻炼

美国运动医学会制定的《运动处方指南》建议，对于大多数成年人，一份以促进和维持健康体适能为目的的运动计划必须包括以下几部分：有氧运动、力量练习（抗阻力练习，属于无氧运动）、柔韧性练习和神经运动能力练习。随着健康概念的不断更新，人们的健身理念也更加细致和全面。由单纯的力量练习、有氧运动，转化为通过综合性、整体性的运动来改善心肺功能、肌肉力量、柔韧性，降低体脂含量，提高身心健康水平，增强体质。没有最好的运动项目，应该围绕自己喜欢的运动项目，补充锻炼其他运动项目，达到全面发展、提高健康的目的。例如，喜欢跑步的同学，应该增加核心力量训练、腿部肌肉训练、上肢力量训练等。一方面使跑步不损伤身体，一方面补充跑步运动的不足。

健康体适能

　　健康体适能（Health-related Physical Fitness），即与健康有密切关系的体适能，指心血管、肺和肌肉发挥最理想效率的能力，包括身体成分、肌力和肌肉耐力、心肺耐力、柔软素质等。

（五）加强力量训练，重点锻炼四大肌肉群

我们在日常生活中无时无刻不在用肌肉力量处理紧急情况，降低身体损伤，尽享生活乐趣及独立自主生活。然而如果肌肉力量差，肌肉健康状况不佳，越发消极怠慢、不爱活动，从而加速力量的丧失，形成恶性循环，导致生活品质下降。

加强力量训练能同时改善快肌纤维和慢肌纤维。重点锻炼上肢、胸腹部、腰背部和下肢四大肌肉群，让肌肉力量充分发挥出来，能更好地提高身体活动的能力。无论是抬举、提拉还是跳跃、行走，都依赖于这四大肌肉群的力量。可以通过引体向上、仰卧起坐、直立耸肩、仰卧飞鸟、负重深蹲等多种方法加强四大肌肉群力量的训练。

（六）有针对性地锻炼

锻炼要有针对性。例如，心肺功能不好的人可以多进行有氧运动，关节稳定性不好的人可以针对局部的肌肉进行力量练习，以满足身体对锻炼的需要。也可以根据未来职业，有针对性地锻炼身体素质，以适应未来工作岗位所需的身体素质的要求。按照劳动性质及活动状态可将职业类型分为：伏案型职业、站立型职业等职业。例如，伏案型职业应选修形体、健身操、瑜伽等项目，也可进行自行车远骑、健身走、立卧撑、俯卧撑、引体向上、平板支撑等锻炼。这可有效避免此类职业劳动形式中长期伏案、低头含胸、精神高度紧张、身体活动范围小，长期处于静止状态，所造成的颈椎病、肥胖、腕指腱鞘劳损、高血压病、心脏病等。

（七）重视小肌肉群力量练习和柔韧性练习

目前，我们的生活方式发生了很大的变化，需要大强度体力活动的工作越来越少，需要办公室操作的工作越来越多。大强度体力活动，主要是大肌肉群的运动，而办公室坐姿的维持，主要是大肌肉群底下的小肌肉群在收缩、使劲。这些小肌肉群，以慢肌纤维为主，可以长时间保持收缩，但也有疲劳的时候。这些小肌肉群疲劳会引起小关节紊乱、小关节半脱位、肌肉条索状等。想要锻炼这些小肌肉群，增强其工作能力，需要拉伸、放松紧张的肌肉。增强小肌肉群的锻炼以静力动作为主，如侧桥、小燕飞等，使肌肉保持绷紧的状态。

二、科学运动的原则与内容选择

（一）体育锻炼的基本原则

1. 体育锻炼的 FITT-VP 原则

FITT-VP 是次数（Frequency）、强度（Intensity）、时间（Time）、运动类型（Type）、运动

量（Volume）、运动进程（Progression）这几个英文单词首字母的缩写。FITT-VP原则是我们从事以健康为目的的运动所必须采取的基本监控原则。

次数：表示每周进行体育锻炼的次数。要想获得良好的体育锻炼效果，每周至少应该进行3～5次体育锻炼。

强度：对有氧运动的强度控制可以通过测量心率来实现。在进行有氧运动时，心率应该控制在最大心率的60%～80%之间。运动强度大小的监控必须遵守循序渐进的原则，必须充分考虑自己目前的身体状况和健康水平。

时间：指每次运动的持续时间。为了提高心肺循环系统的耐力，至少应持续进行20～30分钟的有氧运动。练习的强度会直接影响持续运动的时间，而在大多数情况下控制运动时间要比控制运动强度容易得多。教师上中长跑课时所采用的手段就是控制运动强度和运动时间，有时教师要求学生在固定的时间里进行持续的有氧运动（控制时间），有时教师要求学生在固定的时间内完成特定的距离（控制强度）。

运动类型：可分为有氧运动、无氧运动和柔韧运动。

另外，在体育锻炼过程中也要监控运动量和运动进程。

2. 体育锻炼的超负荷原则

超负荷原则是指在进行体育锻炼时，身体或特定的肌肉受到的刺激程度要强于不锻炼时或已适应的刺激程度。在进行体育锻炼时只有遵循超负荷原则，身体素质才能逐渐得到提高。

要提高有氧耐力水平，可以通过增加每周的练习次数、延长每次练习的持续时间和加大每次练习的强度来达到超负荷锻炼的目的。

发展肌肉力量练习的超负荷，可通过增加器械的重量、增加练习的次数或组数以及缩短每组练习的间歇时间来实现。

超负荷原则同样适用于发展关节和肌肉的柔韧性，可通过增加肌肉的拉伸长度、延长拉伸持续的时间和加大关节活动的幅度来实现。

虽然超负荷锻炼可以使身体健康素质逐渐得到提高，但这并不意味着每次必须练到筋疲力尽为止。事实上，即使不进行超负荷的练习，一般性的锻炼也能保持和提高身体健康水平，只不过要花更多的时间进行锻炼才能取得良好的锻炼效果。

百分之十原则

百分之十原则是指导锻炼者既运用超负荷原则，又避免因过度运动而损伤的一种监控方法。其含义为：每周的运动强度或持续运动时间的增加不得超过前一周的10%。例如，你每天坚持跑步20分钟，下一周要超负荷练习，跑步的持续时间不应超过22分钟。

从事其他的运动或增加运动强度都应遵循百分之十原则。

---

3. 体育锻炼的循序渐进原则

循序渐进原则是超负荷原则的延伸。该原则是指在进行体育锻炼或发展某种身体健康素质时应逐渐增加运动负荷。要想获得理想的锻炼效果，增加运动负荷不宜太慢或太快。运动负荷增加太慢会限制身体健康素质的进一步提高，而增加太快则可能造成过度疲劳或引发运动损伤，影响正常的学习和生活。

体育锻炼的循序渐进原则是保持体育锻炼的动机和欲望以及预防运动损伤的重要条件。需要牢记的是，提高身体健康素质是一个需要终身追求的漫长历程。如果你放松或忽视了平时循序渐进的体育锻炼，那么在进行《国家学生体质健康标准》测试时又想取得好的成绩，痛苦、沮丧、自卑等不良的心理体验就会与测试结伴而来，最终导致对体育锻炼的恐惧、厌倦和冷漠。

4. 体育锻炼的安全性原则

安全性原则要求锻炼者在体育锻炼的过程中要始终注意保护自己，做到安全第一。安全性原则的主要内容包括如下。

（1）在制订或实施锻炼计划前，一定要进行体检，得到医生的许可。如果患有某种疾病或有家族遗传病史，就需要找医生咨询，在有医务监督的情况下按照医生的建议进行锻炼。

（2）在有条件的情况下，请运动医学专家根据你的体质健康状况给你开运动处方，它可以指导你有目的、有计划地进行安全、科学的锻炼。

（3）每次锻炼前必须做好充分的准备活动，克服内脏器官的生理惰性，防止出现运动损伤。

（4）饭后、饥饿或疲劳时应暂缓锻炼，疾病初愈不宜进行较大强度的锻炼。

（5）每次锻炼后，要注意做好整理、放松活动，这有利于促进身体的恢复，以便投入到学习中去。

（6）在锻炼过程中不要大量饮水，以免加重心脏的负担或引起身体及肠胃的不适。运动后不宜立刻洗冷水澡。

5. 运动强度的适时监控原则

运动强度的监控主要应用测量心率的方法，触压桡动脉和颈动脉就可以测量心率。

为了准确地测量运动时的心率，必须在停止运动的 5 秒内开始测量，测量 10 秒的心率再乘以 6，算出运动时 1 分钟的心率。

测量心率的作用

◎ 确定运动强度

测量心率有助于掌握和控制在体育锻炼过程中的运动强度，明确自己的运动强度是需要增大还是需要减小。

◎ 估计体温升高

人体患病伴有体温升高。体温升高 1 ℃，少年儿童脉搏增加 15 ～ 20 次／分，成人增加 10 ～ 15 次／分。因此，在人感到不适时，可通过测量安静时的脉搏是否增加来判断身体是否发热。

◎ 评定心脏功能

做同样的活动（如上楼、做广播体操等）时，心脏功能好的人心率变化较小，恢复到安静时的心率用时较短；反之，心率变化较大，恢复到安静时的心率用时较长。

◎ 判断运动疲劳

运动后第二天的晨脉没有恢复到前一天的晨脉，则表示出现了运动疲劳，应减少运动量。

最大心率：指人体做极限运动时的心搏频率。一般运动强度都采用最大心率的百分数来表示，但要直接测出每一个人的最大心率不仅困难，而且还具有一定的危险性。现在已有了测量最大心率简单、方便的办法，不同年龄、不同性别的人都可以用下列公式估算出自己的最大心率。

$$最大心率 = 220 - 年龄$$

靶心率：指通过有氧运动提高人体心血管系统耐力的有效而且安全的运动心率范围。为了提高心血管系统的有氧耐力水平，运动时心率必须保持在靶心率的范围内。下列公式可以帮助你计算和监测运动时自己适宜的心率范围。

$$靶心率 =（最大心率 - 安静时心率）×（0.6 \sim 0.8）- 安静时心率$$

靶心率为人们确定了以健康为目的的运动必须保持的每分钟心率的上限和下限。一旦靶心率被确定，就可以监控自己运动时的练习强度。如果运动时心率超过了自己靶心率的上限就应该降低运动强度，相反，如果运动时心率低出了自己靶心率的下限就应该增加运动强度。

6. 体育锻炼的环境监控原则

在体育锻炼过程中，一定要注意环境中太阳射线、温度、湿度、空气质量等对身体的影响。

（二）体育锻炼的内容选择

明确了体育锻炼的原则，还必须对体育锻炼做出科学的选择。这既是体育锻炼原则的体现，也是达到体育锻炼目的的重要途径。

1. 运动项目的分类

根据不同标准，运动有多种分类方法，如以竞赛为目的，可将运动分为竞技运动和休闲健身运动两大类；如根据运动时物质和能量代谢体系，可将运动分为有氧代谢类型（如长跑、滑雪等）和无氧代谢类型，其中无氧代谢类型还可分为磷酸原代谢型（如举重、100 米跑等）和糖酵解代谢型（如 400 米跑、100 米游泳等）；如以身体锻炼为目的，可将运动内容分为以下五大类：

（1）健身类运动

这是指以强健身体为目的而进行的身体锻炼，其特点是动作轻缓，强度在中等以下。如健身走、健身跑、太极拳等。

（2）健美类运动

这是指用于健美体形、矫正体态而进行的身体锻炼内容。与国际上健美运动比赛不同，健美锻炼针对性强，常采用举重、体操、舞蹈、健身操等练习手段。

（3）休闲类运动

休闲运动是指为了丰富生活、调节身心而进行的娱乐消遣活动。如钓鱼、打高尔夫球等。

（4）康复类运动

这是指患者为了治愈某些疾病或恢复某些身体机能而进行的锻炼。康复锻炼一般采用针对性强、较舒缓的动作，如按摩、气功、医疗保健操等。

（5）冒险类运动

这主要用于锻炼胆量，培养创新探索精神。此类运动有一定的危险性和挑战性，如悬崖跳水、攀岩、乘热气球、洞穴探险等。

2. 选择运动项目的基本要求

每个人具体情况不同，在选择项目上也就应有所区别。那么怎样才能减少盲目性，更科学合理地选择运动项目呢？

（1）重视性别、年龄、健康状况差异

青年正处在生长发育的旺盛时期，所以要选择那些全面发展身体、活动性强和生理负荷不是很大的项目，如基本体操、健美锻炼、健身跑等。

男生较女生力气大，心脏功能强，适合进行一些较激烈的运动，而女生较男生更喜欢韵律性强的项目。

体态肥胖者，可选择自行车、球类、健身跑、游泳、跳绳等运动，有助于减少体内脂肪堆积。

身体瘦长者，宜选择增强肌肉力量、促进消化吸收功能的运动，如俯卧撑、双杠摆动臂屈伸、举重、拉力器、举哑铃、游泳等活动。

体弱多病者，宜采取循序渐进的方法，逐步加大活动量。开始可选择散步、登山、溜冰及球类游戏等。

身体素质较差者，则可在全面发展身体素质基础上，重点发展自己薄弱方面，取长补短。

（2）重视劳动性质和工作条件差异

有些劳动因劳动性质关系容易患某些职业性疾病。如纺织工人、售货员、交通警察、理发员等，由于工作要求需长时间站立，易患下肢静脉曲张等疾病。因此，从事这类工作的人，应选择体操、球类等项目运动，多做扩胸和四肢运动，促进下肢血液回流。

学生和脑力劳动者，由于长时间静坐和用脑，经常同电脑打交道，眼睛易疲劳，易患神经衰弱、痔疮、消化不良、高血压等疾病，宜选择游泳、登山、健身跑、健脑操等活动，以增强心肺功能，消除脑力疲劳。

（3）充分利用自然条件

充分利用山丘、森林、湖泊、河流、海滨等自然条件，选择登山、游泳、越野、野营、攀岩等项目，对促进身心健康有良好效果。另外，适当利用日光、空气、水等自然条件，进行日光浴、空气浴、冷水浴、森林浴、雨浴等，对于增强神经系统功能、增强对寒冷和炎热的抵抗能力大有益处。

第二节　体育锻炼的常识与误区

一、体育锻炼的常识

（一）体育锻炼的时段

一天中选择什么时间运动效果最好，是体育锻炼者十分关注的问题，目前尚没有明确的科学定论。可以选择自己喜欢和习惯的时间运动，当然还要在你允许的时间里运动。因为选择什么时间运动并不重要，只要运动，就比不运动好。只要科学运动，就能安全有效。

1. 早晨运动

许多人喜欢选择早晨运动健身。人体经过一晚上充足的睡眠，身体得到充分休息，早上的体力和精力都比较充沛。但在早晨运动时，运动强度不要太大，这是因为清晨刚起来，身体机能并未处

晨练的运动负荷要小

于最佳状态，需要有一段适应时间。因此，不太适宜接受大强度运动刺激。另外，在早晨运动时，多为空腹运动，强度过大、时间过长的运动可能会出现低血糖症状。因此，在早晨运动时，可以选择一些中小强度的有氧运动，如健身走、慢节律健身操等，也可以进行太极拳、气功等中国传统运动健身方式。

2. 上午运动

一些中老年人常选择这个时间段进行运动，但上午真正用于体育活动的有效时间并不长，因为早饭后 1 小时内、午饭前 1 小时内一般不安排运动健身，以免影响胃肠的消化、吸收。如果要进行大强度运动，则应该在早饭后 2 小时，显然，在这个时间不宜安排大强度运动，可以进行中小强度运动。

3. 下午运动

下午是较为理想的运动时段。上班族和学生多选择下午作为体育锻炼时间，因为这段时间相对较长，体育锻炼者可以选择自己喜欢的运动方式，进行各种强度的体育锻炼。运动后，特别是剧烈运动后，不要马上用晚餐，运动与用餐时间至少有 1 小时的间隔，运动后切不可暴饮暴食。

下午运动的注意事项

下午运动时要注意空气质量。我国中、小以上城市，一般到下午时的空气质量较差，一些工业城市由于汽车尾气造成的空气污染比较严重，因此，在下午运动时，要尽量选择空气质量相对较好的场所进行。

4. 傍晚运动

晚饭后选择一些中小强度运动，可取得较好的健身效果，运动后洗澡休息，还有利于睡眠。晚上运动结束至上床休息的间隔时间至少在 1 小时以上。晚上不宜进行剧烈运动，因为晚饭后、睡眠前都不适宜安排剧烈运动。晚饭后剧烈运动，会影响胃肠道的消化、吸收，而睡前进行剧烈运动和比赛后，机体处于相对兴奋的状态，会直接影响入睡时间和睡眠质量。

（二）体育锻炼的服装

在运动健身时，穿合适的运动服装非常重要。不同的运动方式对运动服装有不同的要求。选择合适的运动服装不仅有助于运动技能的发挥，提高运动效果，而且可以预防运动伤害的发生。

1. 选择合适的运动鞋

运动鞋要"专业"，即在选择运动鞋时要考虑运动项目特点，许多运动项目都有自己的"专业"运动鞋。如跑步鞋、网球鞋、篮球鞋、足球鞋、高尔夫球鞋等，这些"专业"运动鞋符合运动专项特点，运动效果好。如果没有运动项目要求，则可以选择跑步鞋或一般运动鞋。

选择运动鞋时，一定要试穿，以确定鞋的大小、松紧度。穿上运动袜试鞋，要感到舒服，做一些行走和跳跃等动作，感受运动时是否舒适。

选择舒适的运动鞋

运动鞋最好是布面或皮革面，这样有助于透气、排汗，尽量不要选择橡胶（塑料）运动鞋，因为透气性差。运动鞋不要太重，过重的运动鞋会增加额外的运动负担。

2. 运动服装要舒适

运动服要相对宽松，这样会使身体在运动过程中感到舒服，同时有利于血液循环，确保运动器官的氧气供给和代谢产物排除。有些青少年喜欢在运动时穿一些紧身运动服，这固然可以使身体显得健美，但在长时间重复性运动时，紧身运动服可能会导致皮肤摩擦伤。

在运动过程中要及时更换服装。人体运动时排汗量增加，要及时脱去外衣。运动后，要更换被汗水浸透的服装。天气较凉时，运动后要增加服装。因此，参加体育活动时，最好多穿或多带一些备用服装，以便及时增减。

要选择透气的运动服装。运动服装要透气，这样有利于运动时热的散失。我们在运动场上经常看到一些俊男靓女穿着不通风运动服装，以便增加排汗量，通过出汗减肥。如果这些人是为了参加有体重控制的比赛项目而不得已通过排汗减体重，是可行的。如果要通过这种方式减肥则大错特错了，这样不仅不能达到减肥的效果，而且容易引起脱水、中暑等运动伤害。

最好选择专业运动袜。运动袜相对厚一些，有利于脚汗的吸收。厚袜子可以缓冲运动中产生的震动，同时可以减少摩擦伤等运动伤害。

（三）体育锻炼与气温

气候是影响体育健身效果的重要因素。在天气过热或过冷的环境下进行体育锻炼，要遵循科学健身原则，预防运动伤害出现。

1. 体质好又有运动习惯，在热天气进行体育锻炼要注意以下问题。

（1）逐渐增加运动负荷。在热天气运动时，要做好充分的准备活动，开始时的运动强度不要太大，要使身体适应热环境后，再逐渐增加运动强度和运动负荷。

（2）运动时间不要过长。在热环境运动时，体温上升明显，排汗量增多，长时间运动可导致体内水分丢失增多，甚至脱水。机体水的丢失可阻止热量散失、降低心血管功能及运动能力。因此，在热环境的运动时间不要过长，在热环境的持续运动不要超过45分钟，或者不要超过自己习惯运动时间的2/3。

（3）运动中要补水。热环境运动要及时补充水分，最好定时补水，不要等到口渴时再补，补水时要少量多次。运动中补水至少有两个作用：一是及时补充由于排汗造成的水丢失，保持水平衡；二是通过补充水可以增加运动中的排汗，达到降低体温的作用。

2. 坚持在冷环境中运动，应注意以下问题。

（1）穿合适的运动服装。在冷环境中运动，多穿几层相对薄的运动服，这样有利于运动时皮肤蒸发散热时潮气的散失，特别是贴身穿的服装，最好是穿丝织或羊毛类内衣，有利于潮气向外的传导。相反，棉织类服装，穿在身上感觉很舒适，但由于它吸收潮气，但并不能使潮气尽快散失，而是贴在皮肤上，容易引起身体热量丢失，加重体温过低现象。最外层服装要尽量挡风，如合成纤维的服装挡风性比较好。

（2）做好充分的准备活动。冷环境下肌肉温度低，黏滞性大，因此，运动前的准备活动时间要相对长一些，以减小肌肉拉伤的可能性。

（3）控制运动时间。道理很简单，运动时间越长，冷环境对身体的刺激作用越大，越容易出现各种伤害事故。

（四）体育锻炼与空气质量

随着我国工业化进程加快，特别是我国汽车业的发展，我国大中城市的汽车数量激增，造成部分地区空气质量下降，空气污染已经成为体育锻炼中不能回避的问题。

影响空气质量的主要污染物有可吸入颗粒、二氧化硫、氮氧化物和一氧化碳等。

空气污染物可增加呼吸道阻力、影响机体氧气运输能力。在高污染环境下运动不仅会影响运动效果，而且有害于健康。人体在污染环境下运动对身体的影响程度取决于污染物浓度、在污染环境的持续时间，在运动过程中由于呼吸交换率增高，吸入的污染物将增加，对身体的危害性更大。因此，人们应该尽量避免在空气质量差的环境运动。

空气质量用空气质量指数评价。0～50为优，可进行正常活动和体育锻炼；51～100为良，可进行正常活动和体育锻炼；101～200为轻度污染，正常人群有刺激症状，仍可进行体育活动，体质较弱的人、有心肺疾病的人应减少体育活动；201～300为中度污染，正常健康人群普遍有反应，应减少或限制体育活动，体质较弱和有心肺疾病的人群应停止体育活动；300以上为重度污染，对人体健康有明显影响，一般人应停止体育活动。

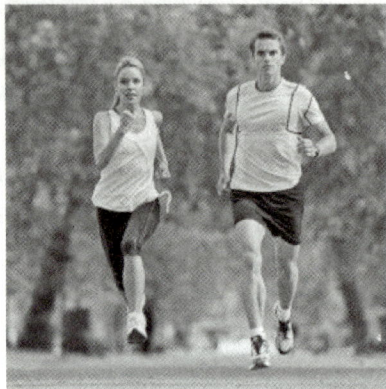
选择空气质量好的运动环境

二、体育锻炼常见的误区

（一）体重越轻越好

体重越轻越好，这种观念是错误的。

以瘦为美、瘦代表时尚是现代很多人的观点，特别是很多女孩，有时身材很匀称，甚至已经偏瘦了，还是要减肥。科学的观念是提倡健康体重，既不是越瘦越好，也不是越胖越好。关于体重，我们应该从三个方面理解：其一，肥胖有害健康；其二，减肥是要减去体内多余的脂肪；第三，体重过低也对健康有害。

目前人们普遍认识到了肥胖的健康危害。这是因为人体内过多的脂肪（肥胖）可引起人体的生理和心理上的一系列变化，带来许多健康危害。但同时也应该知道，脂肪组织是人体必需的成分，有很多重要的生理功能。脂肪的作用主要有：保护和固定器官；皮下脂肪有保温作用；供给必需脂肪酸；携带脂溶性维生素并促进其吸收利用。对于青春发育阶段的女孩来讲，尤为重要，如果体内脂肪积累不足体重的17%时，就很难形成月经初潮，不利于生殖系统的发育及功能的完善；同时对于育龄妇女体内一定的脂肪含量也是必需的。因此，不能简单地认为脂肪含量越少越好，而是应该保持在正常范围内。

体重过低同样影响成年人体质，带来健康的危害，体重过低与免疫力低下、月经不调或闭经、骨质疏松、贫血、抑郁等病症有关；孕妇体重过低还影响胎儿的健康；体重过低也会影响未成年人身体和智力的发育。

（二）减肥就是降体重

人们往往把降体重和减肥混为一谈，这种认识是不准确的。

减肥是指减去身体多余的脂肪，而降体重可能是脂肪的减少，也可能是身体瘦体重的减轻，后者不是科学的减肥方法。

人体体重包括了 50%～60% 的水分、15%～30% 的脂肪和 15%～30% 的肌肉和骨骼。女性体脂控制在 25% 以下为宜，如果低于 10%～12%，可能出现月经紊乱、缺铁性贫血和免疫力降低等一系列问题。

因此，在决定是否要减肥之前，首先测量身体成分，特别关注体脂百分比，如果体脂百分比超过了正常的范围，则要通过运动加饮食控制的方法来降体重，减少体内的脂肪含量；如果体脂百分比并不高，即使体重大，也不必减肥。这是因为肌肉等瘦体重较大，是身体机能好的表现。

（三）跑步、游泳是有氧运动，力量练习是无氧运动

很多人以为跑步、游泳就是有氧运动，而力量练习、球类运动就是无氧运动，其实这种观点是错误的。

有氧运动、无氧运动的区分不在于运动的形式，而在于运动时的能量代谢方式，从能量代谢的角度讲有氧运动主要是指运动时人体的能量供应以有氧代谢的方式进行，此时，人体吸入的氧气可以满足机体对氧气的需要量，氧气的供应达到了供需平衡。区分有氧运动和无氧运动以运动强度为标志。同样是跑，如果跑的速度慢，运动强度属于中小强度，此时机体的供能以氧代谢的形式，就是有氧运动；而跑速快，如 100 米、200 米短距离的比赛（全速跑）就是无氧运动，此时的机体供能主要以 ATP、CP 无氧糖酵解为主。其他的运动方式，如球类、力量练习都如此，当运动强度小，以有氧代谢的方式供能就是有氧运动。

所以，我们不能根据运动的方式简单地归纳有氧运动与无氧运动，而是根据运动强度，同一种运动方式，强度大、激烈就可能是无氧运动，而强度小、运动比较舒缓就是有氧运动。

（四）运动强度越大越好

案 例

小李是 IT 白领，没有运动习惯，属于长期静坐的办公族。最近单位组织体检，医生警告他身体过于肥胖，血压也偏高，如果不赶紧加强锻炼，患心脑血管疾病的风险很大。小李一听慌了神，忙鼓动同事小赵每天早上与他一起跑步。年轻人本就血气方刚，两人又都是争强好胜的性格，第一天两人就你追我赶飙了 3000 米，第二天早上仍意犹未尽，但这回腿部明显酸痛，2000 米下来就支持不住了，小李还拉伤了腿部肌肉。随后几天小李都无法正常锻炼。

体育锻炼要因人而异。运动强度要根据每个人的锻炼目的、体质状况和运动习惯而定。既不是运动强度越大越好，也不是运动强度越小越好。

运动量过小达不到锻炼目的，运动量过大易引起过度紧张和过度疲劳，反而对健康产

生危害。过度紧张往往在一次大强度的训练或者比赛后即刻或短时间内发生，此时，运动的负荷超出了机体的耐受能力，会出现一系列反应。对于平时没有锻炼习惯、运动能力和体质水平较差的人，尤其有高血压、冠心病等慢性病的人，都要特别注意坚持循序渐进的原则。另一方面，一次大强度、大运动量的锻炼还易引起运动损伤。没有锻炼习惯的人，肌肉力量较弱，反应能力、协调性等较差，对身体的控制能力相对弱，耐力水平也比较差，因此运动强度过大或者运动量过大时就容易出现肌肉拉伤、关节肌肉扭伤或者比较严重的肌肉酸痛。

（五）运动引起损伤马上揉捏或热敷

这种做法是错误的。正确的方法是：冷敷、加压包扎、制动、抬高患肢。

很多人在发生了急性闭合性软组织损伤后马上就开始热敷，并且采取按摩推拿等方法，试图减缓症状，殊不知起到相反的作用，这样做反而加重了受伤部位的出血，如果盲目活动还会造成关节习惯性扭伤、关节囊、韧带松弛，继发关节病变。

发生运动损伤后首先要检查有无合并伤，有无肌肉断裂、脑震荡、内脏破裂等严重情况。如果有，要先处理合并伤；如果确定只是急性软组织损伤，首先要采取一些止血、减轻水肿和镇痛的措施，通常要在发生后的 48 小时内进行冷敷、加压包扎、制动、抬高患肢。制动是指一旦发生关节损伤应立即停止运动，并在急性期内（两周）用专门护具进行固定。

第三节　运动健身方案的制订

运动健身方案一般由运动方式、运动强度、运动时间、运动频率、运动量和运动进程六个部分组成。

一、运动方式

运动方式是体育锻炼者采用的具体健身手段和健身方法，即具体的运动项目。不同的运动方式具有不同的健身效果。

在选择运动项目时，要充分考虑到可能影响体育锻炼效果的各种因素，科学、合理地选择运动项目。

（一）年龄状况

不同年龄的人，选择的运动方式往往不同。青少年适合做一些趣味性强的集体项目和对抗性运动，如健美操、球类运动、力量训练等。

> **有氧运动的健身效果**
>
> 1. 改善心血管功能。
> 2. 提高呼吸功能。
> 3. 控制与降低体重。
> 4. 使身材健美。
> 5. 增强抗疾病能力。
> 6. 改善血脂。
> 7. 调节血压。
> 8. 改善糖代谢。

（二）根据健身目的

体育锻炼者在选择运动项目时，要考虑运动项目的健身效果是否与自身的健身目的一致，要根据运动健身的目的确定运动方式。如要增加体力活动量，可以选择任何你喜欢的运动项目；如要想健美，则应当选择力量练习和纵跳等运动方式。

（三）根据兴趣爱好

体育锻炼者在选择运动项目时，应当尽量选择自己感兴趣的运动项目。否则，很难长期坚持。如有氧运动是提高心肺功能的最有效方法，但如果对健步走、慢跑等运动没有兴趣，选择游泳、爬山等运动方式，可以达到同样的健身效果。

有时候兴趣爱好要服从于健身目的，如高血压患者最有效的运动方式是健步走。因此，以降低和控制血压为主要目的的体育活动者，即使对健步走没有兴趣，也要选择这种运动方式，在运动中慢慢培养兴趣。

广播体操

（四）根据动作难度

刚参加体育锻炼时，应当尽量选择一些动作技术相对简单、对运动技能要求不高的运动项目。当身体机能和身体素质逐渐提高后，再选择一些技术难度高的运动项目。如青少年刚参加体育活动时，可以先选择慢跑、健美操、游泳等运动方式，当运动能力提高以后，再选择足球、篮球等动作技术难度较大的运动项目。

二、控制运动强度

运动强度是制订运动健身方案中最重要的内容。运动强度过小，达不到对身体的刺激强度，没有明显的健身效果；运动强度过大，不仅对运动健身无益，还可能造成运动伤害。

运动强度可根据运动对机体的刺激强度和身体对运动的反应程度确定。心率是评定运动强度的简易指标，以有氧运动为例，根据运动中的心率变化可将有氧运动分为小强度运动、中等强度运动和大强度运动。

小强度有氧运动：运动对身体的刺激程度较小，运动中心率一般不超过100次/分，如散步等。

中等强度有氧运动：运动对身体的刺激强度适宜，运动中心率一般在100～140次/分，如健步走、慢跑、自行车运动、太极拳等。运动中主要通过消耗糖原和脂肪供能的方式。中等强度以上的运动效果较佳。

大强度有氧运动：主要指一些强度相对较大的长时间耐力运动。运动中最大心率超过140次/分，如跑步、快节奏的健身操和快速爬山、登楼梯等。篮球、足球等球类运动中既有大强度运动，又有中等强度有氧运动。

在实施运动健身方案时，要严格控制运动强度，以确保运动健身的安全、有效。一般常有的监控运动强度的简易指标有运动中心率、运动的呼吸变化和运动中自我感觉等。

（一）用心率控制运动强度

运动强度越大，心脏和身体对运动刺激反应就越明显，心率也就越快。一般常用最大心率百分数和运动中的实际心率数控制运动强度。

最大心率是指人体运动过程中所能达到的最快心跳频率，用次／分表示。测定最大心率的方法有直接测定法和间接推测法。直接测定法是采用跑台或功率自行车测试，逐渐增加运动负荷至最大负荷，记录运动负荷结束时或运动过程中的最高心率数，即为最大心率。采用直接测定法测定的最大心率，可以客观地反映人体运动时的最大心率数，具有个性特点。体育锻炼者如果有条件，应该到专门机构中采用直接测定法测定最大心率。

人体的最大心率与年龄有关，随着年龄增加，最大心率逐渐减慢，据此，采用下列公式可以间接推算最大心率。

$$最大心率（次／分）= 220 - 年龄（岁）$$

用心率控制运动强度时，要考虑年龄、体质状况、锻炼习惯和运动方式等多种因素。以有氧运动方式为例，一般采用 60%～80% 最大心率范围进行中等强度有氧运动。对于具有一定运动习惯、身体机能较好的人，也可以采用 70%～80% 最大心率进行大强度有氧运动；而对于初参加体育锻炼或身体机能较差的人，可采用 50%～60% 最大心率范围进行中小强度有氧运动。

在体育锻炼过程中，有两种方法监测运动的中心率。一是采用心率测试表监测运动过程中的心率变化。二是测定运动中或运动结束后即刻 10 秒的桡动脉或颈动脉脉搏，乘以 6，即为运动中心率。例如，在慢跑后即刻，测定的脉搏次数为 20 次每 10 秒，乘以 6，等于 120 次，表示慢跑运动中的心率为 120 次／分。

（二）用主观体力感觉控制运动强度

在人体运动过程中，身体主观感觉与心率和运动强度有密切关系，因此，可以根据主观体力感觉控制运动强度。博格先生通过大量实验证实运动过程中心率、最大摄氧量、能量消耗、呼吸频率、肌肉疲劳程度与主观体力感觉之间的关系，并建立了主观体力感觉等级表，以综合反映包括生理变化和心理变化在内的主观体力感觉，用于评定运动强度。

人体运动过程中的主观体力感觉可分为 6～20 个等级（表 3-3-1），6 级为正常安静状态下的感觉。小强度运动的主观体力感觉为 10～11 级，中等强度运动为 12～14 级，大强度有氧运动为 15～16 级，剧烈运动为 17～19 级，力竭状态下的主观感觉为 20 级，无法继续坚持运动。

表 3-3-1　主观体力感觉等级表

自我感觉	等　级
根本不费力	6
极其轻松	7
	8
很轻松	9
	10

续　表

自我感觉	等　级
轻　松	11
	12
	13
稍　累	14
累	15
	16
很　累	17
	18
极　累	19
力　竭	20

　　主观体力感觉等级与运动心率密切相关。研究证实，运动过程中的主观体力感觉等级数乘以 10，即相当于运动中的心率（次／分）。例如，运动中主观体力感觉等级数为 12，即相当于运动中的心率为 120 次／分。

　　体育锻炼者可以通过主观体力感觉控制运动强度。一般来讲，在进行中等强度有氧运动时，主观体力感觉可保持在 12～14 级，即在运动中感觉比较轻松或比较累。

（三）力量练习时的运动强度控制

　　在进行力量练习时，一般常用负荷重量作为评定运动强度的指标。负荷重量越大，运动强度也就越大。例如，一个人卧推的最大负荷重量为 40 千克，那么 40 千克就是他卧推的最大负荷重量，20 千克则是他的卧推小负荷重量。按照这样的划分方法，可把力量训练强度分为最大强度力量训练、大强度力量训练、中等强度力量训练和小强度力量训练。

　　不同负荷重量对提高肌肉力量的效果不同，每种负荷重量的重复次数、练习组数、组与组之间的间歇时间也不同（表 3-3-2）。一般来讲，负荷重量越大，重复次数越少，组与组之间的间歇时间越长。

表 3-3-2　不同力量练习强度提高肌肉功能的效果

运动负荷	重复次数（RM）	重复组数	间歇时间	效　果
最大强度	1～5	2～3	2～3 分钟	发展最大肌肉力量
大强度	6～10	2～3	1～2 分钟	提高肌肉力量
中等强度	11～20	2	1～2 分钟	增加肌肉体积
小强度	21 以上	2	1 分钟	发展肌肉耐力

三、运动时间

　　运动时间是指每次体育活动的持续时间。运动时间和运动强度决定了一次体育活动的总运动量。体育锻炼只有达到一定的总运动量，才能取得明显的健身效果。运动时间过短对提高身体机能效果甚微；而运动时间过长，则容易造成疲劳累积，也不会进一步增加健身效果。研究发现，产生健身效果的运动时间不能少于 5 分钟，而体育锻炼的有效运动时间最好不要超过 1 小时。

进行中小强度运动时，需要足够长的运动时间；而进行大强度运动时，运动时间相对较短。在体育锻炼的初期，运动时间较短，经过一段时间的体育锻炼对运动产生适应后，可以延长运动时间。

运动时间也与从事的运动项目有关。进行持续性有氧运动时，运动时间可以长一些；进行力量、速度运动时，运动时间可以短一些。在进行一些球类运动项目时，如网球、羽毛球、门球等，由于运动中有一定的间歇时间，因此，运动过程的时间可以长一些，但有效运动时间最好也不要超过 1 小时。

对于经常参加体育锻炼的人，我们推荐每天有效运动时间为 30 ～ 60 分钟。进行中等强度有氧运动时间应该在 30 分钟以上，进行大强度的运动时间为 20 ～ 25 分钟。

四、运动频率

运动频率是指每周参加体育活动的次数。从运动生理学角度分析，每周只进行 1 天体育活动，虽然会使身体机能有所改善，但这种健身效果不能持续积累，而且由于间隔时间较长，每次运动后都有比较明显的肌肉酸痛症状和疲劳感觉，对增强体质的作用不大；每周进行 2 天体育活动，可以提高身体机能或保持已经获得的运动效果；每周进行 3 天或 3 天以上的体育活动，运动健身效果明显，养成运动习惯后，从事同样的运动方式和运动强度，没有明显的疲劳感。建议大学生每天运动 1 个小时。

研究发现，进行一段时间的体育活动后，由于某些原因中止了体育锻炼，那么，已有的运动健身效果会逐渐消失。运动健身效果的消失速度大约相当于获得效果的 1/3，因此，体育锻炼要持之以恒。

五、运动量

运动量是由运动的频率、运动强度和运动时间（持续时间）共同决定的，即训练的 FITT。运动量对促进健康体适能的重要作用已被证实，它对身体成分和体重管理的重要性尤为突出。每周的运动量可以用来评价运动量能否到达了促进健康体适能的推荐量。

计步器是一种促进体力活动的有效工具，并且可以通过每天行走的步数来估算运动量。人们经常提到，"每天步行 10000 步"，但是每天步行至少 5400 ～ 7900 步就已满足推荐量。为了到达每天 5400 ～ 7900 步的目标，人们可以考虑使用以下方法估算总运动量：① 以 100 步/分钟的速度步行大约相当于中等强度的运动；② 每天以中等强度步行 30 分钟，相当于每天走 3000 ～ 4000 步。如果运动者的目的是通过运动来管理体重，那么他/她需要走得更多。以维持正常体重为目的的男性运动者可能需要每天步行 11000 ～ 12000 步，女性需要 8000 ～ 12000 步。使用计步器估算运动量存在潜在的误差，因此最明智的做法是将步/分与目前推荐的运动时间/持续时间结合使用（如以 150 步/分的速度每次步行 30 分钟，或以此速度每周步行 150 分钟）。

六、运动进程

运动计划的进度取决于运动者的健康状况、健康体适能、训练反应和运动计划的目的。专业人员在实施进度计划时，可以通过增加运动处方的FITT原则中运动者可以耐受的一项或几项来达到目的。在运动计划的开始阶段，建议逐渐增加运动的时间/持续时间（即每次训练课的时间）。推荐给一般成年人的较合理的进度是在计划开始的4～6周中，每1～2周将每次训练课的时间延长5～10分钟。当运动者规律锻炼至少1个月之后，在接下来的4～8个月里，逐渐增加FITT直到达到推荐的数量和质量。训练时，应该遵照循序渐进的原则，避免大幅度增加FITT-VP中某一项，这样可以将肌肉酸痛、运动损伤、过度疲劳的发生以及过度训练的长期风险降到最低。若因运动量增加而产生了不良反应，如运动后的呼吸急促、疲劳和肌肉酸痛，运动者无法耐受调整后的运动计划时，应降低运动量。

综上所述，我们推荐有运动健身习惯的成年人每周进行150分钟以上的中等强度有氧运动或75分钟以上的大强度有氧运动。这相当于每天进行30～60分钟的中等强度有氧运动，每周至少运动3～5天，或每天进行20～25分钟的大强度有氧运动，每周运动3天以上。

第四节　准备与放松活动

一次完整的运动健身活动至少应包括准备活动、基本活动和放松活动三部分内容。我们着重介绍准备活动和放松活动（表3-4-1）。

表3-4-1　一次健身活动基本内容及安排

活动构成	主要活动内容	活动时间/分钟
准备活动	慢跑、全身关节活动、牵拉练习	5～10
基本活动	有氧运动、力量练习、球类活动、中国传统健身方式	30～60
放松活动	行走、慢跑、牵拉练习	5～10

一、准备活动

案　例

小张是一位新入门的篮球爱好者，几乎每周都要打三场以上的篮球。小张打篮球时不遗余力地突破、抢篮板球，在最近的一场比赛中，突然感觉右侧膝关节疼痛无比。大夫告诉他，右侧膝关节外侧韧带拉伤。经询问，小张告诉大夫，他没有做准备活动就上场参加了比赛。经诊断，没有做准备活动是造成小张右侧膝关节韧带拉伤的主要原因。

（一）准备活动的意义和作用

在进行体育锻炼前做好充分的准备活动，对于体育锻炼者来说是非常重要的。准备活动的意义和作用，是身体从安静状态进入运动状态的一个过程。有些人对准备活动的生理作用不了解，不重视体育锻炼前的准备活动，所以不愿做，这往往影响到体育锻炼的效果，甚至引起各种运动损伤的发生。

准备活动是人们在运动或比赛前所做的各种热身活动，其练习目的主要使人体由相对的安静状态逐步转入紧张工作状态，使中枢神经系统逐渐兴奋起来，并通过大脑皮层传至躯体各部神经和植物性神经，再由躯体神经和植物神经支配身体各部位，各器官参加运动。

人的运动器官可以迅速地从安静状态进入到剧烈的运动状态，就是说一下子就可以跑出去。但是，人虽很快地跑出去了，可身体内必需有一定能量来适应这一疾跑，如需大量氧气和营养物质的供应。而身体里新陈代谢产生的废物还必须尽快地排泄出去，这时对心脏、呼吸等内脏器官就提出了更高的要求，这些内脏器官必须要尽力工作才能满足运动器官的需要。然而，运动不能一下子把内脏的机能全部动员起来，便出现了运动器官和内脏器官之间不相适应的矛盾，人会产生不适感。因此，先克服内脏机能的惰性，必须做准备活动，才能充分发挥出人体的运动能力。在进行正式运动之前做一些准备活动，还能够提高各个神经机能中枢（也包括内脏的机能中枢）的兴奋性，使身体能预先克服内脏的机能惰性，为正式运动创造有利条件，会缩小运动机能和内脏机能之间的差距，使身体能力最大限度地发挥出来。另外，提高肌肉温度，克服肌组织的黏滞性，预防运动损伤的发生。在体育锻炼前进行一定强度的准备活动，可使肌肉的代谢过程加强，肌肉温度升高，这样既可以使肌肉的黏滞性下降（不发僵），还可以增加肌肉、韧带的伸展性和弹性，减少由于肌肉剧烈收缩造成的运动损伤。

（二）怎样进行准备活动

准备活动中的牵拉练习

准备活动的时间一般为5～10分钟，主要包括两方面内容：有氧运动可以一是进行适量的有氧运动，如快走、慢跑等，使身体各器官系统"预热"，提前进入工作状态。有氧运动可以提高肌肉温度，降低肌肉、韧带黏滞性，提高工作效率。二是进行各种牵拉练习，增加关节活动度，提高肌肉、韧带等软组织弹性，预防肌肉损伤。

二、放松活动

（一）放松活动的意义和作用

放松活动，是指在体育锻炼后，所采用的一系列放松练习和运动后按摩等恢复手段，目的是消除疲劳，恢复体能，提高锻炼效果。

放松活动可以促使机体迅速偿还"氧债"。运动时需要大量的氧气供代谢使用，机体在代谢过程中会产生大量废气（如二氧化碳）随呼吸排出体外。由于运动剧烈，机体往往一时供应不上氧气，这就使机体欠下"氧债"，体内二氧化碳也不能及时排出体外而堆积。如果在剧烈运动结束后做一些放松活动，使呼吸保持一定强度，就可以及时吸入氧气，呼出二氧化碳，保持机体酸碱平衡，迅速消除疲劳。

放松活动可以使紧张的肌肉得到放松。在运动中，肌肉毛细血管大量开放，肌肉高度紧张。如果激烈运动后立即静止不动，肌肉内淤积的血液就不能及时流回心脏，致使肌肉僵硬，疲劳不易消除。相反，运动后做一些整理活动，使运动慢慢缓和下来，或通过按摩挤压肌肉和穴位，就可以使肌肉得到充分的放松和休息。

放松活动可以促进血液循环，使躯体和内脏比较一致地恢复到安静状态。运动后立即停止肌肉活动，四肢就无法利用肌肉的收缩将血液送回心脏，而这时心脏仍跳动很快并继续将血液送回四肢，这种不平衡会造成这样的结果：一方面四肢特别是腿部瘀血，另一方面脑部和其他脏器因回心血量减少而无法获得心脏送去的血液，这时轻者出现头晕、乏力，重者出现晕厥。因此，剧烈运动后，放松活动是保证躯体和内脏运动平衡的重要措施。

人体在运动之后，需要逐步恢复到相对安静的状态，缓解锻炼时心理的紧张。从心理学角度看，运动之后做放松运动可以帮助紧张心理的恢复。良好的心境对人的行为具有促进作用，而消极的心境也可能使原先感觉很有兴趣的事情变得索然无味。

（二）怎样进行放松活动

放松活动的内容是多种多样的，放松练习包括慢跑、走步、徒手操、韵律活动、深呼吸等。放松运动主要以静态拉牵和按摩放松活动为主，激烈地运动之后应进行小范围的动态放松（例如，剧烈运动后做几分钟慢跑，或做一些放松动作，或自我拍打一下肢体，调整一下呼吸，使身体由剧烈的运动状态逐渐恢复到安静状态等，主要是适应心肺功能的需要）。尤其是参加赛跑、滑冰、轮滑、自行车等运动后做腿部屈伸和呼吸等动作，以使积淤于下肢的血液很快地流回心脏，防止脑贫血的发生。一般来说，放松活动着重于呼吸运动和较缓的全身活动。整理活动的量不可过大，要逐步减轻，尽量使肌肉放松，当自己觉得呼吸和心跳已较稳定，其他一些不适感觉消失时就可以了。运动之后及时做一些拉长肌肉韧带的静力拉牵和按摩放松活动，能促进肌肉的乳酸代谢，以缓解肌肉和关节的酸痛感觉，促进肌肉疲劳的恢复。

思考题

1. 体育锻炼的基本原则有哪些？
2. 在进行体育锻炼时，常见的误区有哪些？
3. 在进行体育锻炼时，进行准备活动的意义和作用是什么？

第四章 营养与体重控制

章 前 导 言

营养是人类进行运动的重要物质基础。人体的各种生理活动和体力活动，乃至人体生命的存在，都离不开营养。随着科学的发展，人们不仅可以用科学的营养方法和合理的膳食来保持健身人群的身体健康和良好的体能，而且能够对我们的体重进行控制和管理。

重要提示：营养；合理膳食；体重控制

第一节　认识营养素与食物

一、七大类营养素的功效

（一）蛋白质的功效

蛋白质是由氨基酸组成的一类高分子有机化合物，已知自然界存在 20 种氨基酸。食物中的氨基酸就其功能来说分为必需氨基酸和非必需氨基酸两类。前者是人体不能合成或合成不能满足需要的，必须由食物中摄取，后者也为身体所需要，但是可以自己合成。食物蛋白质的营养价值取决于必需氨基酸的含量以及它们之间的比例，如奶制品和蛋类中必需氨基酸的含量高，且各氨基酸之间的比例接近人体蛋白质的组成，故营养价值很高。蛋白质在体内的功能主要有：① 构成人体成分：人体含蛋白质 16% ～ 20%，是肌肉等各组织器官的重要组成成分；② 合成人体各种生理活性物质，如胰岛素等激素、抗感染的抗体、参与生化反应的酶等；③ 提供热能：1 克蛋白质在体内分解可产热 4 千卡。

（二）碳水化合物的功效

碳水化合物包括单糖（葡萄糖、果糖）、双糖（蔗糖、麦芽糖）、多糖（淀粉、糖原）。膳食纤维也是一种碳水化合物，因体内没有相应的消化酶而不能被机体吸收利用，现已将其作为第七大类营养素加以研究。碳水化合物在体内的功能主要有：① 提供热能：人体每日所需热能大部分来源于碳水化合物，它是最容易获得、最经济的能源。1克碳水化合物在体内分解可产热4千卡；② 构成体内重要生命物质：神经组织的重要成分糖脂即由糖参与构成；③ 节约蛋白质：摄入足够的碳水化合物可以增加肝糖原的贮存，减少蛋白质作为能量的消耗。

（三）脂类的功效

脂类分为脂肪和类脂质，其中脂肪由1分子甘油和3分子脂肪酸组成。类脂中除含有脂肪酸外，还有其他化合物，如固醇类（如胆固醇）。动物脂肪为固体状态，植物脂肪为液体状态，它们在人体内代谢比蛋白质和碳水化合物可产生更多的热量。脂类在体内的功能主要有：① 供给热能：三大营养素中脂肪产热量最多，1克脂肪在体内分解可产热9千卡，因此体内脂肪是能量的储存库；② 构成机体组织：如类脂是细胞膜、神经组织的重要组成成分；③ 其他：帮助脂溶性维生素吸收，增进食物的色、香、味，为机体提供必需脂肪酸（指身体不能合成，必须由食物中摄取的脂肪酸）。

（四）无机盐的功效

除了蛋白质、脂肪、碳水化合物等有机化合物外，人体需要的营养素还有无机的矿物质。成人每日需要量大于100毫克的称为常量元素或宏量元素（如钾、钠、钙、磷、镁、氯、硫7种），需要量小于100毫克的称为微量元素（如铁、锌、碘、硒、氟、铜、钼、锰、铬、镍、钒、锡、硅、钴14种）。矿物质种类繁多、功能各异，包括：① 构成机体的重要材料：如钙、磷等是骨骼、牙齿的重要成分；② 构成身体重要生理活性物质：如碘是甲状腺素的主要成分，铁是血红蛋白的主要成分；③ 与生理机能有关：如维持机体内环境的稳定平衡，与神经、肌肉的兴奋和收缩等有关。

（五）维生素的功效

维生素是近100年才陆续发现的一组有机营养素，目前已知的有20多种。它们需要量很少，但对维持身体健康极为重要。我们的身体不能合成，或合成很少不能满足需要，必须由食物中摄取。维生素依其性质分为两大类：一类为能溶于脂肪的称为脂溶性维生素，体内能储存，摄入过多不能从尿内排出，可引起中毒；一类为水溶性维生素，体内不能储存，必须持续从食物中摄取，摄入过多可从尿中排出，不会引起中毒。表4-1-1为各主要维生素的名称和功效。

表 4-1-1　各种维生素的主要功效

维生素名称		主要功效
脂溶性维生素	维生素A	维持正常的暗视觉、维持细胞上皮的正常功能
	维生素D	促进钙、磷的吸收和钙在骨骼中的沉积
	维生素E	保护细胞免受自由基的损害；增强免疫功能，延缓衰老
	维生素K	促进血液凝固
水溶性维生素	维生素B_1	参与机体能量代谢的重要物质，提高食欲，增强消化功能
	维生素B_2	参与蛋白质代谢
	维生素B_3	参与体内氧化还原反应；促进消化；维持皮肤和神经的健康
	维生素B_5	抗应激、抗寒冷、抗感染
	维生素B_6	参与分解蛋白质、脂肪和碳水化合物
	维生素B_{12}	促进红细胞的发育和成熟，预防恶性贫血；维护神经系统健康

（六）水的功效

很多人认为，水是平常之物，尽管对人体非常重要，但没什么营养，不属于营养素。殊不知，所谓营养物质，就是能为生命活动提供能量、维持正常新陈代谢所需的元素。水是人体最大的组成成分，是营养物质的载体，各种代谢的废物也须溶于水从尿液或汗液中排出体外；此外，水可通过蒸发或分泌汗液来调节体温；水还有润滑作用，如润滑眼球防止干燥的泪液、滑润关节减少摩擦的关节滑液主要成分都是水。由此可见，水是对维护人体机能必不可少的营养素之一。

（七）膳食纤维的功效

20 世纪 70 年代以前，人们将食物用酸碱处理后的不溶物称为粗纤维，并认为粗纤维是对人体没有营养作用的非营养成分。经过近几十年的研究，人们发现这种粗纤维与人体健康密切相关，将其命名为膳食纤维，使之成为"第七大营养素"。1999 年，美国应用化学委员会在其第 84 届年会上，确定膳食纤维的定义是：不能被人体小肠消化吸收的而在大肠能部分或全部发酵的可使用的植物性多糖及其相类似物质的总和，包括纤维素、半纤维素、果胶、树胶、木质素及相关植物物质、来源于动物的甲壳素等。植物性食物中，胃肠道不能消化的物质统称膳食纤维；可溶性膳食纤维主要来自水果的树胶、果胶、藻胶、豆胶等；不溶性膳食纤维主要来自谷皮、果皮和蔬菜的纤维素、半纤维素、木质素等。膳食纤维的功用：① 降低胆固醇水平：膳食纤维可在小肠包裹胆酸，阻断胆酸被小肠重吸收回肝脏生成胆固醇，从而降低血液中胆固醇水平，预防心脑血管疾病；② 预防便秘、减少肠道疾病的发生：膳食纤维有很强的吸水性和膨胀性，可刺激肠道蠕动，加速排便，减少致癌物质在肠道内的停留时间，降低直肠癌和痔疮的发生率；③ 预防糖尿病：膳食纤维能在肠道内形成一种黏膜，延缓食物营养素的消化过程，阻隔葡萄糖的吸收，从而降低血糖的水平，不易引起血糖的快速升高；④ 控制体重，防止肥胖：富含膳食纤维的食物单位重量所含能量低，吸水后体积较大，使人产生饱腹感，抑制食欲；加之膳食纤维还能减少食物中脂肪的吸收，从而减少热量的摄入，有利于控制体重、预防肥胖。

二、各类营养素的食物来源

认识了七大类营养素之后，还需要了解各种营养素含量较高的食物，以便我们有针对性地选择食物，以完成食物的合理搭配和特定营养素的补充（表4-1-2）。

表4-1-2 各种营养素的食物来源

营养素名称		富含食物
蛋白质		动物性食物中以蛋类、瘦肉、乳类、鱼类、虾等含量丰富；植物性食物中以黄豆、蚕豆、花生、核桃、瓜籽含量较多
脂 类		动物油，如猪油、鱼肝油；植物油，如菜油、花生油、豆油、芝麻油；肉类、蛋、黄豆等也含有脂肪
碳水化合物		谷类：米、面、玉米；淀粉类：山芋、土豆、芋头、绿豆、豌豆；糖类：葡萄糖、果糖、蔗糖、麦芽糖
水		各种食物和饮水
膳食纤维		可溶性膳食纤维（如果胶、树胶和黏胶）富含于水果、燕麦、大麦和部分豆类中；不溶性膳食纤维（如纤维素和半纤维素）富含于玉米、麦麸等谷物、油菜、韭菜、芹菜、花生、核桃、桃、枣等
矿物质	钙	豆类、奶类、蛋黄、骨头、深绿色蔬菜、米糠、麦麸、花生、海带、紫菜等
	磷	粗粮、黄豆、蚕豆、花生、土豆、硬果类、肉、蛋、鱼、虾、奶类、肝脏等
	铁	肝脏、血、心、肝、肾、木耳、瘦肉、蛋、绿叶菜、芝麻、豆类、海带、紫菜、杏、桃、李等
	锌	海带、奶类、蛋类、牡蛎、大豆、茄子、扁豆等
	碘	海带、紫菜等
	硒	海产品、肝、肾、肉、大米等
脂溶性维生素	A	动物肝、胡萝卜、绿叶菜
	D	动物肝、蛋、奶、阳光转化
	E	麦胚油、芝麻油、豆油
	K	广泛存于动植物中
水溶性维生素	B_1	硬果、豆类、全麦粉、粗粮、动物肉、内脏等
	B_2	硬果、肝、肾、肉、豆、蔬菜
	B_3	肉、各种豆类、硬果
	B_5	酵母、蛋黄、肝、谷物
	B_6	小麦胚、香蕉、硬果、豆
	B_{11}	各种绿叶菜、麦胚、水果
	B_{12}	肝、肾、鸡蛋、鱼

什么是健康饮用水？

　　合格的自来水理应成为主要的饮用水来源。此外，还有纯净水和矿泉水。纯净水经过一定的工艺和吸附，去除了98%以上的矿物质和有机物。矿泉水是来自地下数百米的地下水，含有大量的钙、镁、硫、硅、锂、锶、硒、锌等矿物元素（不同矿泉水中，各元素的含量是不同的）以及二氧化碳。尽管人体必需营养素主要来源于食物，但水中的无机盐和微量元素仍不失为人体的来源之一，对人体是非常有益的；对于特殊人群来说，如婴幼儿、老人、某些病人等，他们的饮食如不均衡，也需要从饮水中得到一些矿物质，在这种情况下，纯净水不适宜作为他们的唯一饮用水。选择什么水，第一要考虑的问题是安全。要记住饮水的主要作用是为人体补充水分。补充水分要少量多次，每次以一小杯为好，运动后咕咚咕咚地喝一大瓶水是不对的。

第二节　合理膳食

　　合理膳食也叫平衡膳食，是指膳食中所含有的营养素数量充足、种类齐全，比例适当。膳食中的营养素与机体消耗的需要两者之间能保持平衡。

案例

　　唐宁爱好篮球。虽然在大学里他没有参加校篮球队，但梦想着有一天能成为一名篮球教练。大学毕业，他获得了运动科学的硕士学位。让人们不解的是，他却向市中心平民区一所普通高中应聘篮球主教练，并被录用。尽管一些更优秀的教练候选人认为这个职位毫无发展前景，唐宁却把它当作一次机遇。然而，在季前赛常规训练中，唐宁看到运动员们虽情绪高涨，但身体倦怠使他们的热情开始消退。

　　除非唐宁能找到解决球队成员体力问题的方法，不然他的强硬防守和快节奏进攻的教学目标就遥不可及。

　　唐宁苦苦思索为什么这些身体健康的年轻人却在高强度训练中缺乏耐力，后来他发现，队员们大多没有吃营养的早餐。而且，他们的午餐通常是一碗面条。唐宁决定亲自为他们制订早餐和午餐处方。结果让人们大吃一惊，队员们训练的时候精力异常充沛，并在市锦标赛中取得了亚军。唐宁则被评为学校年度最佳教练。

一、合理选择食物

（一）中国居民平衡膳食宝塔

根据平衡膳食的要求，中国营养学会根据《中国居民膳食指南》的核心内容，结合中国居民膳食的实际状况，把平衡膳食的原则转化成各类食物的重量，制定了中国居民平衡膳食宝塔（图4-2-1）。用于科学形象地指导居民合理的健康膳食，直观展示了每日应摄入的食物种类、合理数量及适宜的身体活动量，便于人们在日常生活中实行。

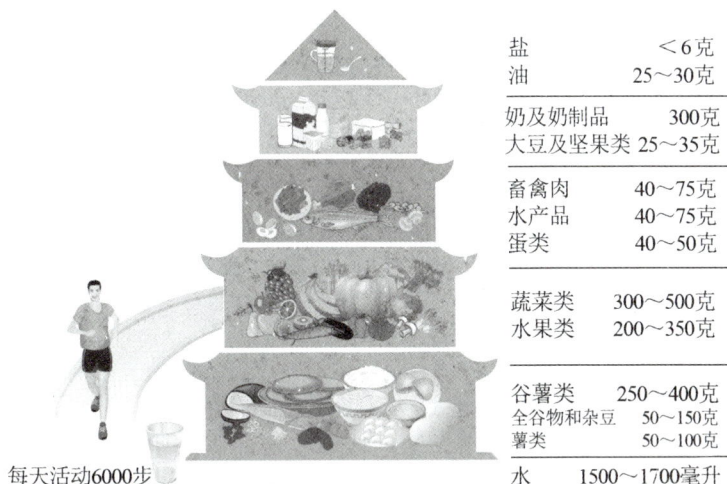

盐	<6克
油	25～30克
奶及奶制品	300克
大豆及坚果类	25～35克
畜禽肉	40～75克
水产品	40～75克
蛋类	40～50克
蔬菜类	300～500克
水果类	200～350克
谷薯类	250～400克
全谷物和杂豆	50～150克
薯类	50～100克
水	1500～1700毫升

每天活动6000步

图 4-2-1　中国居民平衡膳食宝塔（2016）

（二）中国居民平衡膳食宝塔说明

平衡膳食宝塔共分五层，包含我们每天应吃的主要食物种类。膳食宝塔各层位置和面积不同，这在一定程度上反映出各类食物在膳食中的地位和应占的比重。谷薯类食物位居底层，每人每天应该吃 250 ～ 400 克；蔬菜和水果居第二层，每天应吃 300 ～ 500 克和 200 ～ 350 克；肉、水产、蛋等动物性食物位于第三层，每天应该吃 120 ～ 200 克（畜禽肉类 40 ～ 75 克，水产品 40 ～ 75 克，蛋类 40 ～ 50 克）；奶类和豆类食物合居第四层，每天应吃相当于鲜奶 300 克的奶类及奶制品和相当于干豆 25 ～ 50 克的大豆及制品。第五层塔顶是烹调油和食盐，每天烹调油不超过 25 ～ 30 克，食盐不超过 6 克。膳食宝塔没有建议食糖的摄入量，因为我国居民现在平均吃糖的量还不多，对健康的影响还不大。但多吃糖有增加龋齿的危险，尤其是儿童、青少年，不应吃太多的糖和含糖高的食品及饮料。

膳食宝塔图增加了水和身体活动的形象，强调足量饮水和增加身体活动的重要性。水是膳食的重要组成部分，是一切生命必需的物质，其需要量主要受年龄、环境温度、身体活动等因素的影响。在温和气候条件下生活的轻体力活动的成年人每日至少饮水 1500 毫升。在高温或重体力劳动的条件下，应适当增加。饮水不足或过多都会对人体健康带来危害。饮水应少量多次，要主动，不要感到口渴时再喝水。目前我国大多数成年人身体活动不足或缺乏体育锻炼，应改变久坐少动的不良生活方式，养成天天运动的习惯，坚持每天多做一些消耗体力的活动。建议成年人每天进行累计相当于步行 6000 步以上的身体活动，如果身体条件允许，最好进行 30 分钟中等强度的运动。

二、合理的饮食制度

（一）饮食的时间安排

不要在饭后立即进行剧烈运动。剧烈运动时机体血液重新分配，皮肤和肌肉血流量增多，胃肠道和消化腺体血流量减少，消化吸收能力减弱。另外，如果胃内食物过多，运动时可引起胃振荡，进而引发恶心、呕吐、腹痛，同时致使运动能力下降。一般食物在进食后 3～4 小时可从胃排空，含脂肪少的食物停留较短，如植物性食物；含脂肪多的食物停留时间较长，如肉类。因此，可在饭后 1.5～2.5 小时开始运动。当然，散步运动强度很低，饭后可以立即进行。

运动结束后一定时间内，胃肠道血液才会逐步增多恢复正常。因此，运动后至少休息 30 分钟再进食，大强度运动后应休息 40～60 分钟再进食。

（二）食物量的安排

运动前的饮食要求是食物体积不能过大，能量密度可高一些，而且容易消化吸收。所以，应该以谷类食物为主，动物性食物为辅，特别要保证碳水化合物的充足。运动中可以补充一些运动饮料或其他饮料，也可补充一些容易消化吸收的食物，如香蕉、面包等。运动后的饮食中可以适量增加蔬菜水果、动物性食物的摄入，满足维生素、矿物质、膳食纤维和脂肪的需要。

（三）营养素补充品的合理使用

营养素补充品的使用已经非常普遍。由于运动代谢和运动营养饮食的特殊性，以及不同运动人群的特殊需要，有些时候正常的膳食很难满足某些营养素的需要，如维生素、矿物质以及碳水化合物等。因此，使用营养素补充品成为不少人不可或缺的常规事项。但是，补充营养品并不是多多益善，过多补充会增加组织器官代谢的负担，引起营养素之间的不平衡，影响营养素的消化吸收利用，甚至还可能导致中毒，既不利于健康，也不利于运动。

应遵循适量、平衡的营养素补充原则。补充维生素或矿物质时应注意，除非发生某种特定维生素或矿物质的不足或缺乏，可以针对性补充这种营养素外，一般情况下，应尽可能补充配比平衡合理的多种维生素和矿物质的混合制剂。

（四）一般人群膳食指南

1. 食物多样，谷类为主

每天的膳食应包括谷薯类、蔬菜水果类、畜禽鱼蛋奶类、大豆坚果类等食物。平均每天摄入 12 种以上食物，每周 25 种以上。每天摄入谷薯类食物 250～400 克，其中全谷物和杂豆类 50～150 克，薯类 50～100 克。

食物多样、谷类为主是平衡膳食模式的重要特征。

2. 吃动平衡，健康体重

各年龄段人群都应天天运动、保持健康体重。食不过量，控制总能量摄入，保持能量平衡。坚持日常身体活动，每周至少进行 5 天中等强度身体活动，累计 150 分钟以上；主动身体活动最好每天 6000 步。减少久坐时间，每小时起来动一动。

3. 多吃蔬果、奶类、大豆

蔬菜水果是平衡膳食的重要组成部分，奶类富含钙，大豆富含优质蛋白质。餐餐有蔬菜，保证每天摄入 300 ～ 500 克蔬菜，深色蔬菜应占 1/2。天天吃水果，保证每天摄入 200 ～ 350 克新鲜水果，果汁不能代替鲜果。吃各种各样的奶制品，相当于每天液态奶 300 克。经常吃豆制品，适量吃坚果。

4. 适量吃鱼、禽、蛋、瘦肉

鱼、禽、蛋和瘦肉摄入要适量。每周吃鱼 280 ～ 525 克，畜禽肉 280 ～ 525 克，蛋类 280 ～ 350 克，平均每天摄入总量 120 ～ 200 克。优先选择鱼和禽。吃鸡蛋不弃蛋黄。少吃肥肉、烟熏和腌制肉制品。

5. 少盐少油，控糖限酒

培养清淡饮食习惯，少吃高盐和油炸食品。成人每天食盐不超过 6 克，每天烹调油 25 ～ 30 克。控制添加糖的摄入量，每天摄入不超过 50 克，最好控制在 25 克以下。每日反式脂肪酸摄入量不超过 2 克。

足量饮水，成年人每天 7 ～ 8 杯（1500 ～ 1700 毫升），提倡饮用白开水和茶水；不喝或少喝含糖饮料。儿童少年、孕妇、乳母不应饮酒。成人如饮酒，男性一天饮用酒的酒精量不超过 25 克，女性不超过 15 克。

6. 杜绝浪费，兴新食尚

珍惜食物，按需备餐，提倡分餐不浪费。选择新鲜卫生的食物和适宜的烹调方式。食物制备生熟分开、熟食二次加热要热透。学会阅读食品标签，合理选择食品。多回家吃饭，享受食物和亲情。传承优良文化，兴饮食文明新风。

第三节　体重控制

一、体重控制的理论基础

（一）体重的组成

人体体重组成可以分为两部分：脂肪体重和去脂肪体重（瘦体重）（表 4-3-1）。去脂肪体重主要是肌肉、骨骼、软组织和水分及其他非脂肪组织，它与体力、有氧能力以及最大摄氧量成正相关。运动员为比赛减轻体重的理想方法是尽可能减去多余脂肪组织而保留瘦体重和糖原储备。因此，在运动员减控体重时期要定期检测运动员身体成分的变化。

表 4-3-1　人体体重组成百分比正常值范围（%）

性　别	体脂含量	瘦体重含量	身体总水分含量
男　性	15%～20%	80%～85%	瘦体重%×0.72
女　性	20%～30%	70%～80%	瘦体重%×0.72

（二）适宜体重

1. 体重与身高适宜匹配

根据大量研究和数学回归计算，得出反映中国成年人身高与健康体重之间科学关系的公式，利用公式计算出的体重称为标准体重，公式如下：

标准体重（千克）：男性成人=（身高（厘米）-100）×0.9　　　　　　　　　　（1）

=身高（厘米）-100（低于165厘米）　　　　　　　　　（2）

=身高（厘米）-105（166～175厘米）　　　　　　　　（3）

=身高（厘米）-110（高于176厘米）　　　　　　　　（4）

女性成人=上述各公式-2.5

考虑到南方人与北方人在体型上的差别，也有研究对公式（1）进行修正：

北方人标准体重（千克）=（身高（厘米）-150）×0.6+50　　　　　　（5）

南方人标准体重（千克）=（身高（厘米）-150）×0.6+48　　　　　　（6）

2. 适宜的体重指数

体重指数（Body Mass Index，BMI），是用体重（千克）除以身高（米）平方得出的数字，是目前国际上常用的衡量人体胖瘦程度以及是否健康的一个标准。

体重指数（BMI）=体重（千克）/身高（米）^{2}

由于BMI没有把一个人的脂肪比例计算在内，所以一个BMI指数超重的人，实际上可能并非肥胖。如经常健身的人群，由于体重有很大比例的肌肉，他的BMI指数较高，可能被过高估计肥胖程度；而老年人群，其BMI过低又可能被低估肥胖程度。所以应用BMI指数中，同时测定体脂百分比，有助于准确判断肥胖程度。中国成人超重和肥胖的BMI、腰围界限与相关疾病危险的关系见表 4-3-2。

表 4-3-2　中国成人体重指数分级与腰围界限值及相关疾病危险关系

分　类	BMI	腰围/厘米					
		男：<85	女：<80	男：<95	女：<90	男：≥95	女：≥90
低体重	<18.5	—		—		—	
正　常	18.5～23.9	—		增　加		高	
超　重	24～27.9	增　加		高		极　高	
肥　胖	≥28	高		极　高		极　高	

注：相关疾病指高血压病、糖尿病、血脂异常与危险因素。低体重提示可能有其他健康问题。

（三）体重的影响因素和调节

成年人体体重的主要决定因素包括遗传因素，膳食能量摄入量特别是脂肪摄入量，体力与体育活动量。次要的因素包括气温条件、体型的心理和文化因素等。

1. 遗传因素

在个体正常的体重范围内，遗传因素是体重的决定性因素，包括身高、瘦体重、身体脂肪含量以及脂肪的局域分布，以及基础代谢率和对身体脂肪的利用。

2. 食　欲

脑中存在多个相互联系的控制食欲的神经中枢，调节和控制个体的食物摄入量；胃肠道感受食物摄入量并向大脑传入相应信息，肝脏的糖原和脂肪代谢状态也能向大脑传递相关信息，引起饱感或饥饿感；肾上腺糖皮质激素、脑胰岛素、脑瘦素等内分泌激素也影响和调节食欲；这些机制相互联系，组成复杂的调节系统，共同调节人的食欲和食物摄入量，是控制和调节体重的基础生物学因素。

3. 能量代谢和热量生成

在人体的能量生成支出中，基础代谢部分主要来自葡萄糖的氧化分解，很小部分来自脂肪的分解，用于食物成分消化吸收的食物热效应能量也主要来自葡萄糖的氧化分解；日常的中低强度体力活动中骨骼肌的能量消耗主要来自脂肪的氧化分解，随体力活动时间的加长消耗更多的脂肪；在人体饥饿和禁食状态下，人体组织大量利用脂肪提供能量。

然而由于人体充足的脂肪储备，几天内或者短期之内脂肪的消耗对体重的影响并不明显。从能量代谢角度看，正常情况下，除人体肌肉质量的变化影响之外，脂肪组织中脂肪的储存量和消耗量是影响体重变化的主要变量因素。

4. 膳食组成

膳食组成中，高碳水化合物成分有利于减少脂肪的利用，高脂肪成分会明显造成脂肪的储存。事实上，在膳食摄入和人体成分中，人体会自动维持蛋白质和碳水化合物的平衡，因而膳食摄入脂肪的数量和人体消耗脂肪的数量会对体重产生明显影响。限制膳食脂肪摄入和足够的肌肉运动量以增加肌肉中脂肪的消耗，是体重调节和长期体重控制的关键。膳食总能量中，一般情况下脂肪摄入量限制在占总能量30%以下，对于控制体重和肥胖人群来说，脂肪摄入量限制在占总能量25%以下至20%是可行的。

5. 生长发育和生育

人体在青春期快速发育，身高和体重快速增加。女孩在青春期末身体脂肪含量明显增加。青春期过多的脂肪摄入造成青少年身体脂肪快速积累，造成超重甚至肥胖，对长期健康有负面影响；但是青少年女孩过分节食也会对健康和发育造成严重不良影响。

青少年应保持健康体重和合理的体脂含量。青少年人群处于快速生长发育期，由于存在偏食、能量摄入和脂肪摄入过多、贫困地区青少年可能存在蛋白质摄入不足等问题，是发生体重不足和超重、肥胖的高危人群，并且对长期身体健康会带来较严重的负面影响。加之不良生活方式的影响，主要是体力活动严重不足，电视、网络、游戏等占用青少年大量时间，这一现象已经成为影响青少年生长发育和健康的全球性问题。

女性在孕期会增加身体脂肪积累，用来帮助生产之后分泌乳汁，也增加了引起超重和肥胖的风险。但是孕期不宜进行体重控制。

6. 运动对于控制体重的作用

身体活动是体重控制的关键因素。规律的身体活动和体育锻炼，可以使人体瘦体重保持稳定；体力活动促进身体脂肪的消耗增加，体力活动与膳食营养相结合，是减少身体脂肪含量最有效的手段。

跳绳运动

从运动量来说，持续跳绳 10 分钟，与慢跑 30 分钟或跳健身舞 20 分钟相差无几，是一项耗时少、耗能大的运动。有测试显示，跳 5 分钟、每分钟跳 140 次的运动效果就相当于慢跑半小时。只要你能保证每分钟 120～140 次的速度，1 个小时就可燃烧掉 600～1000 卡的热量。加上跳绳花样繁多，随时可做，一学就会，因此一直是流行的健身方法和减肥方式。

---

7. 其他因素

长期处于寒冷环境中，人体脂肪含量增加；对于体形审美的文化和心理因素也对人体体重有影响；极端的节食行为和暴饮暴食等精神因素会对体重产生明显影响。

（四）什么是体重控制

体重控制包括增加体重、维持健康体重和减轻体重，预防发生超重和肥胖。

体重控制的主要因素包括：健康的生活方式，合理膳食营养，体力活动与体育锻炼。影响体重的因素十分复杂，包括了生理因素、心理因素、生活方式与行为习惯、膳食营养摄入、体力活动和社会文化因素，以及一些其他特殊因素。这些因素之间发生交互作用，使体重控制更加复杂，并非简单的能量摄入与能量消耗之间的平衡问题。

体重并不是完全能够人为控制的。上述因素当中，有的因素可以改变，另外一些因素却无法改变。可以改变的因素包括：膳食食物的数量和质量，体力活动的频率、强度和时间，健康的生活方式和情绪状态。然而，对于个体来说，通过对具体情况进行分析，对可以改变的因素进行调节控制，从有益于身体健康和健康的生活行为方式出发，与合理膳食营养相结合，既可以改善健康状态，也可以改变和控制体重。

二、肥胖的预防与治疗

（一）肥胖的预防

肥胖的治疗比较困难。对于超重和肥胖，重点在于预防。因此，应当树立肥胖是可以预防和控制的，某些遗传因素也可以通过改变生活方式来抗衡的正确观念；充分认识肥胖的危害性，杜绝引起肥胖的各种因素发生；养成良好的行为与生活方式，使体重保持在正常范围内。

1. 知识预防

接受健康教育，学习有关肥胖症的知识；树立健康体重的概念，知晓肥胖的危害和产生肥胖的原因；掌握评价肥胖的方法与标准及控制肥胖的方法。

2. 饮食预防

对于有肥胖遗传基因者和有肥胖预兆的人，要特别把好"进口"关。

（1）多补充含有丰富烟酸、维生素B_2、维生素B_6等的食物，促使体内脂肪释放能量。

（2）多补充水，以利脂肪溶解。因为体内如果水摄入缺乏，脂肪就会沉积。因此，有肥胖基因或有肥胖趋势的人，每日最好喝8杯（约2000毫升）凉开水，但应"多次少量"，忌一次多量。

（3）少吃高脂肪、高热量的食物，少吃味精、胡椒、盐、糖等易刺激食欲的调味品，多吃蔬菜；鼓励摄入低能量、低脂肪、含有适量蛋白质和碳水化合物、富含微量元素和维生素的膳食。

（4）烹调最好多采用蒸、煮、炖和凉拌等方式。

（5）多餐少食，每日4～5餐，每餐七八分饱，最好常喝粥。

（6）餐前喝汤；进餐时，细嚼慢咽，每口饭最好咀嚼30下左右；正餐的进食时间最好不少于20分钟。

（7）食物的品种要丰富，但每种的摄取量不宜多。

（8）早餐吃饱、吃好，难消化的肉、禽、蛋类等荤食应在早、午餐食用；晚餐宜少、宜早，安排在晚上6点左右为好；餐后散步，进餐与睡觉最好间隔3～4小时；不加夜宵。

（9）避免滥用含有激素的营养滋补品。

（10）一日三餐的热量分配比例保持在早餐占30%、午餐占40%、晚餐占30%为最佳。

3. 运动预防

适量的运动有助于预防肥胖，如做广播操、打太极拳、跳交谊舞、跳绳、爬山、登楼、疾走等，能消耗脂肪，同时可保持肌肉。对于减肥的活动，无论是什么运动项目，采取中低强度进行运动是关键，因为减肥不仅仅是减体重，更重要的是减体脂；而只有长时间、中低强度的运动，才能最大限度地消耗脂肪。减肥是一个长期的过程，需要有目的、有计划地进行。对于没有时间参加运动的人，建议增加一些日常体力活动，尽可能地每天都活动，如可以用骑自行车或步行代替乘车，以站立替代静坐，以爬楼梯代替乘电梯，饭后步行，少看电视等，从而养成活动的习惯，树立终身运动的观念。

4. 生活方式预防

（1）坚持规律作息，不贪睡；积极改善生活方式，包括改变膳食、增加体力活动、矫正过度进食或活动不足的行为和习惯。

（2）注意保持体重，经常测量体重、腰围、臀围。

（3）避免"饱食终日，无所事事"，以免"心宽体胖"，同时日常生活要注意多活动手脚，可增加一些"非锻炼耗能"的小动作。

（二）肥胖治疗与控制

肥胖治疗的目标是减轻体重，减少各种与肥胖相关的并发症。肥胖治疗的基本方法与措施主要是控制饮食和增加运动，必要时辅以药物或手术治疗。具体治疗应根据个人的情况，制订适合本人的治疗方案。

1. 饮食控制

饮食控制主要是通过调整膳食结构、改变饮食习惯和控制总进食量，使热量摄入减少。控制饮食，应避免吃过多油腻食物和零食，少吃油炸食品、点心和盐；控制食欲，吃七分饱即可，减少加餐，不暴饮暴食；进食应有规律，每日三餐应合理安排，不要一餐过饱，也不要不按时进餐或不吃；尽量少饮用含糖的饮料，养成每日饮用白开水或茶的习惯。

　　专家们建议，肥胖患者减体重不宜操之过急，每周体重减轻应控制在 0.5 千克左右；宜采用中等降低能量摄入并积极参加体育锻炼的方法，使体重缓慢地降低；每天膳食中的热量可比原来日常水平减少 1/3 左右，或比原来每日习惯摄入的能量低 1260～2100 千焦（300～500 千卡），并且对低能量减重膳食提出了一个标准，即女性一般为 4200～5040 千焦（1000～1200 千卡）/天，男性一般为 5040～6720 千焦（1200～1600 千卡）/天。

　　肥胖患者应依据个人情况，制订科学合理的饮食方案，使方案提供的热量达到一定程度的负平衡。饮食方案的主要内容包括以下几点。

　　（1）确定每日能量的推荐摄入量

　　在限制和减少能量之前，首先要确定个体每天的能量需要量。

　　（2）根据减肥的目标控制能量的摄入量

　　0.5 千克人体脂肪大约含有 14700 千焦（3500 千卡）的热量，因此，必须消耗大约 14700 千焦（3500 千卡）的热量（氧化或燃烧），才能减去 0.5 千克储存在我们身体内的脂肪。如果采用控制每日能量摄入量的减肥方法，就应每天减少 2100 千焦（500 千卡）的热量摄入，才能达到一周减肥 0.5 千克的目标。相应地，如果每天从食物中多摄入了 2100 千焦（500 千卡）的热量，就会使体重在一周内增加 0.5 千克。如一个体重 70 千克、25 岁的年轻人，他日常的活动是轻松的办公室工作，不参加任何的体育活动，这样他每日所需的热量大约是 10080 千焦（2400 千卡）。如果他想每周减 0.5 千克体重的话，则应将每日摄入量控制在 7980 千焦（1900 千卡）左右。

　　（3）确定食物比例及用量

　　人体的能量来源是食物中的碳水化合物、脂类和蛋白质。每克脂肪可产生 38 千焦（9 千卡）能量，每克蛋白质和碳水化合物分别可产生 17 千焦（4 千卡）能量。这三类营养素普遍存在于各种食物中。在膳食中选择合适的食物比例及用量对减肥者来说尤为重要。

　　（4）饮食控制的注意事项

　　① 合理分配供能营养素的能量比例。

　　② 保证维生素和无机盐的供给。

　　③ 增加膳食纤维的供给。

　　④ 戒酒。

　　⑤ 改变膳食习惯和行为。

2. 体力活动和体育锻炼

　　合理的有氧运动不仅能增加能量消耗，还可增进心肺系统健康，减少肥胖并发症。肥胖者如能在减重后继续保持体育锻炼，体重就不容易反弹；如能同时配合科学的饮食控制，则减肥的效果会更好。

三、消瘦的预防和治疗

　　对瘦人来说，增肥是很有必要的。增肥不只是适当增加机体的皮下脂肪，而主要在于使肌肉和体魄更加强健。那就是不仅要纠正"瘦"，而且要纠正"弱"，体育锻炼是实现这一目的的最好方法。在锻炼的过程中要注意以下几点。

（一）合理安排运动量

　　运动量的安排是科学锻炼的重要环节之一。实践证明，消瘦者应以中等运动量（心率在

130 ～ 160 次/分）的有氧锻炼为宜，器械重量以中等负荷（最大肌力的 50% ～ 80%）为佳。时间安排可每周练 3 次（隔天 1 次），每次 1 ～ 1.5 小时。每次练 8 ～ 10 个动作，每个动作做 3 ～ 4 组。做法是快收缩、稍停顿、慢伸展。连续做一组动作的时间为 60 秒左右，组间间歇 20 ～ 60 秒，每种动作间歇 1 ～ 2 分钟。一般情况下，每组应能连续完成 8 ～ 15 次。

（二）打好基础

消瘦者在初级阶段（2 ～ 3 个月）最好能进健美培训班学习锻炼，以便正确、系统地掌握动作技术，全面提高身体素质。特别要注意肌肉力量和耐力的锻炼，以逐步提高机体的适应能力，为以后锻炼打下良好的基础。

（三）有重点和针对性地训练

消瘦者经过 2 ～ 3 个月锻炼后，体力会明显增强，精力也会比以前充沛。这时，应重点锻炼大肌肉群，如胸大肌、三角肌、肱二头肌、肱三头肌、背阔肌、臀大肌和股四头肌等肌肉，运动量要随时调整。另外，同一个部位的肌群可采用不同的动作、不同的器械进行锻炼。一般情况下，练习动作一个半月到两个月变换一次。此外，锻炼时精神（意念）要集中于所练部位，切忌谈笑、听音乐等。这样，再坚持半年到一年，体形就会发生显著的变化。

（四）少练其他项目

消瘦者进行健美锻炼时，最好少参加其他运动项目长时间的锻炼，特别是耐力性项目的运动，如长跑、踢足球、打篮球等。因为这些运动消耗能量较多，不利于肌肉的增长，而且会越练越瘦。

（五）合理膳食

只有摄入的能量大于消耗的能量，人才能变胖。因此，消瘦者的膳食调配一定要合理、多样，不可偏食。平时除食用富含动物性蛋白质的肉、蛋、禽类等以外，还要适当多吃一些豆制品及赤豆、白合、蔬菜、瓜果等。只要饮食营养全面，利于消化吸收，再加上适当的健美锻炼，就能在较短时间内变得健壮起来。

（六）坚定信心，持之以恒

消瘦者要使体形由瘦变壮，不是一两天、一两个月的事，想"一口吃个胖子"的练法是不行的，因锻炼方法不对、效果不明显而丧失信心也不行，只有坚定胜利的信心，做好吃苦的准备，以高昂的情绪进行科学的、有计划的、坚持不懈的锻炼，才能获得最后成功。

思考题

1. 简述七大营养素的功效。
2. 试简单阐述一般人群的膳食指南。
3. 怎样预防肥胖？

第五章　有氧健身训练

　　有氧健身是目前最主要的大众健身方式，此类运动对场地要求不高、四季都能开展，对人体的心肺功能、耐力水平都有很大的促进作用。本章将从有氧健身的概念、作用和训练方案的制订等方面进行细致阐述，使学习者掌握有氧健身的相关知识，进行科学的有氧健身训练，达到最佳的锻炼效果。

　　重要提示：有氧健身；有氧健身项目；强度；频率

第一节　有氧健身简述

案 例　　　　　　　　　　　　有氧健身操减肥效果强

　　学员陆××，1992 年 1 月开始锻炼，其身材的主要尺寸为：身高 152 厘米，体重 57千克，胸围 89 厘米，腰围 77.5 厘米，臀围 98 厘米，大腿围 55 厘米。这是较典型的矮胖身材，我给她制订的训练计划是：① 轻器械训练，每个部位每周练 3 次（隔天练 1 次）；② 有氧健身操训练；③ 合理的饮食。具体计划：星期一：胸、肩、臂、下背、腹；星期三：背、肩、臂、小腿、大腿、腹；星期五：大腿胸、背、下背、腹。

　　每次训练不超过 25 组，每组 12 ～ 15 次，每组间隔 1 分钟，每周每个部位采取基本动作和孤立动作交替练习，每次轻器械训练在 40 ～ 45 分钟内完成。

　　器械训练后，进行近 1 小时的有氧操训练。有氧操分为 15 分钟热身操，25 分钟跑跳，10 分钟垫上运动，10 分钟放松操，每次练完大汗淋漓。

　　饮食方面，采用"低热能、低脂肪"食谱，多食鱼、虾、鸡蛋白；多吃粗纤维蔬菜，如芹菜、胡萝卜；主食以带麸皮的面包为主，禁吃油炸食物，改掉吃零食（如巧克力、奶油蛋糕等）的毛病。总之，饮食既要足够的营养，又要减少过多热能的摄入。

　　如此坚持半年后，该学员身材的主要尺寸变为：身高 152 厘米，体重 54 千克，胸围 85厘米，腰围 72 厘米，臀围 92.5 厘米，大腿围 54 厘米。

　　这一收获使她的信心倍增，要求增加训练量，于是我又为她改订了训练计划：星期一、四：胸、肩、肱三头、腰、腹；星期二、五：大腿、背、肱二头、小腿、腹。

每次训练不超过30组，每组间隔45～50秒，每个动作采用递减法，重点在腰、腹，尤其是练腹部时要负重，每周坚持3～4次有氧操锻炼，饮食除按以往外，适当增加蛋白质的摄入。

又过了半年，她身材的主要尺寸变为：身高152厘米，体重51.5千克，胸围81厘米，腰围66.5厘米，臀围91.5厘米，大腿围53厘米。

她的形体、精神状态和身体素质与锻炼前相比，都判若两人。榜样的力量是无穷的。在她的带动下，单位里相当一部分同志纷纷投入有氧锻炼，形成了有氧运动热。

（资料来源：39健康网）

一、什么是有氧运动

有氧运动是指人体在氧气充分供应的情况下进行的体育锻炼，即在运动过程中，人体吸入的氧气与需求相等，达到生理上的平衡状态。

是不是"有氧运动"，衡量的标准是心率。心率保持在150次/分的运动量为有氧运动，因为此时血液可以供给心肌足够的氧气；因此，它的特点是强度低，有节奏，持续时间较长。要求每次锻炼的时间不少于30分钟，每周坚持3～5次。这种锻炼，氧气能充分燃烧（即氧化）体内的糖分，还可消耗体内脂肪，增强和改善心肺功能，预防骨质疏松，调节心理和精神状态，是健身的主要运动方式。所以说，如果体重超标，要想通过运动来达到减肥的目的，建议选择有氧运动，像慢跑、骑自行车。

有氧健身（"有氧健身运动"）就是具有"有氧运动"特点的健身运动，即在有计划和规律下能够锻炼全身的健身手段，包括有氧健身操及长跑、游泳、乒乓球等其他健身运动。

二、为什么要进行有氧锻炼

有氧锻炼的强度高于日常生活的强度，但远低于最大活动强度。一定量的有氧锻炼可以提高心肺系统的功能、增进健康、改善体形、充实精力，并提高生活质量。

在有氧锻炼中，虽然呼吸和循环系统起着重要的作用——提供氧气和营养，但产生运动的是骨骼肌。有氧锻炼的最大受益者是肌肉。也许，改善有氧健康的最大好处在于人体将脂肪转化为能量的能力的改善。

有氧锻炼指的是那些有节奏的、大肌肉的运动，如快走、慢跑、骑自行车、游泳、越野滑雪和划船等。这些运动会让肺部、心脏、肌肉以更高的强度做持续运动，让身体适应更大负荷的工作。

有氧运动可以改善健康状况、延年益寿；定期的有氧运动能改善有氧健康，强身健体。当有氧体质得到改善之后，生活质量，包括身体、精神和社交品质都将得以提升。

有氧健康可以美化外貌，增强自信，改善对自己身体的自我意识，并打开一扇通向新世界的大门，在那里你会有全新的体验，结交更多的朋友。

三、有氧健康的测量

开始体育运动前，你最好先测量一下自己的有氧健康状况。这样的话，经过一段时间的体育锻炼之后，你就可以判断出自己的健康得到了多大程度的改善。

（一）跑步机和自行车测试

有氧健康通常是通过跑步机和自行车测试的。被测试者身上插上EGG电极和呼吸阀，呼出的气体被输送到能测量氧气含量的电脑设备中。进行热身之后，被测试者逐步增加运动强度，直至其不能再继续。被测试者所吸入氧气的最大量就被称为最大氧气摄入量（VO_2max）或者有氧健康（单位为$mlo_2 / kg / min$）。因为最大氧气摄入量与体重有关，因此减肥有助于改善有氧健康（最大氧气摄入量除以体重）。

（二）运动指数表

普通大学生可能没有电极，但可以通过使用运动指数表来估算自己的有氧健康水平。

可以使用运动指数表来估算运动强度。通过表 5-1-1 我们可以看出增加运动强度、时间和频率如何增进健康。在表中划出自己的运动水平得分，将数字相乘，然后对照表 5-1-2 的内容就能得到自己健康状况的信息。如果得分不满 40 分，就应该马上开始运动了。

表 5-1-1

根据每日运动情况，将各种分类相加，即可计算出运动指数（分数＝强度×时间×频率）		
	分　数	每天的运动
强　度	5	持续运动、呼吸急促、大量出汗
	4	间歇性地有呼吸急促、大量出汗的情况（如网球、短网拍端球等）
	3	中等强度（如休闲性慢跑、骑自行车等）
	2	适度（如走路、排球、垒球等）
	1	轻度（如钓鱼、园艺等）
时　间	4	60 分钟以上
	3	30～60 分钟
	2	20～29 分钟
	1	20 分钟以内
频　率	5	每天或几乎每天
	4	1 周 3～5 次
	3	1 周 1～2 次
	2	1 个月若干次
	1	1 个月不到 1 次

表 5-1-2

评价与健康级别		
分　数	评　价	健康级别
100	非常积极的生活方式	非常好
80～99	积极、健康	很好
60～79	积极	好
40～59	可接受（但应加以改善）	一般
20～39	不太好	不太好
20 以下	懒惰	差

第二节　有氧健身项目与训练

一、运动强度

如想改善有氧健康，必须把运动强度设定在轻微和极限运动之间。多年以来，我们通过测量运动心率来调控训练强度，这种方法致使人们误认为训练的目标就是提高心率（这并非事实）。训练的真正目的是通过脂肪和碳水化合物的氧化过程来维持肌肉的持续运动。鉴于心率会因人而异的事实，我们可以利用自感劳累分级（RPE）作为训练强度的标志。

自感劳累分级表由瑞典心理学家加那·博格（GUnner Borg）提出，它可以让人们确定合理的用力强度。该评级表有 6～20 级，6 级指丝毫没有用力，而 20 级指最大用力。7～12 级均代表轻微用力，13～14 为适度用力，而 15～19 指递增用力。表 5-2-1 说明评级表与心率、呼吸和训练时间之间是如何对应的。呼吸量有助于判断用力程度，训练时间旨在说明在该强度下可以训练多长时间。自感劳累分级表上面的数字同样跟运动心率相关，在评级表数字后面增加一个 0（如同在表格的第一列所做）可以估量自己在运动过程中的心率。较长训练项目可以在 11～13 级中进行，而较短训练项目则可按照 14～16 级实施。对于备赛运动员，可以采用自感劳累分级表上 17～18 级的短期训练或者是训练时间表中的 5～10 分钟（17 级）或 2～5 分钟（18 级）。

表 5-2-1 根据心率、呼吸及训练时间评价训练强度

估计心率	呼吸量	训练时间
60		
70	能够唱整首歌曲	能够持续一整天
80		能够持续 4～8 小时
90	能够唱部分歌曲	能够持续 3～4 小时
100		能够持续 2～3 小时
110	能够用整句交谈	能够持续 1～2 小时
120		能够持续 45～60 分钟
130	能够用短句交谈	能够持续 30～45 分钟
140		能够持续 20～30 分钟
150	思维清晰、呼吸困难	能够持续 15～20 分钟
160		能够持续 10～15 分钟
170		能够持续 5～10 分钟
180	呼吸非常困难	能够持续 2～5 分钟
190		能够持续 1～2 分钟
200		能够持续不到 1 分钟

二、训练时间

在以提高比赛成绩为目的的训练中（例如百米赛跑），训练强度至关重要。但如果目标是提高耐力、改善健康或保持体重，训练中则应重视训练时间。

训练时间和训练强度密切相关，如果提高一方，则必然会降低另外一方。训练时间可以用时间、距离或消耗热量来表述，并且三者紧密相连。需要关注热量这个概念，因为研究热量具有教育意义。人们在吃饭和喝水时可以容易地通过查看食物和饮料标签了解到自己消耗了多少热量，例如，一瓶低度啤酒包含大约 100 卡路里。人们可以利用这个数据来确定需要参加多少运动才能与摄入的热量抵消。比如，由于慢跑 1 英里（1.6 千米）通常会消耗 100 卡路里，因此人们需要跑 1 英里来消耗低度啤酒所摄入的热量。这种方法可以促使人们去考虑自己的饮食以及如何来平衡能量摄入和消耗。

卡路里是什么？

卡路里（简称卡，1 卡≈4.18 焦）是一个能量单位。具体来说，一个卡路里就是把 1 千克水（1 升）加热 1℃所需要的热量。人们在吃饭时会储存热量，运动时则消耗热量，并且运动中消耗的热量要受到体重的制约。体重较重的人比体重较轻的人在跑同样一段距离时要消耗更多的热量。在本书中，热量支出均按 150 磅（68 千克）的体重标准，你可以按照每多出或少于 15 磅（6.8 千克）增加或减去 10% 进行调整以适合自己的具体情况。例如，一个体重为 150 磅的人跑动时每英里（1.6 千米）会消耗大约 113 卡的热量。如果你的体重为 165 磅（75 千克），在 113 卡的基础上增加 10% 来计算你每跑 1 英里要消耗多少卡（113×0.10+113=11.3+113=124.3 卡）热量。

训练时间可按照时间、距离或消耗热量来测定（表 5-2-2）：步行可能需时 30 分钟、行程 2 英里（3.2 千米）或消耗 200 卡热量。

表 5-2-2　如何选择有氧健身时间长度

健康水平	步行（慢跑）距离	所耗热量/卡
初级训练者	1 ～ 2 英里（1.6 ～ 3.2 千米）	100 ～ 200
中级训练者	2 ～ 4 英里（3.2 ～ 6.4 千米）	200 ～ 400
高级训练者	> 4 英里（> 6.4 千米）	> 400

能够唱部分歌曲。如果你开始训练或训练还不到 6 个星期，则应该使用初级训练者健身标准。按照表 5-2-1 中的呼吸量，应该在步行 1 ～ 2 英里（1.6 ～ 3.2 千米）时能够唱部分歌曲。

能够用整句交谈。如果每周有不少于 5 天、每天 30 分钟的运动量或者能够轻松步行 2 英里（3.2 千米），则可以遵循中级训练者的健身标准。应该在步行或慢跑 2 ～ 4 英里（3.2 ～ 6.4 千米）时能够用整句交谈。

能够用短句交谈。如果已经训练超过 6 个月或者能够快速行走 4 英里（6.4 千米），则可选择高级训练者的健身标准。在步行 4 英里或更远时应该能够用短句交谈。如果不喜欢步行或慢跑，可以参看附录。

三、训练频率

健康水平低下的人可以通过隔天训练、每周 3 次的训练项目来提高他们的有氧健康状况。然而，随着训练强度的提高和训练时间的拓展，如果想继续提高健康水平，则需要增加训练频率。事实上健康水平的变化与训练频率紧密相关，每周训练 6 天效果肯定好于每周训练 3 天。因此，如果目标是增进健康或控制体重，可以考虑提高运动频率。当然，运动员执行着更高标准的训练项目。每周训练 2 ～ 3 天，每天训练两到多次。他们同样也遵循着先易后难、循序渐进的训练原则，因为人体需要时间来对训练刺激做出反应——通过训练刺激蛋白质。如果不给身体留出足够的时间从训练中恢复，就不会从训练中充分获益。事实上，过度训练会导致成绩不佳、疲劳伤害，甚至导致疾病（因为训练会抑制免疫系统）。

通过不断尝试来寻找最适合自己的训练项目。如果喜欢，可以每天运动，也可以隔天运动并延长运动时间。不管采取哪种方案，每周都要留出一天的休息时间或从事其他运动的时间。表 5-2-3 可以为确定运动频率提供参考。

表 5-2-3　训练频率

健康水平	训练频率/日·周$^{-1}$
初级训练者	3 或 4
中级训练者	5 或 6
高级训练者	高于 6

确定了训练强度、训练时间和训练频率，就可以综合利用这些因素来设定个人健身训练方

案（表 5-2-4）。

表 5-2-4　有氧健身方案

健康水平	自感劳累分级级别	所耗热量/卡	训练频度/日·周$^{-1}$	步行（慢跑）距离
初级训练者	11～13	100～200	3 或 4	1～2 英里（1.6～3.2 千米）
中级训练者	12～14	200～400	5 或 6	2～4 英里（3.2～6.4 千米）
高级训练者	13～15	＞400	高于 6	＞4 英里（＞6.4 千米）

四、渐进训练

在逐步引导体质增强之涓涓细流时，一定要牢记循序渐进的原则。换言之，要精心设计训练过程，以求获得最佳效果。在训练中，要通过渐进训练来逐渐增加训练总量。渐进训练可以让身体得到充分休息、恢复及对于训练要求的调整。

有氧健身训练要诀

首先延长训练时间。
其次增加训练频度。
逐渐提高训练强度。
提高训练强度时要减少训练时间。
遵守循序渐进原则：先进行跨度短、难度小的训练，再进行跨度长、难度大的训练。
注意观察身体的反应，必要时要休息。

五、选择活动方式

如果想训练好，必须首先确定训练目标。增强体质、保持健康以及改善体型等目标均值得称道，但却不能提供一个行之有效的训练体系，因为训练要有针对性，不同活动针对不同肌肉。因此，必须首先选择活动方式以便更好地实现同标。而且，所选活动应该富有意义和乐趣。

有氧训练包括步行、跑步（慢跑）、骑车、游泳、越野滑雪和划船等节奏感强、大肌肉的活动。这些活动要求身体能够经受呼吸、血液循环和肌肉代谢的加速，因此，这些活动会导致所涉肌肉和系统的调整。选择一种或多种喜欢的活动并持续参加——这种（些）活动可能会伴随人的一生。

思考题

1. 怎样进行有氧健康测量？
2. 在进行有氧健康锻炼时，怎样把握训练频率？
3. 在进行有氧运动时，怎样选择活动方式？

第六章 肌肉健身训练

章前导言

人体得以运动，主要是依赖于运动系统。骨骼是运动系统的骨架，而肌肉是运动系统的动力装置。有了肌肉的收缩，才有关节的运动，人们才能够行走、吃饭，进行手部的精细活动。随着人们年龄的增长，肌肉素质也在逐渐下降。因此，掌握一定的肌肉健身方法，进行科学的训练便显得尤为重要。

重要提示：肌肉健身；训练方案；指南

第一节 肌肉健身简述

案 例

工科型男Alex 4年肌肉健身大变样

我是从2010年上大学时开始健身的，那时候作为一个亚洲人，在美国的大学里显得太瘦弱了，就开始去健身房，一开始什么都不懂也没找教练，平板卧推一个动作我做了一个多月，就因为也不懂其他的动作。后来训练后开始吃蛋白粉，动作也开始增加，慢慢的半年时间从60千克长到了70千克。我变得更有自信了，健身也变成了我最大的爱好。

之后我训练更加勤奋，也到处找资料，自己成为自己的教练，无论从训练到饮食都特别严格，也开始研究各种补剂，从蛋白粉开始，之后按顺序又加入了肌酸、训练前配方，支链氨基酸、谷氨酰胺、燃脂剂等等。

到了2012年大三的时候我已经增重到75千克，线条也很明显了。学校里很多白人和黑人练得很好的都开始找我请教问题。

大学学的是工业工程，平时课很多，健身就是我唯一的爱好，大三的时候我下了决心，要练就练到最好，我报了名准备参加大型的健美比赛。我室友都觉得我疯了，因为他们觉得练得那么好的都是用了禁药。但其实在美国男子形体（men's physique）比赛越来越成为主流赛事。一般这种比赛的选手追求的更多是线条的美感和肌肉的对称性，不追求纬度的极限。大多数选手都像我一样是自然健美，通过健康饮食和科学地使用营养补剂就够了。

（资料来源：肌肉网 2014-08-04）

一、肌肉健身的益处

肌肉健身不仅在许多运动项目中发挥着重要的作用，同样能有效地改善健康和提高生活品质。

1. 肌肉健身训练能增加肌肉量，从而燃烧脂肪。
2. 肌肉健身运动有助于避免骨质疏松，减少老年骨骼损伤或骨折。
3. 如果进行肌肉健身并能坚持不懈，还能避免腰部疼痛和劳损拉伤的困扰。
4. 良好的肌肉健身计划会大大提高晚年的自理和出行能力。

二、肌肉健身的要素

肌肉健身要素包括力量、肌肉耐力、柔韧性、爆发力、灵敏性、平衡性和协调性。力量、肌肉耐力、柔韧性、爆发力、敏捷性和平衡性等能力会随着年纪递增而退化是不可否认的事实，如果能坚持锻炼，这些能力的退化速度则会减慢。

肌肉减少症

随着年龄增长到 40～50 岁，肌肉力量会逐渐降低，且下降幅度却在增大。这种肌肉量的丢失被称为骨骼肌衰弱症，即肌肉减少症。肌肉减少症使老年人感到身体虚弱，从而增加摔倒和骨折的风险。肌肉减少症主要是由于肌肉纤维数目减少或肌肉体积萎缩造成的；同时，缺乏锻炼、肌肉构建激素合成减弱引起肌肉萎缩也会造成肌肉减少症。

（一）力　量

力量来自于举重负荷训练，它被定义为肌肉在一次收缩过程中所能产生的最大力量，它是指有目的地进行训练。这种力量也被称为一次能克服的阻力（1RM），它是指一次能举起或推动的最大力量。肌肉力量对许多职业来说很重要（如：建筑工人和照看病人的护士）。同样，在自行车爬坡等运动中也发挥着作用。

我们在日常生活中无时无刻不在用肌肉力量处理紧急情况，降低身体损伤，尽享生活乐趣以及独立自主生活。然而，如果肌肉力量差，肌肉健康状况不佳，就会越发消极怠慢、不爱活动，从而加速力量的丧失，形成恶性循环，导致生活品质下降、自理能力差。但是，只要积极锻炼，设法扭转这种恶性循环，肌肉力量就能得到显著的提高。

力量训练能同时改善快肌纤维和慢肌纤维，但快肌纤维效果更加显著。训练不但能增加形成肌肉收缩的可收缩蛋白，而且能增加结缔组织（如：筋膜、韧带和肌腱）。

大多数人并不使用身体的全部力量。事实上，我们无形中抑制了全部力量的释放。大脑和肌肉抑制性受体在某种意义上阻碍力量的开发。然而，力量训练能减少这些抑制作用，让身体更充分地利用和开发肌肉力量。如果通过训练来加强肌肉力量，肌肉早期的变化取决于如何减少大脑和抑制性受体的抑制作用，让肌肉力量充分发挥出来；如果坚持继续训练，增加的肌肉力量则源于肌肉纤维本身的变化；人到老年以后，拥有充足的肌肉力量是非常必要的。随着年龄增大，需要肌肉力量去做日常生活中力所能及的事情——起身、行走、爬楼和购物；如果去旅行，还需克服旅途中造成身体僵硬的不适感（比如在机场拖行李）。这些都意味着需要更多的力量。

（二）肌肉耐力

肌肉耐力是肌肉反复收缩一段时间的能力。例如，你需要肌肉耐力往卡车上装运箱子；骑脚踏车 1 小时或者钉钉子 30 分钟都需要耐力；游泳或打高尔夫球，肌肉耐力同样必不可少。

一旦训练肌肉力量后能胜任反复作业，那么通过训练肌肉耐力——坚持不懈的能力，你的工作将完成得更加出色。因为持之以恒在运动、工作和生活中起着至关重要的作用，成功相当程度上都取决于肌肉耐力。通过多次反复动作来培养技能当然要求耐力。在练习、训练和比赛中都需要肌肉耐力。其实，与普遍观念相反，肌肉耐力和力量并非紧密相关。

人体通过不断的肌肉收缩获得肌肉耐力。肌肉收缩需要源源不断的能量，而肌肉纤维具备耐力体能（慢肌纤维）。值得注意的是以下循环：当肌纤维反复收缩，需氧酶增加，线粒体（肌肉细胞中帮助产生能量的细胞器）和反复收缩所需的能量都增加。

肌肉耐力与有氧耐力

肌肉耐力不同于有氧耐力。比如：钢琴演奏者或切肉工能有效地锻炼手指屈肌的耐力，但这种锻炼对心脏或呼吸系统却没有明显效果。事实上，一个理发师的手指肌肉耐力很强，但他的有氧耐力却很差。肌肉耐力是肌纤维从脂肪和碳水化合物中摄取能量实现肌肉持续工作的能力。

（三）柔韧性

柔韧性是指人体关节活动幅度。肌肉力量和耐力训练会降低人体关节活动幅度，但拉伸运动帮助机体维持活动幅度。事实上，特别是在增加训练强度和耐力时，跑步运动员通过拉伸使小腿、腿腱、腹股沟和背部肌肉变紧、发酸。拉伸运动使训练活动更加充满乐趣。

（四）速度和爆发力

在运动中，速度和爆发力同等重要、互相关联。它们都与肌肉力量有关，而且两者都可以通过训练来提高。速度是运动中最令人兴奋的因素，它要求快肌纤维收缩提供加速，而爆发力是速度和力量的结合，它可以定义为单位时间内的工作或者工作效率。所以如果一个人能在单位时间内比另一个人做更多工作，说明他具备更大的爆发力。

（五）平衡性

平衡分为静态平衡和动态平衡。

所有的平衡都依靠人体将可视输入与平衡受体获得的信息相结合的能力。平衡受体位于内耳以及肌肉和关节中。静态平衡和动态平衡都有助于人们的生活和运动训练。可以通过参加运动和其他体育活动，如太极和瑜伽，改善身体平衡。对于老年人来说，腿部力量是动态平衡的重要因素。

（六）敏捷性

敏捷性是在不失去平衡的前提下快速改变姿势和方向的能力，它取决于人体的力量、速度、平衡和协调能力。正如人们所料，敏捷性在体育运动中至关重要。它不但能避免尴尬而且能减少娱乐活动中的受伤和建筑工作中的潜在危险。

不能单靠一种方式来测试所有运动中的敏捷性，它与既定的运动有关，但可以通过具体运动练习和训练来提高身体敏捷性。高强度项目和有氧健身都不能提高敏捷性，但是体重超重肯定不利于敏捷性。身体疲惫导致敏捷度差，所以有氧和肌肉耐力有助于在长时期运动中保持敏捷性、避免老人摔倒和受伤。在尝试哪种体育活动会提高肌肉健康时，可以选择许多传统的力量训练方法，如瑜伽或太极。

（七）协调或技巧

协调是当执行一个任务时动作的连贯性。比如网球中发球的动作，通过一连串的动作产生力量。从转动身体、伸出手臂用手腕快速挥拍到最后发力击球。然而如果力量用在一串不连贯的错误动作上，不协调的动作便无法形成快速有力的发球。

虽然身体的协调性可能遗传，技巧却能通过一次又一次的练习而获得。然而，如果反复练习一个错误的动作，它可能成为一个很难改掉的坏习惯。所以，练习不能只靠努力和勤奋，关键在于要运用适当的练习方法。如果不能确定训练的方法是否得当，应向专业人士寻求指导。我们可以更好地利用肌肉群，降低疲劳感和小肌肉群的损伤。

第二节　肌肉健身训练与方案

一、训练方法的选择

如果只想强身健体、为了健康而锻炼肌肉耐力，几乎所有的锻炼方法都可以实现。对于肌肉力量和肌肉耐力训练，谈不上最好的训练方法。根据具体情况和水平，以下有几种选择。

初级训练者：如果你刚开始进行肌肉健身，应先选择拉力绳或轻量级负重抗阻练习。没必要购买商业广告推荐的最新训练器材，而应该尝试一些传统的、便宜的训练器械和设备。比如：在家用哑铃锻炼或去健身俱乐部锻炼，来发现自己的兴趣所在，然后再逐步训练。

中级训练者：中级训练者需要更多的抗阻力训练才能继续进步。如果你已达到中级阶段，则尝试健美操和利用力量训练器械练习，这些运动项目不同于自由重量式训练器械，不仅方便而且不需要辅助人员陪同。

高级训练者：如果已经进行很长一段时间的重量训练，那么你已了解自己适合的力量训练器械和自由重量式训练器械。虽然自由式训练器械花费低、可选择性多，但是训练期间最好有辅助人员陪同或监督，以确保不受损伤。通过重量训练器械练习，肌肉健身能取得很大的进步。

根据训练中取得的进步，不断改变训练方式：从简单器械到重量训练器械，再到自由重量式训练。训练一段时间后，可以考虑购买家用的抗阻力训练设备。如果想通过力量训练提高工作效率和改善运动成绩，训练目标就必须具体化。

二、力量和耐力练习

核心肌群训练是实现肌肉健美的基础，之后应该进一步发展所需要的肌肉力量和耐力了。请参考以下建议实施训练计划。

如果从未做过肌肉健美训练，开始时可以先做一些轻量级的举重练习、拉力绳练习或者健美操（比如改良的俯卧撑）。

一个月后，就可以在力量训练器械上锻炼了（器械安放在支撑架上），自由重量式训练器材要比力量训练器械安全得多，便于更换器械重量。

经过数月训练后，就可以使用自由式训练器械进行健身了。自由式训练器械的训练自由度很大，需要自己维持器械的平衡。因为自由式训练器械没有固定的支撑架，受伤的风险较大，因此必须要有专业人员现场指导。

什么是RM

1RM指一次承重所能承受的最大重量，即一次能举、推或拉起的最大重量。如果没有专业人员的指导，直接去检测自己一次承重的最大重量非常危险。可以先从轻量级开始，逐渐增加重量，直到加到自己预期的重量。例如，你8次所举的最大重量是8RM。

（一）训练方案

关于肌肉训练的各个项目，相关研究已经给出安全、合格的训练方案。你可以通过健美操、举重或力量训练器械实施这些训练方案，也可以通过液压装置、不同的力量训练或自由重量式训练器实施。力量训练的关键是持续（即完成一定动作次数或组数）使肌肉承受一定压力。肌肉健康程度和肌肉锻炼目的决定了训练方式。如果从未进行过重量练习，开始时可以使用最大重复值的60%（即1RM的60%），随着肌肉力量的增加，可以增加到1RM的80%（见表6-2-1）；在角度、动作尺度和速度方面因人而异。接下来就可以开始训练你迫切想有所改善的肌肉了。

表 6-2-1　肌肉健身方案

项　目	最大力量值百分比*	最大重复值**	完成组数	间歇休息时间***	间隔天数/周
力　量	70%～80%	8～12	1～3	2～3分钟	2～3
肌肉耐力	50%～70%	15～25	2～3	1分钟	2～3

随着经验增加，为了达到健身目的，需要增加练习重量、减少重复次数。

*如果能举40磅，练耐力时可以使用20磅（50%）。

**某个重量能连续训练的最高重复次数。完成12（或25）组动作重复后，就可以增加练习重量了。

***每组练习之间的间隔休息时间。

例如，想锻炼肌肉力量，应该选定重量重复做8～12次完成每一个练习。先选定练习动作，重复8～12次，休息2～3分钟，再重复8～12次，休息2～3分钟，之后再重复8～12次。按同样的模式继续做下一个动作。力量训练每周 2 ～ 3 天为宜，下次锻炼前肌肉需要一天时间恢复。

（二）腿部力量和耐力练习

例如，如果你是一名自行车运动爱好者，腿部力量和肌肉耐力练习有助于提高你的愉悦感和比赛成绩。你可以爬更高的山、骑车更快、走得更快，直至运动结束你都不会感觉到疲惫。腿部力量和耐力训练能帮登山爱好者安全上山，高山滑雪运动员安全下山。如果你从事若干项运动，虽然这种训练集中锻炼腿部，但只要你这项练习做得足够好，在从事其他运动时如果用到了腿部肌肉，你的表现依然会抓人眼球。力量练习有助于提高在自行车、徒步行走、滑雪等运动中的表现，其中一项运动表现出色，其他运动也会表现不俗。

（三）肩臂耐力练习

为了提高游泳、越野滑雪、皮划艇成绩，要进行肩臂耐力训练。

三、肌肉健身指南

参照下列准则设计自己的个人力量训练计划。

1. 根据预期的训练目标选择 8 ～ 10 个练习动作。每天更换几个新动作，这样可以提高锻炼效果，还能避免单调。

2. 开始时可以轻松一些，选择的器械重量可以轻一些，做的组数少一些。可以从15RM ～ 25RM开始，逐渐增加器械重量直至可以完成 10RM。

3. 器械举起时呼气，放下时吸气，不能憋气，否则会产生非常严重的后果。憋气会使气压聚升，心脏负担加重，抑制心脏血液回流速度，影响冠脉血管的流动，这些都会导致心脏供氧不足，这对老年人和未经任何训练的人来说非常危险。此外，过度憋气还会导致腹腔压力骤升，从而引发疝气。

4. 使用自由式训练器械时，一定要有辅助人员在场。

5. 进行力量训练时，每个动作之间都要有 2 ～ 3 分钟的间歇休息时间；进行肌肉耐力训练时，动作之间要有 1 ～ 2 分钟的间歇休息时间。

6. 开始训练时，每周训练 2 次；几个星期后，每周训练 3 次（每周训练 3 次效果最佳）。

7. 隔一天练一次（如周一、周三、周五），一定要摄入足够的蛋白质（如牛奶或坚果），训练后两小时内要补充 15 克左右的蛋白质。

8. 记录训练进度。每月测一次最大力量或耐力，记录体重和诸如胸围、腰围、二头肌大小等重要数据。

思考题

1. 肌肉健身的益处都有哪些？

2. 试说明肌肉健身的要素都有哪些？

3. 通过本章的学习，根据自身情况，试制订一份个人力量训练计划。

第七章 柔韧性训练

章前导言

柔韧性作为基本的身体素质，在体育锻炼中具有重要作用。良好的柔韧素质不仅使得动作更加协调、准确，提高了体育锻炼的效果，还可以减少体育活动过程中由于动作幅度加大、扭转过猛而产生的关节、肌肉等软组织损伤的风险。

重要提示：柔韧性；伸展

第一节　柔韧性简述

案　例　　　　　　　　　　　小王的困惑

小王是某大学一名大二学生，从小安静、内向的他几乎没有什么体育爱好。进入大学后，随着体育课程的增多，他越来越意识到自己与同学之间身体素质的差距。虽然他也想发展一门体育特长，但由于从小缺乏锻炼，身体柔韧性的不足，严重限制了小王对于运动技能的学习。例如，学健美操时动作幅度达不到标准，学舞蹈时动作做不到位等。

后来，小王将困惑告知了自己的体育任课教师。在体育教师的指点下，小王进行了专门的柔韧性训练，虽然过程比较辛苦，但是小王还是坚持了下来。经过一段时间的专门训练后，小王不仅身体素质有了明显提高，而且其动作技能的接受能力也较之以前有所增强。连一直让其倍感头疼的舞蹈课和健美操课也不再排斥，甚至慢慢地喜欢上了体育课。

柔韧性是指人体关节活动幅度以及关节韧带、肌腱、肌肉、皮肤和其他组织的弹性和伸展能力，即关节和关节系统的活动范围。

柔韧性可以分为主动柔韧性和被动柔韧性。主动柔韧性是指利用肌肉可以使关节活动的范围，被动则单纯是关节活动的最大范围。一般来说，女性和幼童的被动柔韧比较强，但是因为相应的肌肉发展不足，所以通常在主动柔韧方面不及成年男性。但是无论如何，主动柔韧不可能超出被动柔韧的活动范围。

影响柔韧性即关节活动范围的因素有：关节骨结构，关节周围组织的体积、韧带、肌腱、肌肉和皮肤的伸展性。其中，最后一项对提高柔韧性关系最大。

柔韧不仅决定于结构的改变，也决定于神经对骨骼肌的调节，特别是对抗肌放松、紧张的协调。协调性改善可以保证动作幅度加大。提高柔韧性可采用拉长肌肉、肌腱及韧带等组织的方法，有爆发式（急剧的拉长）和渐进式两种。其中，渐进式可以放松肌肉，使筋腱缓慢地拉长，不易引起损伤。

许多人认为柔韧性在工作和运动中起着至关重要的作用。这种观点确实有一定道理。在工作中，柔韧性差的工人可能会遭到急性或慢性伤害、甚至反复外伤。柔韧性在体操、花样滑冰和跳水等体育运动项目中举足轻重，这些项目对关节活动范围要求大，拉伸的价值彰显无遗。尽管如此，拉伸运动和预防受伤之间并不是简单的关系。当从事的锻炼项目是低强度运动时，如慢跑、自行车或游泳并不需要一个广泛的拉伸运动计划。但对于老年人而言，随着年龄老化，老年人的结缔组织会失去弹性，所以有规律地拉伸运动会使他们受益匪浅。如果你感到肌肉酸痛、肌肉或关节僵硬或者你参与的体育活动是高尔夫、网球或游泳等对关节活动幅度要求高的运动，同样建议应该增加肌肉柔韧性锻炼。

第二节　柔韧性训练方法

一、发展柔韧性的练习方法

（一）主动或被动的静力性伸展法

主动或被动的静力性伸展练习是一种行之有效且比较流行的伸展方法，它是缓慢地将肌肉、肌腱、韧带拉伸到有一定酸、胀和痛的感觉位置，并维持此姿势一段时间，一般认为停留10～30秒应该是理想时间，每种练习应连续重复4～6次为最好。这种方法可以比较好地控制使用力量，比较安全，尤其适合于活动少和未经训练的人，它由于拉伸缓慢可避免拉伤。

（二）主动或被动的动力性伸展法

主动或被动的弹性伸展练习是指有节奏的、速度较快的、幅度逐渐加大的多次重复一个动作的拉伸方法。主动的弹性伸展是靠自己的力量拉伸，被动的弹性伸展是靠同伴的帮助或负重借助外力的拉伸。利用主动或被动的动力性伸展法进行练习时，所用的力量应与被拉伸的关节的可能伸展力相适应，如果大于肌肉组织的可伸展能力，肌肉或韧带就会拉伤。在运用该方法时用力不宜过猛，幅度一定要由小到大，先做几次小幅度的预备拉伸，再逐渐加大幅度，从而避免拉伤。

二、发展柔韧性锻炼模式

（一）柔韧性练习强度

柔韧性练习应采用缓慢、放松、有节制和无疼痛的练习，做到"酸加""痛停""麻停"。只有通过适当的努力柔韧性才会提高。随着柔韧性在锻炼过程中的提高，练习强度应逐渐加大。

（二）柔韧性练习的时间和次数

柔韧性每种姿势练习的时间和次数是逐渐增加的，应从最初的 10 秒练习时间，逐渐增加至 30 秒，每种姿势应重复次数在 3 次以上。如果是平时体育锻炼时的柔韧性练习，5 ～ 10 分钟的时间就足够了；如果是专门为了提高柔韧性练习或运动员的训练，则练习时间必须达到 15 ～ 30 分钟。

（三）循序渐进、持之以恒

初次练习易产生不适感，甚至酸痛感，经过一个时期的练习，疼痛感和不适应感才能消除。如果柔韧性练习停止一段时期，已获得的效果就会有所消退。因此，柔韧性练习要持之以恒才能见效。

（四）柔韧性练习要全面

不论是准备活动中的伸展练习，还是专门发展某些关节柔韧性练习，都要兼顾到身体各关节柔韧性的全面发展。因为在身体活动中，完成动作要涉及几个相互关联的部位甚至全身。

（五）柔韧性练习之后应结合放松练习

每次伸展练习之后，应做些相反方向的练习，使供血供能机能加强，这有助于伸展肌群的放松和恢复，如压腿后做几次屈膝下蹲动作。

三、柔韧性训练的注意事项

1. 在进行较大强度肌肉伸展练习前，必须做热身活动，使身体微微出汗。
2. 肌肉伸展产生了紧绷感或感到疼痛时就应该停止练习，防止拉伤。

四、柔韧性训练的动作

（一）静态伸展

1. 颈部伸展
头向身体两侧依次摆动，动作要轻，幅度尽可能大。

2. 肩臂伸展（图 7-2-1）

十指交叉，掌心向上，举过头顶，双臂向前延伸，轻轻向后拉伸双臂。

3. 肩部伸展（图 7-2-2）

十指于身后相互交叉，胳膊肘内翻，双臂伸直，保持直立姿势，轻抬双臂，使肌肉达到一定张力。

4. 背部伸展（图 7-2-3）

抓住及胸高的横木或其他支撑物，双膝微屈，躯干前倾，髋部与双肢平行。变换支撑物高度，增大屈膝角度。

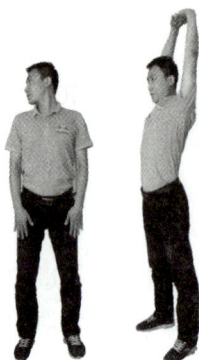  

图 7-2-1   图 7-2-2   图 7-2-3

5. 体侧屈伸展（图 7-2-4）

伸展左臂，放至颈后，右手抓住左臂肘部，拉左臂，身体同时向右侧弯曲。换侧重复。

6. 站位腹股沟伸展（图 7-2-5）

双脚分开，屈右膝，左腿伸直，右膝弯曲时不要超过脚趾。换侧重复。

7. 腹股沟、腿筋、髋部伸展（图 7-2-6）

右腿弯曲，小腿保持直立，左腿后伸，重心放在左脚脚尖和脚掌上，身体放松前倾，超过膝部，可用双手保持平衡。换侧重复。

8. 小腿伸展（图 7-2-7）

面向墙壁，身体前倾，两手扶墙，左腿在前，弯曲；右腿在后，伸直，重心置于右脚，脚跟紧贴地面；髋部下压。换侧重复。变形动作：髋部放松，放在身后的腿脚跟着地，向前向下压后腿膝盖。这组动作可拉伸小腿下部。

图 7-2-4   图 7-2-5   图 7-2-6   图 7-2-7

收缩——放松伸展法

做一组静态伸展（本部分所讲任何一组伸展动作），然后放松；肌肉再收缩几秒，重复这组静态伸展动作。这种收缩——放松伸展法有助于肌肉放松，从而使身体得到更好的伸展。

9. 大腿后筋和髋部伸展（图 7-2-8）

左手握住左脚脚踝外侧，右手握住左脚脚尖（或双手分别握住左膝外侧、左脚脚踝外侧），慢慢将左腿拉向身体，直至大腿后侧感到一定张力。换侧重复。变型动作：用手轻轻扭动脚踝，直至最大幅度，充分活动紧张的韧带。

10. 腿外侧伸展（图 7-2-9）

端坐在地上，左腿伸直，右腿弯曲，跨过左腿；双手握住右膝，慢慢向左肩方向拉动右膝。换侧重复。

11. 脊柱伸展（图 7-2-10）

端坐在地上，左腿伸直，脚跟触地；右腿弯曲，跨过左腿；屈左胳膊肘，放至右膝附近大腿外侧；右手撑地保持平衡；转动身体，头部朝右。换侧重复。

图 7-2-8　　　　　　　图 7-2-9　　　　　　　图 7-2-10

12. 脚踝和肱四头肌伸展（图 7-2-11）

向右侧躺，右手撑头；左手握住左脚脚面；慢慢拉动左脚，使脚跟靠近臀部；收缩臀肌，左手保持原有姿势不变，左脚脚面用力向外蹬。换侧重复。

图 7-2-11

（二）动态伸展

动态伸展在全活动幅度内进行，从一个端点到另一个端点，逐步增加活动的幅度。这种伸展技巧模仿运动项目，将身体缓慢地控制在一个舒服的幅度内摆动。在参加运动项目前要先进行动态伸展。

1. 毛虫式爬行（图 7-2-12）

双脚与肩同宽站立，双膝稍屈，弯腰，双手平放在地上，与肩同宽，重心后移，不要放在手上，抬高臀部，身体呈倒"V"字形；双手像走路一样交替前移，直到俯卧撑状。双膝稍屈，碎步前移。重复动作直至完成事先选定的距离。

2. 箭步蹲转体（图 7-2-13）

双脚平行站立，与肩同宽，左腿朝前一步，屈左膝直到小腿直立；微屈右膝，膝盖尽量靠近地面；双脚脚尖朝前；伸右臂，身体左倾；上身复位，直左膝，站立，右脚跟上，置于左脚旁；稍停，换侧重复动作，双脚交替前行。

3. 抬膝行走（图7-2-14）

双脚平行站立，与肩同宽，抬右臀屈右膝，右腿大腿贴近胸部，抓住右膝或胫骨上部，双臂向上抬右膝，使右腿大腿紧贴胸部；屈右膝抬右侧臀部的同时左脚脚尖上抬靠近胫骨。身体保持直立，稍停，右腿放下；重心移至右腿，换侧重复；双腿交替前行，逐渐增加动作幅度和速度。

图7-2-12　　　　　　　　　　　　　　　　图7-2-13　　　　图7-2-14

4. 动态行走练习（图7-2-15）

集中做6～8组竞走动作（每次前脚脚跟接触地面后，后脚脚尖才能离开地面）；恢复正常走路；增加夸张的摆臂动作，双臂前后摆动幅度超过正常走路时的摆动幅度，做6～8组竞走动作；换成夸张的抬膝动作，膝盖尽量抬高，6～8组跨步走；正常走8大步，然后重复动作。

5. 动态慢跑伸展（图7-2-16）

慢跑时，夸张地抬高膝部，增加双臂摆动的幅度。可以先抬高膝部，然后再增加双臂摆动幅度，最后两个动作同时进行。

图7-2-15　　　　　　　　　　　　　　　　图7-2-16

思考题

1. 发展柔韧性的练习方法有哪些？
2. 发展柔韧性的锻炼模式有哪些？
3. 在进行柔韧性训练时要注意哪些事项？

第八章　运动损伤与防护

章前导言

　　随着人们对于体育锻炼的重视，运动健身已经成了人们生活中不可缺少的内容。当我们沉浸在运动给自身带来健康、快乐的同时，也不能忽视运动过程中潜在的安全隐患与损伤风险。只有了解了各个常见项目的损伤问题，掌握一定的安全防护和运动损伤预防知识，才能降低甚至杜绝运动损伤发生的风险。

　　重要提示：安全防护；损伤；预防

第一节　运动防护

一、上体育课应注意安全防范

　　体育课是锻炼身体、增强体质的重要课程。体育课上的训练内容是多种多样的，因此安全上要注意的事项也因训练的内容、使用的器械不同而有所区别。

　　1. 短跑等项目要按照规定的跑道进行，不能串跑道。这不仅仅是竞赛的要求，也是安全的保障。特别是快到终点冲刺时，更要遵守规则，因为这时人身体的冲力很大，精力又集中在竞技之中，思想上毫无戒备，一旦相互绊倒，就可能严重受伤。

　　2. 跳远时，必须严格按老师的指导助跑、起跳。起跳前，前脚要踏中木制的起跳板，起跳后要落入沙坑之中。这不仅是跳远训练的技术要领，也是保护身体安全的必要措施。

　　3. 在进行投掷训练时，如投铅球等，一定要按老师的口令进行，令行禁止，不能有丝毫的马虎。这些体育器材有的坚硬沉重，有的前端装有尖利的金属头，如果擅自行事，就有可能击中他人或者自己，从而造成受伤，甚至发生生命危险。

　　4. 在进行单、双杠和跳高训练时，器械下面必须准备好厚度符合要求的垫子，如果直接跳到坚硬的地面上，会伤及腿部关节或后脑。做单、双杠动作时，要采取各种有效的方法，使双手握杠时不打滑，避免从杠上摔下来，使身体受伤，同时要有老师和同学在器械旁站立保护。

5. 前后滚翻、俯卧撑、仰卧起坐等垫上运动的项目，做动作时要严肃认真，不能打闹，以免发生扭伤。

6. 参加篮球、足球等项目的训练时，要学会保护自己，不要在争抢中蛮干而伤及他人。在这些争抢激烈的运动中，自觉遵守竞赛规则对于安全是很重要的。

二、参加竞技体育运动要注意安全

学校运动会的竞赛项目多、持续时间长、运动强度大、参加人数多，安全问题十分重要。

1. 要遵守赛场纪律，服从调度指挥，这是确保安全的基本要求。

2. 没有比赛项目的同学不要在赛场中穿行、玩耍，要在指定的地点观看比赛，以免被投掷的铅球等击伤，也避免与参加比赛的同学相撞。

3. 参加比赛前要做好准备活动，以使身体适应比赛。

4. 在临赛的等待时间里，要注意身体保暖，春秋季节应当在轻便的运动服外再穿上防寒外衣。

5. 临赛前不可吃得过饱或者过多饮水。临赛前半小时内，可以吃些巧克力，以增加热量供应。

6. 比赛结束后，不要立即停下来休息，要坚持做好放松活动，例如慢跑等，使心脏逐渐恢复平稳状态。

7. 剧烈运动以后，不要马上大量饮水、吃冷饮，也不要立即洗冷水澡。

三、体育运动时的着装安全

体育活动多是全身性运动，活动量大，还要运用很多体育器械，如跳箱、单双杠、投铅球等。为了安全，衣着要有一定的讲究。

1. 衣服上不要别胸针、校徽、证章等。

2. 上衣、裤子口袋里不要装钥匙、小刀等坚硬、锋利的物品。

3. 不要佩戴各种金属的或玻璃的装饰物。

4. 头上不要戴各种发卡。

5. 患有近视眼的，如果不戴眼镜可以体育活动，就尽量不要戴眼镜。如果必须戴眼镜，做动作时一定要小心谨慎。做垫上运动时，必须摘下眼镜。

6. 不要穿塑料底的鞋或皮鞋，应当穿适合锻炼项目的运动鞋。

7. 衣服要宽松合体，最好不穿纽扣多、拉锁多或者有金属饰物的服装。有条件的应该穿着运动服。

四、体育器材安全

随着体育教学水平的不断提高，为了更好地满足学生对体育器材使用的需求，让学生可以更好地进行科学体育锻炼，加强体育器材的安全管理十分重要。为了加强学校体育设施器材安全管理，切实保障学校体育活动的安全开展与学生人身安全，防止因雷电、大风、体育设备老化、使用不当等引发的安全事故，消除学校体育健身器材可能存在的安全隐患，为广大师生提供安全的健身环境，我们应该做好以下几个方面的工作。

（一）建立完善的体育器材安全管理制度

1. 安排固定的人员进行体育器材的发放和回收
在上课之前安排固定的几个学生去体育器材室领取器材，下课的时候再由这些人进行体育器材的收回和归还。这种方法不仅可以有效地减少体育器材丢失的情况，还能培养学生的责任感，有利于学生素质的提高，可以更好地保证体育教学的质量。

2. 对体育器材分门别类，科学有序地管理
体育器材有很多不同的种类，为了避免各种体育器材之间的混乱，应该对体育器材进行系统的分类，并安排相应的位置进行摆放，这样才能较为有效地做到体育器材的安全管理。

3. 体育器材的保养及维护
有很多体育器材价格比较贵，为了更好地做到体育器材的正常使用以及增长体育器材的使用寿命，应该对体育器材进行科学的保养以及维护。大型的体育器材应该先教会学生如何进行正常的使用，这样才不会因使用不当造成器材的损坏。体育设备的磨损是不可避免的，但是如果由于使用不当造成意外事故，如身体机能训练的那种比较大型的设备可能会对学生的安全构成威胁。为了避免这种情况发生，应该做到特殊性器材的特殊管理。

（二）强化体育教学安全防范意识

教师要教会学生掌握一些基本的安全要领与技能，使学生在遇到危险时，能够运用所学的安全要领来规避危险。为了更好地做到体育器材的安全管理，应该培养学生的责任意识。这要求在各个学科的教学过程中都对学生进行安全教育。

（三）规范运动程序，预防安全事故

在使用体育器材前，应检查器材是否清洁、是否松动、是否存在裂痕等不安全的隐患，重点检查有锁扣和转动部位的特殊器材是否安全可靠。

每次课前，体育教师都必须仔细做好场地、器材的安全检查，并且要做到器材摆放有序，活动场地安排合理。课中，教学内容要科学合理，动作难易程度要得当，要始终加强课堂组织纪律，教育学生做好准备活动。在练习中教师除讲明动作要领和体育器材的使用方法外，还要采取科学有效的保护措施，对学生不合理的或者错误的动作要及时纠正，避免学生意外受伤。例如，在进行双杠教学时，不要让学生站在双杠的前后端，而应站在双杠的一侧或两侧；学生在做双杠练习时，应有教师和学生保护。课后，要认真做好整理放松活动并及时归还活动器材。

五、高危项目安全

运动是把"双刃剑"。科学的运动给我们带来健康的效益，而不恰当的运动有时候会让我们感到"很受伤"。因此，生命不但在于运动，更在于科学的运动。参与高危运动项目的人身安全问题应当引起全社会的关注。高风险项目经常会酿成难以预料的后果，这给大学生及其家人

会造成极大的伤害。针对高危运动项目，应当制订可行的安全保障措施和安全救护应急预案，防止危及大学生人身安全的意外事故发生。当事故发生时，应及时予以救助。

高危项目一般指专业技术强，危险性大的运动。管理者在运动场所的醒目位置，应张贴警示公告，提醒学生增强自我保护意识，了解高危险体育项目的特点，服从教师的指导。国家体育总局、人力资源和社会保障部、国家工商行政管理总局联合发布了第一批高危险性体育项目名单，其中包括游泳、滑雪、潜水、攀岩四个大项目。每年游泳溺水甚至死亡的案例很多，是青少年意外死亡的最大因素。滑雪、潜水、攀岩等项目，参与人数少，大家对它们的危险性比较重视，发生事故的数量反而不多。滑雪容易令参与者在寒冷条件下造成骨折、扭伤、挫伤，这些都是滑雪运动中常见的伤病。潜水曾被美国《福布斯》杂志评为世界上第二危险的运动，潜水容易产生缺氧症和低温症，还会对耳朵、鼻窦造成伤害。攀岩作为一项不借助辅助工具的项目，危险系数极大。

第二节　不同运动项目的常见损伤

参与不同体育运动的健身方式通常是健身爱好者的最佳选择。但是，由于不同体育项目技术特点之间的差异以及开展形式的区别，造成了不同体育项目"独特"的损伤部位和损伤类型。了解常见体育项目的损伤特点，能够帮助健身爱好者在体育健身过程中有效地预防运动损伤。

案　例　　　　　　　　　　"飞人"刘翔退赛

2008年8月18日，"飞人"刘翔在奥运会110米跨栏比赛前退场的场景，让许多热情观众心痛不已。根据新闻发布会提供的信息，刘翔患的是跟腱部位的末端病。解放军总医院第一附属医院骨科副主任商卫林说，跟腱部位末端病在运动性损伤中比较常见。该病多是由于反复多次的大量运动形成的累积性损伤，导致跟腱与跟骨交界处即末端结构过度负荷，受力超过了所能承受的程度，所产生的组织微细损伤。这可能是最终导致刘翔不得不退出家门口夺金大赛的原因。

商主任说，其实运动性损伤并非运动员的专有，大量普通人群在锻炼活动中出现的各种运动性损伤在临床上并不少见。近年来，随着全民健身运动的开展，参加运动锻炼的人越来越多，但普通人群因为缺乏必要的运动训练卫生知识，运动方法不够得当，各种运动性损伤有明显增多的趋势。比如，我们经常会听到一些人在运动后出现了拉伤、扭伤等。

全民健身运动的蓬勃开展对提高国民身体素质有极大的好处。但在参加各种健身活动中一定要讲究科学，方法要适当，项目要适宜，强度要适中，主动预防各种运动性损伤的发生。

（资料来源：《中国中医药报》第2985期）

一、篮球运动中的常见损伤

篮球运动在我国开展最为普遍，它是一种瞬息万变的运动，要求运动员的体力发展与身体训练均衡，常见的创伤是因跌倒、跳起抢球时落地不正确（如踩在别人脚上等）、急停、急转、冲撞、场地不平或场地过滑而引起的急性创伤。

篮球运动中损伤分为外伤和慢性损伤。外伤轻一些的会有一点擦伤，严重的可以发生骨折或者脱位，一般常见的有踝关节韧带的捩伤或足踝部骨折、膝的韧带半月板损伤、指挫伤及腕部舟骨骨折。另外在篮球运动中也会有慢性损伤，其中最影响运动训练的是髌骨软骨病，其发生机制主要由滑步进攻与防守、急停与上篮等训练过多导致，应加强防范。

二、足球运动中的常见损伤

足球是有记录以来创伤发生率最高的运动项目之一，轻者擦伤，重则骨折、脱位。足球的创伤大多数发生在四肢，损伤中除一般常见的擦伤和挫伤外，踝关节的扭伤最为常见；其次是大腿前后肌肉拉伤、挫伤。膝关节损伤又次之。膝关节损伤中半月板撕裂，前十字韧带撕裂，髌骨骨折。守门员因经常扑球摔倒，很容易发生手腕（舟骨骨折）及肘部的创伤（鹰嘴皮下滑囊炎及血肿），因此，守门员的防护器具一应俱全。

损伤原因可归为以下几个方面。

（一）激烈比赛导致损伤

比赛时激烈地争夺、急跑及铲球，易发生大腿与小腿的肌肉拉伤，突然改变体位，小腿的突然扭转，可引起膝、踝关节韧带及骨的损伤。

（二）因球的接力作用致伤

这种损伤多见于下肢，在用脚外侧踢球时，最容易损伤的就是距腓前韧带。而用足内侧踢球时，小腿因球突然作用而外旋外展，很容易损伤膝内侧副韧带、半月板和前十字韧带，特别是"对脚"的时候。

此外，一次有力的"屈膝后摆腿正脚背"踢球，由于球的反作用力，突然股四头肌猛然收缩，常发生股四头肌和股直肌肌腹或腱膜的撕裂。儿童球员常常会发生胫骨结节软骨炎。

（三）球击伤

例如面部的擦伤、挫伤、腹部挫伤、阴囊和睾丸的挫伤，但最典型的是守门员的手指损伤，如拇指、食指或者其他手指的韧带牵扯或者关节的半脱位。

（四）踢　伤

比赛时大小腿部经常会被对方的球鞋、膝及小腿踢撞，引起肌肉损伤、皮下血肿、肌肉的撕裂（常见的是股四头肌的损伤）以及骨的损伤（如骨折等）。

（五）摔　倒

在运动员争球、冲撞或者疾跑时很容易被撞倒，因此发生损伤机会较多。场地不平时尤易发生。常见的如擦伤、创伤性滑囊炎、髌骨骨折、肋骨骨折、脑出血、脑震荡等。

（六）其　他

除上述情况外，足球运动员又因劳损会发生很多慢性损伤，如踝关节创伤性骨关节病（又名"足球踝"，其中成因之一就是局部劳损）、趾骨炎以及髌骨软骨病。在发生损伤原因的讨论中，运动员的犯规动作、技术不正确是导致损伤的主要原因，占损伤发生的百分率较大。其次是不遵守训练原则、技术不过硬、场地不好、运动员忽视使用保护装备、运动员过度疲劳等原因。

三、游泳运动中的常见损伤

游泳最严重的意外就是溺死，特别是在初学阶段。游泳池的规格、救生措施与安全规则都十分必要。游泳池应光线充足，室温不能低于水温。水温应保持在22℃～26℃。

游泳运动损伤率一般都很低。如果进行游泳训练，较常见的损伤是足部肌肉痉挛。运动员在入水之前，最好做一些足部的伸展运动，并对双足实施按摩，这样的准备动作可以帮助肌肉迅速地排除有害物质，减小肌肉痉挛的发生率。预防足部肌肉痉挛最好的方法就是经常活动这部分肌肉。运动员可以反复地做一些蹬池练习，每次练习中要使足部充分地弯曲，这样可以不断地锻炼这部分肌肉，使血管不断地向这部分肌肉提供养料。一旦这部分肌肉得到了锻炼，痉挛的感觉也就自然地消失了。如果足部肌肉痉挛症状较轻，运动员可以继续保持游泳状态；如果痛感很强烈，那么最好的处理方法是：运动员要对足部做缓慢的、长时间的、稳定的伸展动作，直至痛感完全消失。足部肌肉的伸展练习最好是在池壁边进行；双足跟着地，向上尽量抬高足尖，贴靠池壁的上沿，然后双足尖沿池壁做下推动作，最大限度地伸展足弓肌肉。每次伸展动作保持20秒，直至足弓肌肉完全放松。另外，对已经感到痉挛的肌肉群实施局部按摩，同样可以收到明显的治疗效果。

四、田径运动中的常见损伤

田径运动分为跑、跳、投掷和竞走，其创伤并不少见，创伤程度也多有不同。同时还有其他运动中所罕见的过度紧张状态及重力性休克。

（一）径　赛

创伤比较少见，在短跑时常遇到的外伤有大腿后群屈肌拉伤、足踝腱鞘炎、跟腱纤维撕裂、断裂或者跟腱腱围炎。赛跑时由于急停而引起的髂骨前上棘的断裂、踝关节与膝关节扭伤等，有时也可因起跑垫未垫平而致伤。

中长跑外伤较少，但可能出现过度紧张现象。下肢

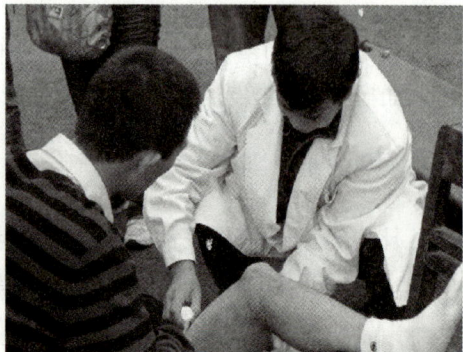

训练过多，有时候可能出现胫腓骨疲劳性骨折或者骨膜炎，长跑过程中摔倒可发生擦伤，但也可能因倒在跑道的边沿上发生骨折。马拉松比赛时，由于距离过长，马拉松选手常常会发生阴部及尿道口擦伤，膝外侧疼痛综合征，胫前肌腱鞘炎以及足趾挤压伤，因此应注意鞋和运动裤的选择。

跨栏易发生大腿后肌肉拉伤、腰痛及髌骨软骨病，所以应注意跨跳姿势的矫正，以及栏架的安防位置和方向等。

（二）田赛项目

这类运动最常见的运动损伤为踝关节韧带的掖伤或者骨折、足跟挫伤、膝的韧带与半月板损伤、前臂骨折及肩部挫伤，这些创伤的发生，可见于下列情况，如助跑时撞到别人身上、跑道不平滑、沙坑太硬、坑沿太高、过杆或落地姿势不正确等。

为了预防这些损伤的发生，跳高助跑的跑道应平而不滑，在练习前应检查横杆与架子的质量，为了减少制动时的冲击量，跳鞋的后跟内应垫海绵，跳坑的沙子应松散而干净，海绵包应厚、软。跳高无论什么姿势，初学时都应从低杆跳起，先学腾空和转身姿势。

疾行跳远必须在准备部分包括各种跳法的辅助练习，如落地要有弹性、腾空动作要正确。只有掌握了疾行跳远之后，才能练习三级跳，而且不应做长距离和高速助跑。助跑跑道过硬或技术不良，都可能引发踝关节骨折、韧带损伤、跟腱损伤及跟骨下脂肪垫损伤。

铁饼、标枪、铅球及链球实践中最常见的创伤是把器械投掷在投掷区域外，造成运动员和裁判的受伤。其次，也可发生由于准备活动不足或者技术不熟练而引起肌肉的韧带掖伤（肩、腰、膝、肘关节）与骨折。此外，也可能发生由技术特点造成的过劳损伤。

铅球运动常见的损伤有掌指关节扭伤、指屈深肌腱拉伤，或者因出手时球由指尖滑出而导致的蚓状肌拉伤等。此外，左侧腰方肌也常因投出时腰的突然侧倾而拉伤。个别运动员为了加强后蹬腿的力量，过度地重复"膝的半蹲起"因而引起髌骨软骨病。根据上述情况，需采取加强训练方法、技术的讲解与准备活动等措施来预防损伤。

五、武术运动中的常见损伤

作为一个传统的体育项目，武术分为散打和套路两种，损伤分为有接触的损伤和无接触的损伤。

（一）武术套路

武术套路运动是一项对速度、爆发力和协调性要求特别高的全身性运动。近年来，随着武术套路运动的迅速发展，竞技比赛日益激烈，使运动员在练习高难度动作过程中，容易发生机体损伤。从学者的调查分析来看，损伤主要集中在腰、下肢和部分上肢，其中下肢的损伤部位多发生在大腿、小腿和踝关节，上肢的损伤部位主要发生在腕关节和肩关节。在这些损伤部位中又集中表现为肌肉韧带拉伤、关节扭伤、软骨组织损伤、肌肉劳损、骨膜炎等。

根据不同学者对运动损伤原因的分析，归纳总结有以下几个原因：① 武术套路运动本身的技术特点（动作幅度大，跳跃动作多）；② 准备活动不充分；③ 运动负荷过大，运动量安排不合理；④ 场地设备、服装上存在缺点；⑤ 运动员思想过于放松，精力不集中；⑥ 运动员动作规格不标准或错误；⑦ 本身身体素质太差；⑧ 教学训练中组织方法上存在错误。在这些运动损伤原因中，除了武术套路运动本身的技术特点，其他因素造成的运动损伤都可以减少甚至避免。

这需要运动员和教练员的共同努力。

预防武术套路运动员损伤要针对损伤原因，突出重点，从各个方面进行预防，才能做到切实有效。加强思想教育是首要条件，合理地安排运动训练，加强易受伤部位的训练，加强医务监督，做好准备运动，合理安排教学和训练，加强自我保护。

（二）武术散打

武术散打运动员所发生损伤的部位主要集中在头面部、手腕部、踝部和小腿部。从项目特点上看，在武术散打比赛中如果一方用腿法击中对方的头面部就可以得2分，重拳重创对手造成强制读秒可得2分，带来优势胜利或者降低对方体能，由于规则的引导，运动员在比赛过程中频繁打击头面部致使头面部损伤的比率较高；在武术散打训练和比赛过程中，主要的进攻动作是拳法和腿法，运动员在进攻的过程中反复地运用直拳、贯拳、勾拳等基本拳法和鞭腿、踹腿、蹬腿等基本腿法。而腕关节和踝关节是人体比较薄弱的关节，腕关节是由尺、桡骨的远端及腕骨组成，桡骨远端是由松质骨构成，尺骨的远端有一腕软骨盘，腕骨共8块，分近侧和远侧两排，近排的舟状骨较窄长，纵跨两排腕骨之间，是腕骨中最易发生骨折的，其发生率在运动损伤中占居首位，但易漏诊而治疗不当，造成腕关节永久性功能失调。在武术散打运动中进攻时如果反复使用拳法，前臂过度前旋和腕关节过度背伸都可能引起桡骨下端骨折和舟骨骨折；如果反复地旋转前臂和腕部可使软骨盘受到长期碾磨或牵扯，导致软骨盘退行性变以致破裂；如在武术散打时做大力压腕动作容易引起软骨盘损伤。踝关节是由胫腓骨下端和距骨构成的滑车关节，它的内外侧分别有内、外侧副韧带附着，外侧副韧带较内侧力量薄弱。如在武术散打运动中反复用腿法进攻，落地时重心不稳、向一侧倾斜或是踩在他人的脚上，就会以足的前外侧着地，内翻而导致外侧副韧带损伤。

预防散打队员损伤的对策包括：遵循运动训练自动化训练体系、根据损伤程度和性质确定损伤恢复的要点、做好充分的准备活动、加强易受伤部位的保护、重视训练后的恢复措施、加强医务监督并提高自我保护意识、提升比赛中后期心理承受能力、加强武德教育。

六、羽毛球运动中的常见损伤

羽毛球也是竞技运动中高对抗的项目，由于其特点是对抗的速度转换快，因此损伤种类较多。

在羽毛球运动中，两腿经常出现瞬间的变向、侧身前屈、后伸、起跳及跨步，使膝关节不断承受剧烈拉力。一旦某个动作不协调、过度用力或过度疲劳，就会引发膝关节损伤。

肩关节损伤是羽毛球运动中的常见伤。这是由于在羽毛球的各项技术中，无论是正手、反手击球或劈吊球，其基本动作都需要右（左）臂后引、胸舒展。当球落至额前上方击球时，上臂向右（左）上方抬起，肘部领先，前臂自然后摆，手腕后伸，前臂急速内旋带动手腕屈收鞭打发力。因此，当肩关节重复进行这种运动时，使得组成肩轴的4块小肌肉长期处于离心性超负荷状态，极易造成肩部肌肉损伤。

肘关节损伤是羽毛球运动中最易出现的。控制手指、手腕和前臂运动的肌肉大多数都附在肘关节周围。在羽毛球运动中，屈腕、旋前臂的动作比较多，且都使用爆发力，如反手球动作，它是靠上肢的屈腕肌和旋前肌来完成的。肘关节在130°～180°时，伸肌群的合力最为集中，而此时外侧韧带也拉得最紧。如果用力过大，就有可能超越肌体负荷，发生损伤。因此在羽毛球运动中，肘关节受损概率很高。在羽毛球训练中，手腕关节损伤也较容易发生，按照羽毛球的技术要求，无论是击打、扣杀，还是高、吊、挑、推、扑钩球都要求手腕有基本的后伸和外展动作，伴随不同的技术要领，手腕快速伸直闪动、鞭打击球或手腕由后伸外展到内收；在内旋闪动切击球时，手腕在这种快速的后伸、鞭打动作中，不断做出不同角度的内、外旋及屈收动作，因而易造成手腕关节三角软骨盘损伤。

由于羽毛球运动中起跳和迅速的急停或变向的腿部动作过多，使踝关节和跟腱周围的肌腱韧带极易受伤。另外，在拉力产生过快、斜向受力、受力之前施加外力等情况下也容易受伤。

羽毛球运动也会出现身体其他部位的损伤，其中大腿肌群肌肉损伤居多。造成这一损伤的原因：一是由于运动前的准备活动不充分。如气温较低时，肌肉的黏滞性较高，肌群处于僵硬状态，如果不充分做好热身的准备活动，极易在突发性用力时出现拉伤；二是由于股四头肌力量不强或训练不足，不能承受训练中大强度的腿部瞬间位移、急停和起跳而造成股四头肌拉伤。

羽毛球损伤的预防主要有：做好充分的准备活动、加强易受伤部位的保护、重视训练后的恢复措施、加强医务监督并提高自我保护意识、增加心理承受能力、对关节的活动要充分等。

第三节 运动中的损伤预防

在运动健身实践中，及时寻求体育教师提供预防损伤的建议非常重要，如建议采取预防损伤的基本技术（如对踝关节进行支持带加固），也可推荐使用加速疲劳消除的方法来预防损伤的发生。在健身中防止损伤的因素包括：准备活动、伸展、充分的恢复、运动防护器材。

一、准备活动

一般性的准备活动有慢跑、牵拉、抗阻力量练习三部分内容，在运动中可以有针对性地使用。

二、伸 展

柔韧性是身体素质的一个重要方面，在运动中大幅度顺利地运动关节是良好机能能力的重要表现。特殊的关节、肌肉可由于损伤、不活动而导致僵硬，要通过伸展运动改善。加大关节的柔韧性可以减少肌肉韧带损伤和肌肉酸痛。

常用的牵拉法有两种：一种是静态牵拉方法，就是关节被动运动到极限。静态伸展可以有效地预防运动损伤。另一种是动态牵拉方法，就是由肌肉收缩达到关节运动最大值。动态伸筋法有利于运动的完成。

（一）静态牵拉方法

此练习缓慢柔和，时间持续 15 ～ 30 秒。

牵拉三部曲：运动幅度以自己感觉不到难受为准，感觉舒服，在持续被拉伸时，肌肉由紧张变为松弛；接着关节的运动可以加大一点，也没有疼痛感，再持续 15 ～ 30 秒，关节的运动又会加大一点；最后牵拉到感觉有些疼痛的幅度为止，持续 15 ～ 30 秒。这种伸筋方法是提高柔韧性的最好方法。

（二）动态牵拉方法

动态柔韧性或功能柔韧性指在体育运动中能够以正常或很快的速度完成大幅度关节活动的能力。体育运动中，动态柔韧性或功能柔韧性直接反映了肌肉伸展过程的特点。近年的研究发现，动态牵拉法不会降低神经肌肉的兴奋性，更适合运动前的牵拉。

（三）牵拉的原则

热身活动后做拉伸；运动前后拉伸肌肉；拉伸肌肉要缓慢柔和；要拉到肌肉紧张但不感觉到疼的位置（拉到疼时会引起肌纤维拉伤）。

三、充分的恢复

恢复手段对于预防损伤及提高成绩都有益处。不及时采用恢复手段会影响技术动作，产生运动疲劳。如出现这种现象，同时训练负荷下降，就表明"过量"了。不及时纠正就会出现过度疲劳。多数情况下，运动员对过量的反应是加大训练来克服无力和运动负荷下降。以上这些做法都是错误的，这样反而容易造成损伤和过度疲劳。科学的方法是及时采用恢复手段。

放松恢复的方法有：运动后牵拉、温泉浴或热水浴、按摩、营养补给、心理放松等。

按摩可以消除运动后肌肉紧张，增加肌肉运动幅度，增加血流、营养供应，改善软组织功能，如过度疲劳、营养不足、骨骼肌肉的状态（如骨疼）。如果按摩方法解决不了当前的软组织损伤问题，应该及时地就医治疗。

四、运动防护器材

运动中必要的保护和帮助可避免意外事故的发生，增强健身者的信心。健身者必须根据项目特点学会自我保护的方法，正确选择和使用运动保护器材对防止多种损伤的发生有重要作用。在直接接触和对抗的运动中更是如此，如足球、橄榄球；在非直接接触的运动中也是如此，比如网球。

思考题

1. 上体育课时应注意哪些安全防范？
2. 足球运动的损伤原因可以归纳为哪几个方面？
3. 进行运动健身时，怎样进行损伤预防？

第九章 体育社团的组织与竞赛编排

章前导言

随着学校对学生体育工作的重视，学校体育场地设施水平都有了很大提高，学生从事体育活动的兴趣也更加浓厚，爱好更加广泛。体育社团和运动竞赛作为体育课程的补充与拓展需要学生掌握相关的组织与编排知识，以促进学校体育更好地发展。

重要提示：体育社团；运动竞赛；组织；编排

第一节 体育社团的组织

一、体育社团的组建原则

体育社团是学校学生社团中的一部分，称之为"协会"或"俱乐部"，有的也称"社"。体育社团的形成是由体育爱好者为实现共同的体育目的，参与同一体育社会活动而自愿结成的群众性组织。社团有严格的管理制度，社团干部有具体的分工，基本上能定期、定时开展社团活动。活动经费主要是校团委、学生会从本部门经费中拨给，以及成员缴费，也有来自于企业的赞助。社团干部及成员开展工作都是义务服务。因此，在体育社团组建过程中，应该遵守以下五点原则。

（一）持续发展，量力而行

要组织师生集思广益，根据本校实际情况，充分研究论证，制订切实可行的方案。要明确指导思想、组织机构、社团名称、实施要求、考核办法、保障机制，充分发挥学校自身资源以及人才优势，极力打造特色社团。要做到重点建设、重点发展，建出特色，抓出成果，切忌面面俱到，盲目发展。

（二）自主选择，自愿参与

可在现有的各项目群体的基础上建立各种运动项目的体育社团；也可以由对某一项目感兴趣的学生自发联合组成体育社团，人数不限，可多可少；还可以由各专业组长或体育教师就学生的专业特长或技能需要，指导学生组建相应的社团。通过学生的参与，应实现学生的自我教育、自我管理和自我创新。

（三）建章立制，循序渐进

学校要将学生体育社团组建工作纳入工作计划，明确一名副校长分工负责，做好实施方案的制定、社团的组建、各项制度的健全、指导教师的确定和活动过程的管理、档案资料的收集整理、经验教训的总结反馈等，确保社团管理工作规范有序。

（四）形式多样，内容丰富

活动内容要贴近教学内容、比赛项目以及专业技能，可以涵盖学校体育项目、体能及专业技能特色项目等多种类型，为学生素质培养、个性塑造、强身健体、社会实践搭建平台，努力形成"百花齐放、百家争鸣"的良性发展趋势。

（五）灵活运行，自主创新

学生的社团活动可以定期或不定期举行，可在校内，也可到工厂、企业、社区、机关团体等进行。社团活动要使学生在社团自治自理、健康发展的过程中增强自身的体育素养、综合能力和自主意识。各社团要不断探索活动形式，注重经验总结，提升活动质量，争创优秀社团。

二、体育社团的组建步骤

（一）筹备建立期

以学生为基础、以质量为主线、以需求为导向，以活动为载体，制订具有本校特色、符合学生特点的学生体育社团建设实施方案。由分管校长任领导小组组长，团委书记任副组长，团委具体负责，其他部门共同关心支持。项目的选择结合学校的师资和学生的实际需求进行，学生喜欢、易于开展的运动项目优先考虑。

（二）宣传发动期

管理部门要在实施意见的指导下，尽量通过学校广播站、海报、宣传栏以及校园网络等宣传方式加大宣传力度，营造良好的舆论氛围，使更多人了解和关注体育社团。教师引导学生根据自己的兴趣爱好、运动习惯和身体素质情况，选择加入喜爱的体育社团。

（三）实施推进期

按计划组织实施，着手组建学生社团。选择对项目有浓厚兴趣并有较好体育基础的学生组成社团的骨干力量，培养和提高他们的组织管理能力，帮助他们树立在社团成员中的威信。由指导教师负责指导体育社团的学生有计划、有目的、有组织地开展运动技术的学习，引导学生学会自我锻炼、自我监督、自我调控、自我保健，以及自我评价。主管校长在此期间要对此项工作深入管理部门（体育科组或团委学生会）进行检查指导。

（四）特色发展期

在量的全面推开的同时，要重视质的提高。结合本学校体育文化建设工作，一方面，学校组织开展"学生社团建设、社团活动现场观摩以及社团建设经验交流会"；另一方面，树立先进典型，推广先进经验，开展全校优秀社团评比活动。

三、组建体育社团的工作要求

（一）方案可行

实施方案必须切实可行，要具有可操作性。管理要到位，制度要健全，主要领导要亲自过问组建工作，加大管理力度。专、兼职指导教师要落实到位，并各司其职。要建立健全管理制度，每次活动都要有方案、有记录、有成果展示、有总结。

（二）加强社团档案管理

要指派专人负责管理社团工作档案。档案内容应该包括组建过程资料、学校实施方案、各种相关的制度措施、各社团指导教师的活动计划以及各项活动的策划方案、教材、活动过程资料（活动记录、图片、音视频资料等）、活动总结、学校的工作总结等。这些资料需要及时归档，作为学生德育评估材料备查。

（三）开展丰富多彩的体育活动

要充分利用周末和纪念日组织各体育社团开展丰富多彩的体育活动，借以充分展示学生的活动成果，张扬学生个性魅力，提升学生体育素养。还要定期开展检查评比活动，将此项工作的绩效纳入年度考核内容，以调动师生的积极性，促进工作科学稳步开展。

（四）提倡互助互爱，共同进步

在社团活动中，应充分重视利用体育社团中运动技术水平相对较好的学生的核心作用，发挥他们的专长，将其他学生带动起来，鼓励学生自学，培养自学能力，同时充分发挥教师的指导作用，将学生的自学和教师的指导结合起来。

（五）加大宣传力度，及时总结经验

要充分利用校园网络优势，及时在校园网站上报道各社团活动情况。学校通讯员可以向教育局网站宣传本校学生体育社团建设及活动情况，提高社团在本地的知名度。鼓励教师撰写专题文章，在网站上就社团建设问题展开讨论研究，总结经验，以便相互学习。

四、发展的措施

（一）加强管理

在提倡社团学生的主动性和学校宏观指导的同时，要充分发挥学校的行政管理职能，争取相关部门关心和支持社团的发展，使社团管理逐步制度化、规范化。这是社团发展的必然要求，也是社团发展的保证。

（二）积极扶持

1.要安排有责任心的指导教师

（1）专业体育教师可以指导学生的训练和比赛，提高学生的技战术水平。

（2）可利用专业体育教师的专业优势，打造特色社团。

（3）通过表扬和奖励指导教师，提高指导教师的积极性。

2.要注重培训社团干部

（1）体育科组应定期对各社团干部进行体育知识和能力的培训，以提高干部的体育业务和办事能力。

（2）要注重选拔优秀学生担任社团干部，树立他们在社团内部的威信，鼓励他们把社团打造成学校的品牌和亮点。

（3）教育学生要处理好社团工作与学习、个人与集体的关系，尽量做到课余时间处理社团事务或开展社团活动。学校要适当添置体育器材。学校要加快运动场馆的建设，适当添置体育器材，保证学生有充足场馆进行活动，以满足学生锻炼身体的需要，促进体育社团的蓬勃发展。

（三）拓宽经费来源渠道

一方面，要让学校广开财路，下拨更多经费；另一面，要加强与企业的联系，向企业拉赞助，帮助企业做广告宣传；还可以与外单位合办体育活动，减少活动费用。

五、发展的方向

（一）争取多方支持

学校体育社团需要学校支持、专业教师支持、企业支持。有了多方支持与参与，社团的建设才能真正做到有指导教师、有资金、有场地。

（二）稳定社团经费来源

为使社团健康、持续发展，最好建立形成学校拨款、社会赞助以及自我创收的社团经费模式。

第二节　运动竞赛的编排

一、体育竞赛的基本赛制

根据运动竞赛的具体要求、项目特点，参赛队（人）数，比赛的期限和场地设备条件等因素，可选用不同的比赛方法。最常用的有以下几种。

（一）淘汰制

淘汰制是通过比赛逐步淘汰成绩差的队或运动员，最后确定优胜者的方法。这种方法的优点是节省时间，缺点是不能比较合理地确定名次，不利于锻炼队伍提高水平，是一种偶然性比较大的竞赛制度。一般是在赛期短、参加队数多的情况下采用。

淘汰制有单淘汰和双淘汰两种形式。

1. 单淘汰

单淘汰是在比赛中，失败一次即失去比赛资格，获胜的队（人）继续参加比赛，直到最后确定优胜队为止的一种比赛方法。

比赛轮次表的编排：首先确定轮次。单淘汰赛时，参加比赛的所有队或运动员（除轮空者外）各比赛一次为一轮。轮次是确定比赛顺序、时间和场数的主要依据。场数等于队数减一。单淘汰赛时的轮数为最近人数（队数）较大的 2 的乘方的指数，如 8 人（队）参赛，$8=2^3$，则为 3 轮（图 9-2-1）。如果参加比赛的队（人）数不足 2 的乘方数时，则必须在第 1 轮的比赛中安排轮空，使第 2 轮比赛的队（人）数为 2 的乘方数。确定轮空队（人）数的方法是：稍大于参赛队（人）数的 2 的乘方数减去参赛的队（人）数，如 6 队（人）参加比赛，轮空队（人）数为：8−6=2，然后确定轮空队的位置。一般以稍大于参加比赛队（人）数的 2 的乘方数作为最大的位置号位，再按照轮空队（人）数在"轮空位置表"（表 9-2-1）上由左向右依次找出小于最大位置的号码数，就是轮空位置。凡与轮空位置相遇的队就是第 1 轮的轮空队。

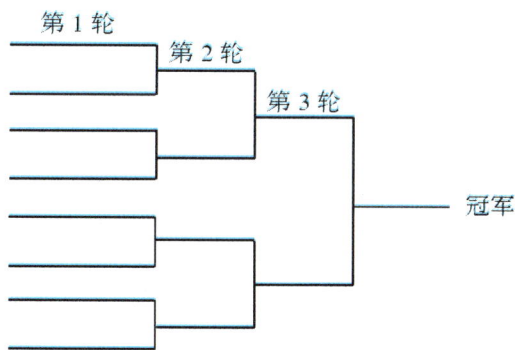

图 9-2-1

表 9-2-1　轮空位置（用于不超过 32 个队参赛）

2	31	18	15	10	23	26	7
6	27	22	11	14	19	30	3

为了避免强队与强队在初赛相遇时被淘汰和使后阶段比赛更为精彩，以及能够客观地列出各队名次，一般采用"种子"队位置安排法。"种子"队的队数应与第 2 轮区数相等。如果只有两个"种子"队时，1 号种子队应排在上半区的 1 号位置；2 号种子队必须排在下半区的最后一个位置。在图 9-2-2 中，1、8 为种子，其他各队位置按抽签排定。若确定有四个种子队，除 1、

2 号如上安排外，3 号种子应安排在下半区的最上一个位置，以使该队与 2 号种子队争夺决赛；4 号种子队则排在上半区的最下一个位置，使该队进入复赛，并与 1 号种子队争夺决赛权。最后再让其他各队抽签确定比赛位置，如有轮空的机会，应先让强队轮空。

2. 双淘汰

在比赛中，失败两次之后即失去比赛资格为双淘汰。双淘汰给初次失败者增加了一次比赛机会。它所产生的冠亚军也比单淘汰较为合理。

双淘汰秩序的编排方法和单淘汰基本相同，也是先排种子后抽签。双淘汰比赛场数是以队数乘 2 再减 3。例如，参加比赛队数是 7 队，则比赛场数为 7×2-3 = 11。参加双淘汰制的队数，如果不是 2 的乘方数，则在排秩序时，仍然要有轮空队。

决赛时，如果 1 胜，则 1 为第 1 名，5 为第 2 名，如果 5 胜则 1 和 5 都只败一次，所以应进行补赛。如下图虚线所示，胜者名次为前。

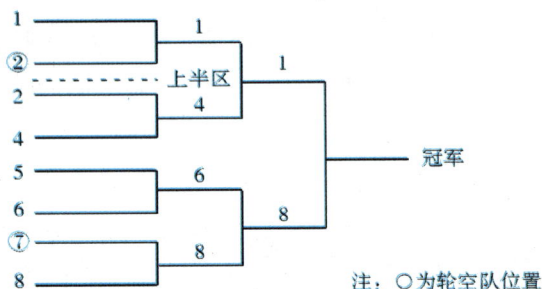

注：○为轮空队位置

图 9-2-2

（二）循环制

循环制是参加队（人）按一定的顺序与其他队（人）逐一相遇比赛，最后根据全部比赛的胜负数计算各队得分，确定各队名次。其优点是比赛和锻炼的机会多，有利于互相学习，共同提高，能够比较合理地确定名次。缺点是由于比赛场次多，所需时间长，并要求有一定的场地器材等设备条件。

循环制有单循环、双循环和分组循环等形式。

1. 单循环

单循环是指所有参加比赛的队（人）之间均相互比赛一次。这种方法一般在参加比赛的队数或人数较少时采用。

（1）计算比赛的轮次及场次

比赛的轮次数是根据参加比赛队数或人数来确定，若参加比赛的队数或人数是偶数，则比赛的轮数是队数或人数减 1。如参加比赛的队数或人数是 6，那么比赛轮数为 6-1=5；若参加比赛的队数或人数为奇数时，轮数等于队数或人数。比赛场数：队数×（队数-1）÷2。例如，有 6 队参赛，则比赛场数＝6×（6-1）÷2=15。也就是说，有 6 个队参赛的单循环比赛，要进行 5 轮 15 场比赛。

（2）比赛轮次表的编排

不论参加比赛队数或人数是偶数还是奇数，一律按偶数编排。如果是奇数，可以加一个"0"号使之成为偶数。把参赛的队（人）平均分为两半，前一半号数从 1 号起自上而下地写在左边，后一半号数自下而上地写在右边。然后把相对号数用横线联结起来，这就是第一轮的比赛。

1号固定，其余的号数按逆时针方向移动一个位置，再用横线对连接即为第2轮的比赛，以此类推，即成轮次比赛表。如6个队比赛的轮次如表9-2-2，而5个队比赛的轮次如表9-2-3。

轮次表排完后，各队（人）进行抽签，并把队（人）名按抽到的号码填到轮次表里。把各轮次的比赛编成日程表，即发至各队（人）。

表9-2-2 6个队比赛轮次表

第1轮	第2轮	第3轮	第4轮	第5轮
①-6	①-5	①-4	①-3	①-2
2-5	6-4	5-3	4-2	3-6
3-4	2-3	6-2	5-6	4-5

表9-2-3 5个队比赛轮次表

第1轮	第2轮	第3轮	第4轮	第5轮
①-0	①-5	①-4	①-3	①-2
2-5	0-4	5-3	4-2	3-0
3-4	2-3	0-2	5-0	4-5

2. 双循环

双循环宜在比赛队（人）数不多，赛期又较长时采用。编排方法与单循环相同，但比赛场次比单循环增加一倍，即队（人）与队（人）之间要比赛两次。其优点是各队（人）皆有两次相遇机会，能合理地排定名次。但因场次太多，赛期太长，一般较少采用。

3. 分组循环

分组循环是一种分阶段、分组进行单循环比赛的方法。它多在参加队（人）数多，比赛时间较短的情况下采用。其优点是节省时间，能较合理地排定名次，有较多的学习交流机会。

如果将淘汰法和循环法两种方法配合使用，则称为混合制。混合制将比赛分为两个阶段，前一阶段采用分组循环法，后一阶段采用淘汰法，也可先分组淘汰后循环。

（三）轮换制

将运动员分成若干组，在同一时间内，分别进行各个项目的比赛。赛完一项后，各组依次轮换再进行另一项比赛。例如，竞技体操团体比赛的男子6个项目、女子4个项目的比赛方法就是轮换制。

二、乒乓球比赛的编排

乒乓球比赛通常采用的竞赛方法是循环赛制、淘汰赛制和混合赛制。举办单位可以根据比赛任务、参赛者数目、比赛时间及场地等情况，选择合适的竞赛方法。

乒乓球比赛的项目有：男子团体、女子团体、男子单打、女子单打、男子双打、女子双打和混合双打等。

（一）乒乓球比赛的编排方法

1. 团体赛

团体赛一般采用循环赛制或混合赛制。

（1）团体赛的方式

① 世界乒乓球锦标赛（斯韦思林杯、考比伦杯）

每队可以报 3～5 名运动员，每次比赛只能从中选派 3 人出场。比赛之前由比赛双方队长抽签决定选择主队（A、B、C）或是客队（X、Y、Z），选择好后，各队即确定三个运动员上场比赛的顺序和位置。其中，主队的 A、B 队员和客队的 X、Y 队员各比赛两场；主队的 C 队员和客队的 Z 队员只比赛一场。主、客队运动员比赛出场顺序如表 9-2-4。

表 9-2-4　比赛出场顺序表

场　次	主　队	VS	客　队
1	A	—	X
2	B	—	Y
3	C	—	Z
4	A	—	Y
5	B	—	X

运动员出场比赛顺序排列的原则是：主力队员多得分，主力队员早得分。一般来说主队的 A 和客队的 Y 应为各队的主力队员。

每次比赛采用 5 场 3 胜制，每场比赛采用 5 局 3 胜制，每局采用 11 分制。非正式的比赛可将第三场安排为双打比赛。当一个队赢得足够多数场次时，为一次团体比赛结束。

② 早期的斯韦思林杯赛制（9 场 5 胜制）

一个队由 3 名运动员组成。比赛顺序如表 9-2-5。

表 9-2-5　9 场 5 胜制比赛出场顺序表

1. A-X	4. B-X	7. B-Z
2. B-Y	5. A-Z	8. C-X
3. C-Z	6. C-Y	9. A-Y

主　队	客　队
A 队员赛第 1、5、9 场	X 队员赛第 1、4、8 场
B 队员赛第 2、4、7 场	Y 队员赛第 2、6、9 场
C 队员赛第 3、6、8 场	Z 队员赛第 3、5、7 场

③ 早期的考比伦杯赛制（5 场 3 胜制）

一个队由 2～4 名运动员组成。比赛顺序如表 9-2-6。

表 9-2-6　5 场 3 胜制比赛出场顺序表

1. A-X	3. 双打	4. A-Y
2. B-Y		5. B-X

（2）团体赛的编排

① 世界乒乓球锦标赛

国际乒联把各国参赛队按水平分成甲、乙、丙三级。

第一阶段：甲级 16 支队分成两组，每组 8 支队进行单循环赛，决出各组的 1～8 名。

第二阶段：两组同名次的队进行比赛，决出全部比赛的 1 ～ 16 名。两组的第 1、2 名采用交叉比赛，决出比赛的 1 ～ 4 名；用同样方法决出 5 ～ 16 名。

2010 年第 50 届"世锦赛"团体赛：两组的第 1、2 名采用佩奇制比赛，决出团体比赛的 1 ～ 4 名，用同样方法决出 5 ～ 16 名。

② 第 12 届全国运动会乒乓球赛

有 18 支队进入决赛，比赛分两个阶段进行。

第一阶段：18 支队分成 A、B 两组（香港、澳门各在一组），每组 9 支队进行单循环赛，决出各组的 1 ～ 9 名。

第二阶段：A、B 两组的第 1、2 名采用佩奇制比赛，决出团体比赛的 1 ～ 4 名；小组的第 3、4 名采用同样方法决出团体比赛的 5 ～ 8 名。

2. 单项比赛

国际比赛中，单项比赛一般都采用单淘汰赛制。每场比赛采用 7 局 4 胜制，每局采用 11 分制。基层比赛可以采用循环赛制或混合赛制，每场比赛也可以采用 3 局 2 胜制。

3. 编排时的注意事项

保持合理的比赛强度；保证合理的休息时间；合理使用比赛场馆；安排好团体和各个单项比赛的决赛。

（二）乒乓球比赛排定名次的方法

在循环赛中球队的名次按参赛者在同一循环比赛中的积分多少排定。乒乓球比赛胜一场得 2 分，输一场得 1 分，未出场比赛或未完成比赛得 0 分，积分多者名次列前。

小组名次根据所获得的场次分数决定。若小组的两个或两个以上的队（人）积分相同，他们的名次应根据他们相互间比赛的成绩依照以下顺序决定。

1. 计算比赛场次（队与队之间比赛一场为一次）的胜负比率，比率高者名次列前。

2. 计算比赛场数（相互之间比赛的场数，如 3：0 或 3：2）的胜负比率，比率高者名次列前。

3. 计算局数和分数的胜负比率，比率高者名次列前，直至算出所有名次。

4. 如果已经决出一个或更多队（人）的名次，而其他队（人）仍然积分相同，则将已决出名次的队（人）的比赛成绩删除，再依上述程序进行计算。

5. 如果仍不能确定名次，则由抽签来决定。

6. 团体赛分别依次、场、局、分的顺序计算排定名次。

7. 胜负比率：胜场数／负场数。

思考题

1. 体育社团的组建原则有哪些？
2. 体育竞赛的基本赛制有哪些？
3. 以乒乓球比赛为例，试说明竞赛编排的方法。

第十章 生存体育训练

章前导言

　　随着物质生活水平的提高，现代大学生丧失了许多生存常识和技能，并由此而引起了一系列的连锁反应：失去战胜困难的毅力，体魄弱化，无法适应突然改变的环境。进行灾害逃生技能和灾害现场急救技能训练，不仅能提高自己的思考能力、判断能力，提高灾害发生时的自身的生存概率，还能在紧急时刻为他人提供生命支持。

　　重要提示：灾害逃生技能；伤害现场急救

第一节　灾害逃生技能

一、体育场馆疏散

　　随着社会经济及体育事业的发展，体育建筑快速发展，呈现出多元、综合、复杂的趋势。体育场馆作为一个人员聚集的场所，其一旦发生紧急事件，若疏散不及时就会出现人员的拥挤踩踏事故，进而会造成严重的人员伤亡现象，甚至会造成重大的经济损失。因此，体育场馆内人员疏散就成为一件棘手的问题，也是人们面对的一个公共安全问题。

　　体育赛事的多样性，要求体育场馆具有多功能使用性，而多功能化的体育场馆的产生发展要求场馆本身具有有利于多功能使用的内在空间特征和特殊的建筑规模。

（一）体育场馆的安全问题

　　体育场馆作为人员聚集的场所，可用来举行大型的体育比赛或文娱活动等，人员的安全问题是亟待解决的问题。因此，为了减少场馆内可能出现的安全问题，需采取相应的措施进行场馆的安全管理。

体育场馆的安全问题受诸多因素的影响，主要有人为因素、环境因素、物的因素。

1. 人为因素

人为因素可以概括为：人的主观因素和人的客观因素两个方面。

（1）人的主观因素，即人员的构成及心理因素的差异。

人员的构成较复杂：体育场馆内人员聚集，个体的年龄、性别、身体素质、教育背景等方面存在较大差异。复杂的人员，在发生紧急事件时，极易出现的拥挤踩踏现象。

人员复杂的心理特征：在发生紧急事件时，常常会引起人员的紧张、恐慌、绝望等心理特征，从而出现随大流、群聚、规避等行为，最终这些异常心理往往会诱使一些事故的发生。

（2）人的客观因素，分为人群之间的影响及外界人员的干预两方面。

人员的密度较大：体育场馆在举行大型赛事时，必然会聚集大量的人群，若发生紧急事件，人群密度太大必然会降低人员的行进速度；当人群密度达到一定极限时，就会由于拥挤过度而不能前进。

恐怖袭击：外界人员的恐怖性行为，是造成场馆内人员伤亡的主要因素之一。

2. 环境因素

环境因素分为人工环境和自然环境。

（1）人工环境

体育场馆的出口、走廊、看台等地段是事故的多发区，而体育场馆的选址、设计、布局等都受人员决定，因此，若场馆设计得不合理，如出入口和通道过于狭窄等，都会影响人员的安全性。

（2）自然环境

包括降水、沙尘暴、冰雹、太阳雨、洪水、地震等。

3. 物的因素

场馆的装备设施产生故障，如设备故障引起火灾、场馆坍塌等，这些事故的发生会引起人员的恐慌，进而使体育场馆处于混乱状态，最终将造成局部人员的伤亡，更有甚者造成较大的经济损失。

体育场馆内存在较多的安全隐患，而我们不可能杜绝，只能尽量避免，应通过疏散培训增强个体防御危险的能力。

（二）体育场馆的疏散方式

体育场馆内人员聚集，人流量大，为了便于组织管理，一般将场馆分为内场和外场两部分。内场主要是供运动员、工作人员和贵宾等使用的场地和活动厅等。外场主要是供观众使用的看台和休息厅等。为了避免内外场人流的交叉干扰，应该使用不同的进出口，将人流分放在不同的层面上。体育场馆的人员组成中观众人流占据比例较大，因此体育场馆内观众的疏散方式的选择至关重要，它将影响人员的疏散速度及视觉效果等问题。比赛场馆观众的疏散方式主要有下行式、上行式、中间式、复合式。

1. 下行式

下行式疏散方式是指看台出口在看台底部，人员向下移动经走廊到场馆外部。下行式疏散方式往往会占据较好的座席，减少看台面积，且疏散到底层的人员容易与内场人员形成交叉人流，妨碍疏散的进行。

2. 上行式

上行式疏散方式指看台出口在最上部，体育场馆内的观众在疏散时背对场区，向上疏散经外廊或休息厅到场馆外面。该疏散方式在看台区不开设出口，场馆内布局整齐完美，节省了看台区的面积，使观众区得到有效使用，目前得到广泛使用。

3.中间式

中间式疏散方式指在看台偏下部位设置出口，观众按上下两个人流进出场馆，无干涉，且中间式结合了下行和上行的有利因素。

4.复合式

现今的体育场馆的规模较大，疏散困难，故多采用复合式疏散方式，巧妙地运用上述几种方式进行设计，结构完美，形式灵活。

（三）场馆逃生训练

1.识别场馆图

学校应为学生开展识别校园场馆建筑的平面示意图的课外培训，让学生能够快速准确地掌握场馆的结构，能够准确地找到场馆通道和出入口的位置。这样，在突发灾害和安全事故时，才能使学生尽快逃离。

2.重视体育中的"整队"训练

在体育课中，经常进行"整队"训练，不仅可以提高学生的纪律、自律性，集中学生的注意力，提高体育课质量，还可以使学生熟悉整队口令，在1～2分钟的时间内快速整队集合。在灾害发生时，老师可以有效地通过整队口令指挥学生疏散或逃离。而整队集合的高效性也为疏散和逃生争取了时间，提高了生存的概率。

二、火场的逃生与避险常识

（一）熟悉环境，暗记出口

当你处在陌生的环境时，为了自身安全，务必留心疏散通道、安全出口及楼梯方位等，以便关键时候能尽快逃离现场。请记住：在安全无事时，一定要居安思危，给自己预留一条通路。

（二）通道出口，畅通无阻

楼梯、楼道、安全出口等是火灾发生时最重要的逃生之路，应保证畅通无阻，切不可堆放杂物或设闸上锁，以便紧急时能安全迅速地通过。请记住：自断后路，必死无疑。

（三）扑灭小火，惠及他人

当发生火灾时，如果发现火势并不大，且尚未对人造成很大威胁时，当周围有足够的消防器材，如灭火器、消防栓等，应奋力将小火控制、扑灭；千万不要惊慌失措地乱叫乱窜，置小火于不顾而酿成大灾。请记住：争分夺秒，扑灭初起火灾。

（四）保持镇静，明辨方向，迅速撤离

突遇火灾时，面对浓烟和烈火，首先要强令自己保持镇静，迅速判断危险地点和安全地点，决定逃生的办法，尽快撤离险地。千万不要盲目地跟从人流，相互拥挤，乱冲乱窜。撤离时要注意，朝明亮处或外面空旷地跑出，要尽量往楼层下面跑，若通道已被烟火封阻，则应背向烟火方向离开，通过阳台、气窗、天台等往室外逃生。请记住：人只有沉着镇静，才能想出好办法。

（五）不入险地，不贪财物

身处险境，应尽快撤离，不要因害羞或顾及贵重物品，而把逃生时间浪费在寻找、搬离贵重物品上。已经逃离险境的人员，切莫重返险地，自投罗网。请记住：留得青山在，不怕没柴烧。

（六）简易防护，蒙鼻匍匐

逃生时经过充满烟雾的路线，要防止烟雾中毒、预防窒息。为了防止火场浓烟呛入，可采用毛巾、口罩蒙鼻，匍匐撤离的方法。烟气较空气轻而飘于上部，贴近地面撤离是避免烟气吸入、滤去毒气的最佳方法。穿过烟火封锁区，应佩戴防毒面具、头盔、阻燃隔热服等护具，如果没有这些护具，那么可向头部、身上浇冷水或用湿毛巾、湿棉被、湿毯子等将头、身裹好，再冲出去。请记住：多件防护工具在手，总比赤手空拳好。

（七）善用通道，莫入电梯

按标准规范设计建造的建筑物，都会有两条以上逃生楼梯、通道或安全出口。发生火灾时，要根据情况选择进入相对较为安全的楼梯通道。除可以利用楼梯外，还可以利用建筑物的阳台、窗台等攀到周围的安全地点沿着落水管、避雷线等建筑物结构中凸出物滑下楼也可脱险。在高层建筑中，电梯的供电系统在火灾时随时会断电或因热的作用导致电梯变形而使人被困在电梯内，同时由于电梯井犹如贯通的烟囱般直通个楼层，有毒的烟雾直接威胁被困人员的生命。请记住：逃生的时候，乘电梯极危险。

（八）缓降逃生，滑绳自救

高层、多层公共建筑内一般都设有高空缓降器或救生绳，人员可以通过这些设施安全地离开危险的楼层。如果没有这些专门设施，而安全通道又已被堵，救援人员不能及时赶到的情况下，你可以迅速利用身边的绳索或床单、窗帘、衣服等自制简易救生绳，并用水打湿从窗台或阳台沿绳缓滑到下面楼层或地面，安全逃生。请记住：胆大心细，救命绳就在身边。

（九）避难场所，固守待援

假如用手摸房门已感到烫手，此时一旦开门；火焰与浓烟势必迎面扑来。逃生通道被切断且短时间内无人救援。这时候，可采取创造避难场所、固守待援的办法。首先应关紧迎火的门窗，打开背火的门窗，用湿毛巾或湿布塞堵门缝或用水浸湿棉被蒙上门窗然后不停地用水淋透房间，防止烟火渗入，固守在房间，直到救援人员到达。请记住：坚盾何惧利矛。

（十）缓晃轻抛，寻求援助

被烟火围困无法逃离的人员，应尽量待在阳台、窗口等易于被人发现和能避免烟火近身的地方。在白天，可以向窗外晃动鲜艳衣物或外抛轻型晃眼的东西；在晚上即可以用手电筒不停地在窗口闪动或者敲击东西，及时发出有效的求救信号，引起救援者的注意。请记住：充分暴露自己，才能争取有效拯救自己。

（十一）火已及身，切勿惊跑

火场上的人如果发现身上着了火，千万不可惊跑或用手拍打。当身上衣服着火时，应赶紧设法脱掉衣服或就地打滚，压灭火苗；能及时跳进水中或让人往身上浇水、喷灭火剂就更有效了。请记住：就地打滚虽狼狈，烈火焚身可免除。

（十二）跳楼有术，虽损求生

跳楼逃生，也是一个逃生办法，但是应该注意的是：只有消防队员准备好救生气垫并指挥跳楼时或楼层不高（一般 4 层以下），非跳楼即烧死的情况下，才采取跳楼的方法。跳楼也要讲究技巧，跳楼时应尽量抱些棉被、沙发垫等松软物品或打开大雨伞跳下，以减缓冲击力。如果徒手跳楼一定要扒阳台或窗台使身体自然下垂跳下，以尽量降低垂直距离，落地前要双手抱紧头部身体弯曲蜷成一团，以减少伤害。请记住：跳楼不是自杀，关键要有办法。

三、地震的逃生与避险

（一）地震前动物预兆

这首民谣是群众在长期预测地震中的总结，细读一下，对观察地震是有很大好处的。

> 牛羊骡马不进圈，猪不吃食狗乱咬。
> 鸭不下水岸上闹，鸡乱上树高声叫。
> 冰天雪地蛇出洞，大猫携着小猫跑。
> 兔子竖耳蹦又撞，鱼跃水面惶惶跳。
> 蜜蜂群迁闹哄哄，鸽子惊飞不回巢。
> 家家户户都观察，综合异常作预报。

（二）地震的逃生与避险常识

破坏性地震，从感觉到破坏平均只有 12 秒，在这段时间，应沉着冷静，根据所处环境做出安全选择。

1. 如果你住平房，来不及跑时可迅速躲在桌下、床下及紧挨的墙根下、坑沿下和坚固家具旁，趴在地上，闭目，用鼻子呼吸，保护头脑等要害部位，并用毛巾或衣物捂住口鼻，以阻挡呛人的灰尘。正在用火时，应随手关掉煤气或电开关，然后迅速躲避。

2. 如果你在楼房内，要迅速远离门窗和阳台，选择厨房、卫生间、楼梯间等空间小而不易倒塌的空间避震；可躲在墙根、墙角、坚固家具旁等易于形成三角空间的地方避震；还可以躲在桌子下面，千万不要盲目跳楼、乱跑，也不能使用电梯。

3. 如果你在室外，要避开高大建筑物，避开街道，把书包等物顶在头上，防止被玻璃碎片、屋檐、装饰物砸伤，迅速跑到街心、空旷场地蹲下。尽量远离高压线及石油、化学、煤气等有毒工厂或设施，也不要急于跑进室内救人；正在行驶的汽车、火车等，要紧急刹车。

4. 如果你正在工作场地，要迅速关掉电源和气源闸门、开关，然后就近选择设备和办公家具下躲避，防止次生灾害发生。

5. 如果你正在车站、影剧院、商店、教室、地铁等公共场所，要保持镇静，就地选择桌、凳、架等地方躲避，听从指挥，有序撤离，千万不能乱跑，更不要卷到人流中，乱拥乱挤，涌向出口，以免挤伤踩死造成大祸。

6. 如果你正在野外，要避开山脚、陡崖，以防山崩、滚石、滑坡、泥石流等。如遇山崩滑坡，要向垂直于滚石前进的方向跑。

7. 如果你遇到特殊危险，要根据不同情况采用避险措施：燃气泄漏时，要用毛巾捂住口鼻，不可用明火，之后设法转移；遇到火灾时，趴在地上，用湿毛巾捂住口鼻，匍匐逆风转移到安全地方；毒气泄漏时，用湿毛巾捂住口鼻，要绕到上风方向，之后及时转移。

案 例

在 2010 年 4 月 14 日青海省玉树县发生的 7.1 级大地震中，红旗小学创造了逾千学生"零伤亡"的奇迹，一名藏文老师卓玛用自己的身体承受住了千斤废墟的重量，把生的希望留给了学生，而不幸遇难。

红旗小学始终将安全问题摆在学校的第一位。为了增强学校建筑的安全系数，学校的楼房在设计、施工时就充分考虑了质量安全问题；为了提高学生的安全防范意识，红旗小学经常举行消防演习和逃生演练。

与其他学校的伤亡惨重相比，红旗小学创造了逾千学生"零伤亡"的奇迹，应该值得我们反思！

四、空难发生时的逃生与避险常识

1. 着装：系好安全带别穿高跟鞋。为了减少飞机坠毁时给自己的冲击力，最好的办法是系上安全带，按照飞机安全提示，保持俯身双手抓住脚踝等安全姿势。另外还记住，高跟鞋在空难中不仅可能阻碍逃生，而且会制造额外的危险。

2. 座位：机尾比头等舱更安全。美航空学专家认为，飞机后部的座位安全性更高。"同身处前几排的乘客相比，离机尾近的乘客在空难中幸存概率大约高 40%。""你高速行进时撞上某物，显然前部比后部受损会更严重。"诺兰说。

3. 警惕：起飞后 3 分钟与降落前 8 分钟最危险。《幸存者俱乐部》一书的作者本·沙德指出，一上飞机就忙着看报、喝酒、看电影很不好。她提醒乘客保持警惕，尤其要注意起飞后 3 分钟与降落前 8 分钟。研究显示，80% 的空难发生在这两个时间段。

4. 坠地：赶快逃离残骸。在飞机坠毁后，如果伴有起火冒烟，乘客一般只有不到 2 分钟的逃离时间。如果飞机坠毁在陆地上，乘客应该逃到距离飞机残骸 200 米以外的上风头区域，但不要逃得太远，以方便救援人员寻找。

5. 别与家人分开：如果你与家人一道旅行，应该坚持不让航空公司将你们分开，原因很简单，如果你们坐在机舱里的不同地方，在逃生前，你们总想先团聚，而这是很危险的。

6. 学会解安全带：如果你不能解开安全带，逃生的机会就很渺茫了。

7. 距离逃生口近：幸存者在逃生时要走的平均距离约为 7 排座位，所以，你可以选择在这个范围内就座。

8. 背朝飞行方向：如果飞机的座位都是面向后的，乘客会更加安全。在军事飞机上，座位的安排常常是面向后的。

9. 带上防烟头罩：如果你能从冲撞中幸存，下面要面对的就是大火和烟雾。烟雾含有有毒气体，过多地吸入将导致死亡。

五、地铁事故的逃生与避险常识

地铁设备故障或者追尾时，要远离门窗，趴下，低头，下巴紧贴胸前，以防颈部受伤，抓住或紧靠牢固物体。车停稳后观察周围环境自救。如果宣告已经截断电源才能下车，或紧贴安全疏散通道撤离。疏散过程中要注意脚下异物，严禁进入另一条隧道（地铁是双隧道）。

地铁车站火灾逃生方法

1. 利用"火警手动报警器"或直接报告工作人员。
2. 寻找简易防护，用随身携带的水或饮料打湿毛巾、口罩蒙上口鼻。浓烟下，贴近地面逃离是避免烟气吸入的最佳方法。视线不清时，手摸墙壁徐徐撤离。
3. 保持镇定，不要大声呼喊、乱跑，避免吸入大量烟雾。听工作人员指挥或广播指引，迎着新鲜空气跑。身上着火不要奔跑，就地打滚或用厚重衣物压灭火苗。
4. 遇到火灾不可乘车站的垂直电梯和自动扶梯。
5. 不要贪恋财物。不要因为顾及贵重物品而浪费宝贵的逃生时间。

地铁中撤离也要注意事故发生地点，列车若在站台附近发生事故，待司机把车开到最近站台并打开车门后，乘客在站台工作人员的协助下进行疏散；列车若在隧道中部发生事故，来不及驶往车站，乘客可立即疏散。如果车头发生灾难，乘客应从车尾下车后步行至后方车站；如果车尾发生灾难，乘客应从车头下车后步行至前方车站；如果列车中部发生灾难，乘客应从列车两端下车后步行至前、后方车站；列车若在车站站台发生事故，乘客和站台滞留人员应在工作人员帮助下紧急疏散，站外乘客在听到广播后，不得进站；车站站台或站厅发生灾难时，车站工作人员通过广播系统对车站滞留的乘客进行疏散，乘客可利用车站楼梯、出入口迅速撤至地面。

六、轮船遇险的逃生与避险常识

轮船发生意外时，盲目地跟着已失去控制的人乱跑乱撞是不行的，一味等待他人救援也会贻误逃生时间，必须采取积极的办法逃生。人的体力不同，在水中生存的时间也不同。一般来说：人泡在 $15℃\sim20℃$ 水中，可生存 12 小时；水温 $10℃\sim15℃$，多数人可生存 6 小时；水温 $5℃\sim10℃$，有一半人可生存 1 小时以上；水温 $2℃\sim5℃$，大部分人生存时间不会超过 1 小时，水温 $2℃$ 以下时，一般人只能维持几分钟。

着火疏散可上顶层。轮船遇险时，需根据不同的情况采取相应的对策。当轮船起火时，如果火势蔓延，封住走道，来不及逃生者，可关闭房门，不让浓烟、火焰侵入。当客船前部某一楼层着火，还未燃烧到船舱时，船员应采取紧急靠岸或自行搁浅措施，让船体处于相对稳定状态。被火围困人员应迅速往主甲板、露天甲板疏散，然后，借助救生器材向水中和来救援的船只上岸上船逃生。当客船上某一客舱着火时，舱内人员在逃出后应随手将舱门关上，以防火势蔓延，并提醒相邻客舱内的乘客赶快疏散。若火势已蹿出房间封住内部的走道时，相邻房间的乘客应关闭靠内走廊房间，从通向左右船舱的舱门逃生。当船上大火将直通露天的梯道封锁致使着火层以上楼层的人员无法向下疏散时，被困人员可以疏散到顶层，然后向下释放绳缆，沿绳缆向下逃生。

当两船相撞时，人们应迅速离开碰撞处，避免被挤压受伤。同时就近迅速拉住固定物，防止摔伤。

船舶在水面上突然发生严重危难事故，虽然全力抢救但仍无法使船舶免于沉没和毁灭，那么在这种情况下只能弃船。弃船命令由船长发布，乘客听到沉船警报信号时（1分钟连续鸣笛七短声、一长声），立即穿好救生衣，按各船舱中的紧急疏散图示方向离船。

在撤离舱室前，首先应尽可能地多穿衣服，能穿不透水的衣服则更好，戴上手套、围巾，穿好鞋袜（无论什么季节，多穿衣服都是必要的，落水后可使身体表面与衣服之间有一层较暖的水，而衣服又能阻止这层暖水与周围较冷海水的对流与交换）。穿戴妥当之后再穿救生衣。如果时间允许，离开舱室前还应带些淡水、食物，带一件大衣或一条毛毯。

如果穿救生衣或持有救生圈在水中，那么应采取团身屈腿的姿势以减少体热散失。除非离岸较近，或是为了靠近船舶和其他落水者以及躲避漂浮物和漩涡，一般不要无目的地游动，以保存体力。要设法发出声响和显示视觉信号，以便岸上或其他船只发现。

在弃船时，如无法直接登上救生梯或救生筏离开大船，就不得不跳水游泳离开。跳水前应尽量选择较低的位置，并避开水面上的漂浮物，而且应从船上的上风舷跳下，如船左右倾斜时应从船首或船尾跳下。如果水性不是很好，只能勉强保护自己而无力救助他人时，应尽量不要从他人面前游过，以免被没有水性的人抓住不放，而耽误你的自救，导致双双遭遇不幸。

七、公交遇险的逃生与避险常识

在城市里，公共交通是最主要的出行方式，因此具有些安全常识非常必要。公交车上三大"逃生门"——车门、侧窗、天窗，在危急情况下要学会使用逃生法。一是旋转应急开关。公交车车门一般都是驾驶员电动控制，一旦出现电动按钮损坏的情况，就需乘客选择另一种方式开门。公交车车门上方显眼处一般设有一个红色按钮，称为应急开关。如果车门无法正常开启，乘客可以根据箭头指示旋转应急开关，这时会听到一阵"嘶嘶"声，表示气阀内的气压已放掉，然后用手就可推开车门。二是用逃生锤砸开侧窗。每辆公交车上都安装有4～5个逃生锤，均设在驾驶员和车窗附近。危急情况下，乘客可取下逃生锤，用锤尖用力锤击车窗玻璃的中心，击碎玻璃后，再清除车窗上的玻璃碎片，然后从车窗逃出。有些公交车车窗中间位置安装了以防乘客甩出车外的栏杆，乘客击碎玻璃逃离时可抓住栏杆跳出窗外。三是推开车顶天窗。公交车车厢前后都有两个换气用的天窗，当遇到紧急情况时，乘客可以根据箭头指示旋动天窗一侧的按钮，然后用力向上推开天窗，就可以踩着座椅等爬上天窗，从而安全逃生。

第二节　伤害现场急救

一、交通事故的现场救护

（一）判断生命体征变化

1. 神志不清，表明有颅脑损伤或休克，病情危重。
2. 呼吸不规则、呼吸困难、呼吸停止，表明有颅脑损伤或高位颈椎损伤、胸部外伤、呼吸道梗阻。
3. 脉搏弱，或摸不到，表明出血多，损伤严重，处于休克状态。
4. 瞳孔扩大，表明有严重颅脑损伤。

（二）交通受伤现场救护

1. 排除险情—紧急呼救—保护现场—转运伤病员。呼救拨打 120、110、122。
2. 切勿立即移动伤员，除非处境会危害其生命（如汽车着火、有爆炸可能）。
3. 将失事车辆引擎关闭，拉紧手刹或用石头固定车轮，防止汽车滑动。
4. 呼救同时，现场人员首先查看伤病员的病情，伤病员从车内救出的过程应根据伤情区别进行，脊柱伤病员不能拖、拽、抱，应使用颈托固定颈部或使用脊柱固定板，避免脊髓受损或损伤加重导致截瘫。
5. 实行"先救命，后救伤"的原则，呼吸心跳停止的先心肺复苏。
6. 对意识清醒的伤病员可询问其伤在何处（疼痛、出血、活动受限等），立即检查患处，进行对症处理，疑有骨折应简单固定后再进行搬运。
7. 事故发生后应保护现场，以便给事故责任划分提供可靠证据，并采用最快的方式向交通管理执法部门报告。

二、溺水的现场救护

除呼救外，取仰卧位，头部向后，使鼻部可露出水面呼吸。呼气要浅，吸气要深。

会游泳者，如果发生小腿抽筋，要保持镇静，采取仰泳位，用手将抽筋的腿的脚趾向背侧弯曲，可使痉挛松解，然后慢慢游向岸边。

救护溺水者，应迅速游到溺水者附近，观察清楚位置，从其后方出手救援。或投入木板、救生圈、长杆等，让落水者攀扶上岸。

注意事项：

1. 如无能力，千万不要贸然跳入水中，应立即高声呼救。

2. 清理溺水者口鼻，然后进行控水处理，步骤如下：救护人员单腿屈膝，将溺水者俯卧于救护者的大腿上，借体位使溺水者体内水由气管口腔中排出。有些农村将溺水者俯卧横放在牛背上，头脚下悬，赶牛行走，这样既控水、又起到人工呼吸作用。

3. 如有呼吸心搏骤停，进行心肺复苏。

4. 不要轻易放弃抢救。

5. 可用毛巾擦遍身体，自上至躯干向心脏摩擦，以促进血液循环。

三、急性中毒的现场救护

（一）一氧化碳中毒现场救护

无色无味的煤气被称为"沉默的杀手"，煤气中毒，其实就是一氧化碳中毒。专家提醒，煤气和煤炉是"生产"一氧化碳的"重灾区"，尤其是在不通风的房间里生炉子、用土暖气，或使用橡胶管已经老化的煤气管道，以及用完煤气后没有拧紧开关，都有可能造成煤气中毒，需要特别注意。而现在大多数人家里用的是天然气，虽说天然气本身不会导致"煤气中毒"，但如果燃烧不充分，也会释放一氧化碳，比如燃气灶打不着火，却能闻到煤气味等。此外，如果家里用的是燃气热水器，也得特别小心，如果燃气燃烧不充分，一旦通风不好，洗澡时间长，就会发生煤气中毒。在没有行驶的汽车里长时间开暖气，也会中招。

发生煤气中毒，从身体感觉上就能判断。通常，轻度煤气中毒的表现有：头晕、头痛、四肢无力、恶心呕吐等，一旦出现以上任何一种情况，就要想到可能是煤气中毒，必须赶快开窗通风，同时关闭炉灶，马上到室外。如果发现得早，能尽快恢复。否则，情况会越来越糟，甚至导致死亡。

随着中毒情况变为中度，人会出现烦躁、走路不稳、意识模糊，甚至出现浅昏迷状态等。这时，除了上述初步操作之外，还要将患者的头部偏向一侧，防止呕吐物堵塞气道，造成窒息。有条件的，可以吸氧。

当患者重度中毒时，会神志不清、全身抽搐、深度昏迷，甚至呼吸停止。此时，先开窗，再迅速为其进行心肺复苏，随后在患者口中塞条毛巾，防止因抽搐而咬伤舌头，同时拨打120。

（二）酒精中毒现场救护

酒精中毒症状分3期：兴奋期、共济失调期、昏睡期。

救护原则：

轻度：卧床，喝浓茶、咖啡以醒酒。

CPR现场救护。

重度：启动紧急医疗服务（Emergency Medical Service，EMS），立即送医。

保持呼吸道畅通。

四、烧烫伤的现场救护

1. 立即脱离险境，但不能带火奔跑，这样不利于灭火，并加重呼吸道烧伤。

2. 带火者迅速卧倒，就地打滚灭火，或用水灭火，也可用棉被、大衣等覆盖灭火。

3. 冷却受伤部位，用冷自来水冲洗伤肢冷却烧伤处。

4. 迅速剪开取下伤处的衣裤、袜类，不可剥脱，取下伤处的手表、戒指、衣物。

5. 消毒敷料（或清洗毛巾、床单等）覆盖伤处。

6. 勿刺破水泡，伤处勿涂药膏（一度烧伤除外），勿粘贴受伤皮肤。

7. 口渴严重时可饮盐水，以减少皮肤渗出，有利于预防休克。

8. 迅速转送医院。

思考题

1. 影响体育场馆安全有哪些因素？
2. 怎样进行交通事故的现场救护？

第十一章 健身走与健身跑

章前导言

　　健身走和健身跑通常是较长时间、慢速度、较长距离的运动，它们都是较为温和的锻炼方法，不易造成运动损伤，受身体条件方面的限制较少，属于低投入、高产出的有氧健身运动。它们不需要特定的场地、器材，可在田径场、公路、树林、公园及田间小路等处开展练习，是我国群众性体育活动中普遍开展的项目之一。

　　重要提示： 健身走；健身跑；运动负荷

第一节　健身走

　　健身走是一项既经济又便利的健身运动。它是利用走步的形式来达到强身健体、提高生活质量和健康水平的目的。

一、健身走的锻炼方法

　　常见的健身走运动方法很多，锻炼者应根据运动的目的和个人的具体情况选择适合的运动方法。

（一）摆臂散步法

　　散步时两臂有节奏地做前后较大幅度的摆动，行走速度为每分钟 60～90 步，可增强肩带胸廓的活动能力，适用于有呼吸系统疾病的人。每次 30～60 分钟，可逐渐延长时间。

（二）摩腹散步法

　　一边散步，一边按摩腹部，行走速度为每分钟 30～60 步，这对有消化不良和胃肠疾病的人很有益处。每次 30～60 分钟，可逐渐延长时间。

（三）普通走步法

用中等速度行走，每分钟 60 ～ 90 步，每次锻炼 30 ～ 60 分钟。最好在风景秀丽的海滨、公园等地方行走。

（四）快速走步法

用较快的速度行走，每分钟 90 ～ 120 步，每次锻炼 30 ～ 60 分钟。行走时心率控制在每分钟 120 次以下。

（五）倒退走步法

倒步走时上体自然直立，眼睛平视，不要抬头后仰。当右腿支撑时左腿屈膝后摆下落，前脚掌先落地然后过渡到全脚掌，身体重心随之移至左腿时右腿屈膝后摆下落，前脚掌先落地然后过渡到全脚掌。两臂协同两腿自然摆动，同时注意后退方向和身体平衡。如感觉疲劳或难以控制平衡时应随时变换方式，如 50 米倒走+100 米正走或 80 米倒走+200 米正走。美国理疗学家的实验结果表明：倒步走比正步走的氧气消耗高 31%，心跳快 15%，血液中的乳酸含量也偏高。

二、健身走基本动作要领

1. 头部正直，两眼前视，适当挺胸和收腹，保持躯干正直，这将会使你走得更轻松，更舒适。
2. 以肩关节为轴前后摆臂，在快速走步时屈肘比较适宜，夹角在 80°～ 100°。适当扭动胯部，有利于增加步幅。
3. 下肢动作主要是以摆动的形式来完成。健身走时（倒退走除外），脚跟先落地，然后过渡到全脚掌，使身体重心快速前移。
4. 步幅和步频应根据个人的具体身高和腿长合理搭配，步幅自然开阔，步频较快，动作舒展大方。

三、运动强度与时间

（一）运动强度的衡量

健身走强度的衡量主要依据人体的脉搏次数来确定。从健身角度来讲，健身走时适宜的脉搏为 100 ～ 120 次/分。刚参加锻炼的人应该感到呼吸比较顺畅并逐步提高运动强度。由于健身走的时间一般都比较长，运动者可以一边走一边测量脉搏，及时掌握适宜的运动强度。

（二）健身走时间的掌握

健身走的锻炼效果应以时间来衡量，而不是以行走的距离来衡量。对于一般锻炼者，连续行走时间以 15 ～ 30 分钟为宜。行走 15 分钟可以达到锻炼身体的最低要求，行走 30 分钟就能够达到比较好的锻炼效果。若锻炼者身体比较强壮，又有比较充裕的时间，进行更长时间的健身走效果会更好，但一定要在自己的身体能够承受的范围之内。

四、健身走应注意的问题

1. 运动者最好选择空气清新、环境幽静的地点，如公园、河边、郊外等地。
2. 运动者着装尽量简单。鞋子要柔软、舒适，有条件的最好穿越野运动鞋，这样可以在运动中更好地保护双脚。
3. 运动时一定要注意周围的环境，保证人身安全。

第二节　健身跑

健身跑运动能够锻炼人的意志品质，增强体质，提高生活质量和健康水平。它不受场地器材的限制，适宜于男女老幼。

一、健身跑的锻炼方法

（一）间歇跑健身法

间歇跑健身法是对多次练习之间的间歇时间做出相应规定，使机体处于不完全恢复的状态，并反复进行练习的一种锻炼方法。通过严格的练习过程，可使锻炼者的心脏功能得到明显的增强，如 400 米 × 5 组，每组之间休息 2 ～ 3 分钟。

（二）重复跑健身法

重复跑健身法是指多次重复同一练习，两次（组）练习之间安排相对充足的休息时间。通过相对稳定的负荷强度的多次刺激，使机体尽快产生较高的适应性机制，有利于提高身体素质，如 400 米 × 5 组，每组之间休息 5 ～ 10 分钟。

（三）慢速跑健身法

慢速跑健身法是指用较慢的跑速进行身体锻炼，每次慢跑时间控制在 30 ～ 60 分钟，每分钟心率控制在最高心率的 60% ～ 70%，身体微微出汗但不气喘。呼吸的节奏可采用两步一呼、两步一吸或三步一呼、三步一吸，并尽量用腹式深呼吸。

（四）定时跑健身法

定时跑分两种：一种是不限速度和距离，只设定跑步的时间，如周二下午跑步 30 分钟；另一种是有距离和时间的限制，如周二下午跑步 30 分钟，距离 2500 米。随着锻炼水平的提高而逐渐缩短时间，加快速度，延长跑的距离。

（五）变速跑健身法

变速跑是慢跑和中速跑交替进行的一种跑步方法，可根据锻炼者的实际情况随意改变跑速，如 200 米慢跑 + 200 米中速跑或 200 米慢跑 + 400 米中速跑等，并随锻炼水平的提高不断改变变速跑的距离，不断加大运动负荷。

（六）倒退跑健身法

倒退跑时要求挺胸、抬头，双目平视，双手握拳屈肘于体侧腰上部。倒退跑应根据个人情况而定，如感觉疲劳和难以控制平衡时应随时改变跑步方式，如 50 米倒跑 + 100 米正跑或 80 米倒跑 + 200 米正跑。

二、健身跑基本动作要领

（一）上体姿势

身体适当前倾（5°左右）或几乎直立，上坡时需前倾大些，下坡时有一定的后仰，躯干不要左右摇摆，头部与躯干成一直线，面部、颈部肌肉放松，眼平视。

（二）腿部动作

两腿循环交替的后蹬与前摆，形成了跑步时的腿部动作。

1. 后蹬：首先从伸展髋关节开始，要求最大限度地伸展髋关节，使髋、膝、踝三关节充分伸直。

2. 后摆：支撑腿后蹬结束即进入后摆，后摆时要放松小腿，并随大腿的积极向前摆动形成大小腿折叠。

3. 前摆：当摆动腿的膝经过支撑腿的垂直上方时，由大腿发力带动小腿前摆，同时支撑腿的各个关节要迅速伸直，使后蹬的力量与运动方向一致。

4. 着地缓冲：正确的脚着地是摆动腿向前、向下，以前脚掌积极而柔和的"扒地"式着地。脚一着地，踝、膝、髋关节主动弯曲做"退让"工作，同时另一腿积极向前摆动，加快身体向前移动的速度，缩短缓冲时间。

（三）臂部动作

健身跑时两臂应稍离躯干，肘关节弯曲约成 90°，半握拳以肩关节为轴前后自然摆动，向前摆动时两手不超过身体中线。

（四）呼　吸

跑步时的呼吸应自然、有节奏，而且要有适宜的深度，呼吸的节奏应因人而异，一般采用两步一呼、两步一吸或三步一呼、三步一吸等。在起跑、途中跑和冲刺跑时不能有任何憋气的现象。

三、运动负荷与运动强度

（一）运动负荷的控制

健身跑的运动负荷由运动强度和时间所决定，其中运动强度为主要内容，运动时间则起调节作用。经常进行健身跑锻炼，一般应保持匀速跑，时间持续 20 分钟以上，心率保持在 120～150 次/分，这种练习方法可以消耗体内多余脂肪。慢跑的运动负荷注意因人而异，这是慢跑的精髓所在。一般来说年龄较小体质较好者，宜选择强度较大、持续时间较短的练习方案；中老年人及体质较差者，宜选择强度较小而持续时间较长的练习方案。

（二）运动强度的掌握

健身跑的强度一般用最大摄氧量来计算。研究发现，心率的快慢和最大摄氧量一般成正比，也就是说心率越快，最大摄氧量的百分比就越大（表 11-2-1、表 11-2-2）。

计算心率方法：当锻炼结束后立即测 10 秒的脉搏数，再乘以 6 得出每分钟的心率。如一个 30 岁的健身跑者，跑后即刻的心率为 135 次/分，从表中看出其运动强度为 60%。

表 11-2-1　不同年龄组 1 分钟心率和运动强度对照表

强度 / %　心率/次·分⁻¹　年龄/岁	8～12	13～17	18～29	30～39	40～49	50～59	60 以上
100	195	190	190	185	175	165	155
90	180	175	175	170	165	155	145
80	170	165	165	160	150	145	135
70	160	155	150	145	140	135	130
65	150	150	140	140	135	130	125
60	145	140	135	135	130	125	120
55	140	135	130	130	120	120	115
50	135	130	125	120	115	110	110

续　表

心率/次·分⁻¹　年龄/岁　　　强度/%	8～12	13～17	18～29	30～39	40～49	50～59	60 以上
45	130	125	120	115	110	105	105
40	125	120	115	110	105	100	100

表 11-2-2　运动强度、锻炼时间和运动负荷对照表

时间/分　　强度/%　运动负荷	5	10	15	20	30	45	60
大	95	90	80	75	70	65	60
中	85	75	70	65	60	55	50
小	70	65	60	55	50	45	40

思考题

1. 健身走的锻炼方法有哪些?
2. 如何把握健身跑的运动负荷和运动强度?

第十二章　篮　球

章前导言

　　篮球运动是由跑、跳、投掷等动作所组成的一项快速、激烈、综合性的运动。经常参加篮球运动，可使身体各部分肌肉结实，发展匀称，体格健壮，提高中枢神经系统的灵活性，使身体得到全面发展。篮球比赛在错综复杂、变化多端的情况下进行，要求参赛者高度集中注意力，对空间和时间具有准确的定向能力，并要掌握协调多样的技术动作，具备随机应变的能力。篮球运动既能给参与者带来良好的健身效果，又能使人们从中获得乐趣及心理上的满足，因此被越来越多的人所喜爱。这极大地促进了篮球运动的普及和发展。

　　重要提示：篮球技术；篮球战术；篮球规则

第一节　篮球概述

"大鲨鱼"奥尼尔

　　1972年3月6日，奥尼尔出生在新泽西组沃克。妈妈卢西•哈里森是个单身母亲。奥尼尔的生父叫乔•托尼，曾是名篮球运动员，由于刚出生不久父亲的离开，很长一段时间他都和妈妈一起生活。他随母亲结婚前的姓，也就是奥尼尔。

　　家境不宽裕，奥尼尔就想方设法为家庭减压：做过麦当劳短工，炸过薯条，至今不喜欢油炸食品也是跟这段经历有关。随着时间的推移，奥尼尔的篮球天赋也慢慢显露出来。很快被路易斯安纳大学的戴尔•布朗发现。第一次遇到布朗，奥尼尔向他请教如何灌篮。当时由于看到奥尼尔穿着继父当兵时的军装，布朗随口问："老兄在什么地方服役？"奥尼尔回答说："我才14岁。"布朗惊讶地睁大了眼睛，随后就找他父母核实了情况，布朗兴奋地说："我发现宝了，我发誓要得到他。"

　　3年后，奥尼尔顺利地步入了路易斯安纳大学的门槛，由于他的刻苦努力，球技一日千里，"鲨鱼"的眼睛中也开始有了自信的笑容。1992年奥尼尔成为NBA状元，并与魔术队签下了7年410万美元的合同——这张新人合同创下了当时的NBA新纪录。那年，奥尼尔不过19岁。签约后他回家跟妈妈说的第一句话是："我们不再是穷人了！"

　　大多数NBA球员都和奥尼尔的情况相似，对于他们而言，逃离底层的唯一筹码就是上帝赐予他们的篮球天赋。

一、篮球的起源与发展

篮球是以球投篮为竞赛核心环节的对抗性体育项目。篮球始于 1891 年 12 月，为美国马萨诸塞州斯普林菲尔德市基督教青年会训练学校体育教师詹姆斯·奈史密斯博士所创。最初，参与者将竹篮子钉在墙上，向竹篮里投球，故名为篮球。

篮球比赛的形式多种多样，有五人制比赛，也有三人制比赛。当今世界篮球水平最高的联赛是美国男子职业篮球联赛（NBA）。篮球在 1904 年被列入奥运会的表演项目，到 1936 年柏林奥运会成为正式比赛项目。女子篮球到 1976 年蒙特利尔奥运会成为正式比赛项目。

二、篮球的锻炼价值

1. 经常参加篮球运动，能提高内脏器官的功能，促进力量、速度、耐力、灵敏、柔韧等身体素质的全面提高。

2. 篮球活动涵盖了跑、跳、投等多种身体运动形式，且运动强度较大，因此，它能全面、有效、综合地促进身体素质和人体机能的全面发展。

3. 篮球运动能够提高和保持人的生命活力，为人的一切活动打下坚实的身体（物质）基础，从而提高生活的质量。

4. 篮球能使参与者的个性、自信心、情绪控制、意志力、进取心、自我控制与约束等方面都有良好的发展，以及培养团结拼搏、努力协作、文明自律、遵纪守法、尊重他人等的良好道德品质和集体主义精神。

5. 当代的职业篮球运动已经发展成为一项需要特殊天赋的极少数精英分子才有可能从事的、高收入的职业。

三、著名赛事介绍

（一）美国男子职业篮球联赛（以下简称 NBA）

NBA 赛季分为季前赛、常规赛和季后赛。NBA 正式赛季于每年 11 月的第一个星期的星期二开始，分为常规赛和季后赛两部分。常规赛为循环赛制，每支球队都要完成 82 场比赛（1998 年和 2012 年例外，1998 年由于工资帽问题，导致每支球队只有 50 场比赛；2012 年由于劳资纠纷导致每支球队只有 66 场比赛）。常规赛到次年 4 月中下旬结束，东西部联盟的前 8 名，包括各个赛区的冠军，将有资格进入接下来进行的季后赛。

（二）世界篮球锦标赛

世界篮球锦标赛是国际篮球联合会举办的国际性的篮球赛事，男子从1950年开始，女子从1953年开始，男、女比赛分别举行。历届比赛在某些情况下间隔时间不同，一般是4年一届。从1986年起，男子和女子的比赛都在同一年进行，也都按照4年一届的时间举行。从2014年起，世界篮球锦标赛更名为"篮球世界杯"。

四、著名运动员介绍

（一）迈克尔·乔丹

迈克尔·乔丹，1963年出生，NBA著名球员，被称为"空中飞人"。公认的全世界最伟大的篮球运动员之一，也是NBA历史上第一位拥有"世纪运动员"称号的巨星。他将NBA推广至全球每个角落，为联盟带来的收入至少在100亿美元以上。2010年3月19日，已经退役的迈克尔·乔丹成功收购NBA夏洛特山猫队，成为山猫队的老板。

（二）姚　明

姚明，1980年出生，NBA著名球员。他是中国篮球史上里程碑式的人物，曾效力于中国国家篮球队、NBA火箭队，2011年7月20日退役，现在是中国男子职业篮球联赛（CBA）上海队的老板。姚明7次入选NBA"全明星"，被美国《时代周刊》列入"世界最具影响力100人"，被国家体育总局授予"体育运动荣誉奖章""中国篮球杰出贡献奖"。姚明以其自身的人格魅力，赢得了世界声誉，让世界重新认识了中国，姚明成为东西方文化的桥梁，他的意义与价值，超越了篮球运动，超越了国界。

五、着　装

基本的比赛服装为短裤和背心。参赛队的每个队员都应统一着装并且在背心上标识号码。胸前的号码高度是10厘米，背后的号码高为20厘米。国际比赛中的球员号码应该为4～15之间的数字。篮球鞋可以是高筒的，也可以是低筒的，但是必须要穿着舒适，这样才能承受比赛中起跳和下落时的冲力。

第二节　篮球技术与战术

一、球员位置的确定

确定球员的位置主要依据的是球员的技术、队友的技术以及教练采用的战术。球员在场上比赛位置的命名——比如"后卫"这样的称呼——取决于在球队进攻时球员在球场上所处的位置。基本的位置包括三种：后卫、前锋和中锋（图 12-2-1）。

球员位置的命名和他们在球场上负责的位置有关。

图 12-2-1

（一）后　卫

后卫在球队进攻时的位置是中线和罚球线之间。后卫负责组织全队的进攻，通常都是由球队中身材较小的球员担任。优秀的后卫可以带球突破到离篮筐最近的位置，这并不是为了自己投篮，而是要吸引对方的防守球员，然后将球传给投篮位置更好的队友。

（二）前　锋

每支球队都在球场的左右两侧安排前锋。他们的活动范围通常在禁区和边线之间。前锋通常由球队中身材较高的球员担任，并且要拥有较好的突破能力，擅长从球场的底线和边线的位置投篮。

（三）中　锋

中锋的位置最靠近篮筐，而且必须要拥有以下几项技术。
1.良好的篮下投篮能力（特别是在被对手贴身防守时）。
2.有能力在篮下摆脱对方防守、接受传球并占据靠近篮筐的位置。
3.抢篮板球的能力。

二、实战技术

（一）快速运球中急停跳投

运用这项技术的代表人物有莫·威廉姆斯、特里、马库斯·索顿、斯蒂芬·库里、卢克·里德诺。

【技术要领】

运球过程中及时降低重心，用跨步急停或跳步急停，持球屈膝跳起投篮，投篮出手动作同原地跳起单手肩上投篮（图12-2-2）。

图 12-2-2

【注意事项】

停得一定要稳，而且要快。利用防守队员的身体惯性果断投篮。

（二）运球急停后仰跳投

运用这项技术的代表人物有科比、皮尔斯、詹姆斯、乔·约翰逊。

【技术要领】

持球者用右手运球，从右路突破，当球运到自己的射程范围之内，突然收回，做出一个左脚在前右脚在后的姿势，面对篮筐，但要是篮筐和两个肩头在一条直线上，然后逆时针旋转跳起。

【注意事项】

若觉得不舒适，那就跳起时身体旋转得慢一些或后仰角度小一些，等熟练后再快一点。

（三）怎样封盖对手

运用这项技术的代表人物是詹姆斯。

【技术要领】

注意力集中，知道球的位置。把握盖帽时机，出手迅速并到位。起跳时，身体伸直，避免身体接触或打手犯规。手臂伸展增加够球高度。运用手腕迅速拨球，但动作不宜过大。

【注意事项】

耐心盯防，避免其如入无人之境，轻松投篮。时机合适，卡好位置。节省时间，双脚起跳。轻轻拨球，改变球路。

（四）怎样争抢篮板

近年来的历届篮板王有凯文·加内特、德怀特·霍华德、德安德鲁·乔丹。

比赛中，抢篮板球是获得控球权的重要手段之一。抢篮板技术对掌握球的控制权有重要的影响。

1. 当对方或同伴投篮时，必须想到可能不中，要积极地抢篮板球。

2. 防守时抢篮板球，必须把对手挡在外面。挡人方法有以下两种（图 12-2-3）。

（1）前转身挡人：当对手与你的距离稍远、动作很快时，用前转身挡人，前转身挡人比后转身快，但占据面积小。

（2）后转身挡人：对方离身体较近，为抢占较大面积，多用后转身挡人。

【技术要领】

篮下屈臂，两臂张开，占据空间，全身用力起跳。重心要稳，力量要强，保持平衡，即使被对方冲撞也不能失去平衡，仍然起跳。前场篮板，奋力争抢。当触到球时，抓紧下拉，控制住球。在空中要转身观察同伴的接应情况，护好球，将球举到头上，不要拿在胸前。落地同时要向边线一侧后转身，同时观察接应同伴所处位置，以最快的速度一传。一传出手后，借后转身的动作把和自己争抢篮板球的对手挡在后面，立即起动快跑跟进参加快攻。

【注意事项】

1. 必须贴紧对方，最好用臀部、腰部顶住对方。

2. 挡住人以后，稍停 1 秒，再冲到篮下去抢篮板球，因为中距离投篮时，一般球在空中运行 1～2 秒。

3. 要冲到篮下抢占投篮方向的对面，因为球碰到篮圈后，有 70% 的概率球反弹后落在对面。

图 12-2-3

（五）怎样进行突破进攻

持球突破是持球队员运用脚步动作与运球技术的结合快速超越对手的一项攻击性很强的进攻技术。运用这项技术的代表人物有科比·布莱恩特、阿伦·艾弗森、克里斯·保罗、勒布朗·詹姆斯、德怀恩·韦德。

1. 原地持球交叉步突破技术

【技术要领】

以左脚为中枢脚，从防守队员右侧突破。两脚左右开立，两膝微屈，持球于腹前，突破前，先做瞄篮或其他假动作。突破时，右脚内侧蹬地，并向左前方迈出一大步，上体左转，右肩向前下压，将球引至左侧，在左脚离地前，用左手推拍球于迈出脚的侧前方。同时，左脚用力蹬地，迅速超越对手（图 12-2-4）。

图 12-2-4

2. 原地持球同侧步突破技术

【技术要领】

以左脚为中枢脚，从防守队员左侧突破。准备姿势与原地持球交叉步突破相同。突破时，左脚向内侧蹬地，右脚迅速向防守队员左侧跨出，上体稍右转，同时探肩，重心前移。在左脚离地前，用右手推拍球于右脚的侧前方。同时，左脚用力蹬地，加速超越对手。

3. 跳步急停持球突破技术

【技术要领】

跳步持球前，应根据自己与防守队员的位置、同伴的传球方向调整好准备姿势，向前或向侧面跳步急停。接球时，要向来球方向伸臂迎球。同时，用一脚蹬地，向前或向侧跃出，在空中接球（一般使用移动方向异侧脚）。然后两脚前后或平行落地，两腿微屈，重心落在前脚掌上。根据防守队员情况，用交叉步或同侧步超越。

（六）假动作（虚晃）

假动作在篮球比赛中运用得并不少，目的是迷惑防守队员，以便自己做下一步的进攻动作。

单手持球虚晃动作的代表人物是乔丹。由于手很大，乔丹可以轻松地单手抓球，面对对手，手臂一挥，对手就以为他要传球立马转身寻找球的去向，此时，乔丹又把球拽了回来，这样一来一回的对手很容易被转晕，而乔丹就可以借机突破完成得分。在乔丹之后，麦蒂也十分喜欢运用这一动作。

【注意事项】

动作逼真，注意时机。

三、NBA 经典战术

（一）三角战术

【完美执行球队——芝加哥公牛队】

芝加哥公牛队之所以能够在 20 世纪 90 年代捧得 6 座总冠军奖杯，除了拥有天皇巨星迈克尔·乔丹以外，该队引用的三角进攻战术更是功不可没。称其为三角，原因相当简单，是由队中的 3 名球员各自占据着场上的一边，

组成最基本的战术模式。在公牛队之中，通常是由组织后卫罗恩·哈珀占据边线右角，同斯科特·皮蓬和卢克·朗利构成场上三角形。

【战术运作】

哈珀在运球跑动的过程中，迅速传球给乔丹。他自己则闪身躲在朗利和皮蓬为他制造的空当之间，随后再绕到三分线附近。这时，乔丹已经将球传给位于罚球线附近的丹尼斯·罗德曼，由后者持球。乔丹在原地停顿一秒之后，跑到左侧边线附近。

【战术结果】

球再次回传给已在队友掩护下摆脱防守的乔丹。乔丹在第一时间或者突破上篮，或者原地跳投，结束战斗。

【战术分析】

三角进攻是一个要求全队上下都积极参与进来的整体战术。如果对手对他们其中的一个人采取包夹战术的话，那么他们队中的另一个人就会处于无人防守的位置。当然，在绝大多数的情况下，乔丹也通常是在他自己队友的掩护下来完成这个投篮动作的。不过，在这当中，斯科特·皮蓬却是个最为关键的辅助人物，正是在他极为出色的防守掩护下，迈克尔才得以游刃有余地自由投篮。

（二）挡拆战术

【完美执行球队——犹他爵士队】

挡拆战术可以说得上是比赛中最简单，也是最行之有效的一种战术配合。迄今为止还没有哪支球队能够比犹他爵士队的马龙和斯托克顿运用这个战术更为娴熟默契的了。在挡拆战术之中，通常是有一名球员为己队正在持球的队员进行掩护。

【战术运作】

斯托克顿和马龙站在场上左侧边线的位置，而其他3名球员则站在右侧。然后马龙移动到罚球线附近，斯托克顿带球跑至他身边，从旁边绕过去。防守斯托克顿的球员就会撞在掩护的马龙的身上。

【战术结果】

现在，斯托克顿处于无人防守的状态。他再次带球至罚球线附近，吸引防守马龙的球员注意力，在对方球员双人夹击的情况下，斯托克顿眼疾手快地将球迅速传给早已奔至篮下的马龙，后者轻松上篮得分。

【战术分析】

结果自然是显而易见的。马龙或者扣篮，或者突破上篮，或者勾手投篮，总之，会得到良好的得分机会。

（三）低位进攻

【经典执行球队——圣安东尼奥马刺队】

对于拥有双塔的马刺队来说，低位进攻可以说得上是最合适不过的一个典型战术了。通常情况下，是由蒂姆·邓肯（圈子）站牢内线的绝佳位置（接近篮筐），西恩·埃利奥特则在大卫·罗宾逊的掩护下，开始了新一轮的进攻。

【战术运作】

埃弗里·约翰逊接球之后，慢慢地运球至半场，埃利奥特和温尼则在罗宾逊和邓肯的掩护下，上前接应他。埃利奥特先跑到三分线弧顶附近，接到约翰逊的传球。温尼则相应地跑到另一端，同时带走了防守他的对手。邓肯此时转身过来，接到了约翰逊的外线传球。

【战术结果】

当其他队友都拉开篮下空当，使得对放仅有一个人近前防守，邓肯通常可以游刃有余地发挥他自己的身体特长，一记转身勾手投篮结束战斗。

【战术分析】

迄今为止，在联盟之中，还没有几个人能够同邓肯在一对一的单挑中占据上风，当他面对篮筐时，他几乎可以好不费力地轻松上篮得分，另外他在 16 英尺之内的投篮也颇有准头，令对手防不胜防。

（四）快攻战术

【完美执行球队——洛杉矶湖人队】

如果可能的话，许多球队都选择这样做，迅速抢下对手的防守篮板，然后第一时间将球传给已跑到敌队篮下的队友，趁对手还未完全退回到后场，无人防守的时候将球快速投进篮筐，打对手一个措手不及。这在篮球比赛中我们称为快攻。洛杉矶湖人队可以称得上是联盟中快攻最为出色的一支球队，一旦他们能够打出自己球队的节奏的话，那往往无人可以抵挡的。

【战术运作】

此时湖人队处于防守的位置，他们的对手正在组织一轮新的进攻。罗伯特·霍利和沙克·奥尼尔（圈子）同时处于争抢篮板的最有利的位置。对方投篮之后，沙克首当其冲，抢下篮板，这时，里克·福克斯和埃迪·琼斯已经快到了前场，沙克迅速秒传给范·埃克塞尔，后者接球后，一边运球，一边用眼角扫视着前方的队友。

【战术结果】

埃克塞尔传给福克斯，后者在无人防守情况下或轻松上篮，或扣篮得分。

【战术分析】

沙克是一个伟大的篮板高手，只要他在篮下，他可以随心所欲地控制篮板球。范·埃克塞尔移动速度相当快，同时在他持球时，大脑反应速度也是快得惊人，他不仅可以准确地将球输送到无人防守的队友手中，而且还可以自己摆脱对手的盯防，轻松投篮得分。

第三节　篮球规则与欣赏

一、了解规则

（一）违例

1. 掷界外球违例：5秒内未将球掷出；从裁判员指定地点沿边线移动超过正常的一步；掷界外球球离手后，在球触及场内队员之前掷球队员首先触及球；掷界外球在球触及场上队员前，球触及界线或界外等。

2. 3秒违例：当球进入前场并且计时钟开启时，进攻队员在对方限制区内停留超过持续3秒时。

3. 5秒违例：掷界外球时，5秒内未将球掷出；持球队员被紧逼防守，在5秒内球未离手时；裁判员将球递交给罚球队员，在5秒内未将球投出时。

4. 8秒违例：进攻队在后场控制球未能在8秒内使球进入前场。

5. 24秒违例：进攻队未能在24秒内完成投篮并使球触及篮圈；出现防守队员犯规重新计算24秒。

6. 球回后场违例：位于前场的进攻队队员，不得再控球回到后场。

7. 运球走步违例：持球队员在投、传、拍或滚球之前，移动了中枢脚。

8. 二次运球违例：持球队员运球开始后，该队员用双手同时触球或使球在手中停留的瞬间，运球完毕，若再运球即为违例。出现下列几种情况不判二次运球违例：同一人连续投篮，但投出的球必须触及篮筐、篮板或其他队员；与其他队员抢球中用挑、拍等手法得到球后运球；抢断得球后运球。

9. 脚踢球违例：故意踢球或用脚的任何部位拦阻球。

10. 跳球时违例：当球在上升阶段时，跳球队员触及球；跳球队员未触及球时，其他队员进入中圈或移动位置；跳球队员直接接住球。

11. 干扰投篮违例：投篮的球在飞行中下落，并完全在篮圈水平面上时，防守队员触球即为违例，判给投篮得分。

（二）犯规

1. 侵人犯规：场上队员通过手、臂、肩、髋、膝、脚、弯曲身体成不正常姿势或使用粗野动作以拍、阻挡、拉、推、撞、绊等动作来阻碍对方队员，即为侵人犯规。

2. 违反体育运动精神的犯规：裁判员认为队员蓄意地对对方队员造成侵人犯规，为违反体育运动精神的犯规，2次违反体育运动精神的犯规将被取消比赛资格。

3.取消比赛资格的犯规：凡属十分恶劣的不道德行为，可判为取消比赛资格的犯规。

4.技术犯规：运动员出现场上骂人、不服从裁判判决、故意拖延比赛时间等现象要被判技术犯规；教练员技术犯规主要是指不服从裁判员、随意走出球队席区域或在场外干扰比赛正常进行等。

二、如何欣赏篮球比赛

篮球运动是一项具有较高观赏性的比赛项目。比赛中球员高强度的对抗性是其鲜明的特点，主要体现在整体对抗和个人对抗。除此之外，运动员高难度的技术动作，也使观众为之叫好感叹、兴奋，更为这些精彩表现背后运动员的刻苦努力而感动。在这方面，NBA篮球比赛是主要的代表，它已成为世界篮球球迷欣赏的主要焦点。

欣赏篮球比赛还要注重比赛各个环节球队配合的默契度。例如，进攻中后卫和主攻手的跑动配合，队员的掩护、跑位，使对手顾此失彼，容易造成篮下失守绝佳的投篮机会。这种场景的出现，需要球队每个队员的整体配合。因此，一支球队要想取得好成绩，必须拥有较高的整体性水平。NBA球员无论是身体条件还是基本技术，各个方面都比欧美球队（古巴、克罗地亚、西班牙、德国、俄罗斯、巴西等）要好，但在奥运会上美国"梦之队"却不能所向披靡。造成美国队败北的原因很多，其中，NBA球星组成的"梦之队"由于组队时间短，造成其球队整体水平不能尽如人意是最主要的原因。克罗地亚、西班牙、德国、俄罗斯等高水平的整体性、快速多变的战术体系则是NBA球队所不能及的，这也正是这些球队战胜对手、屡创佳绩的重要法宝。

思考题

1.篮球有什么锻炼价值？
2.篮球的犯规有哪几类？

第十三章　排　球

章前导言

　　排球运动对场地设备要求不高，参与者不受年龄、性别的限制，可根据自己的体力来掌握运动量。排球运动形式灵活，可以用多种方式开展，因此具有很强的娱乐性、休闲性。排球运动需要队员轮转换位，参与者必须掌握全面的技术，所以排球又是一项具有高度技巧性的项目。排球运动在我国具有广泛的群众基础，深受人们的喜爱。

　　重要提示：排球技术；排球战术；排球规则

第一节　排球概述

陈忠和——会拼才会赢

　　陈忠和 1957 年 10 月出生，福建龙海人，曾是福建省体工队男排运动员，国家女排陪打教练，福建省女排主教练，国家女排助理教练。曾带领中国女排夺得 2003 年世界杯冠军以及 2004 年雅典奥运会金牌。

　　人生给了陈忠和太多的磨难。哥哥意外车祸身亡，他成了家里唯一的支柱。可是工作性质决定了陈忠和没有多少时间可以留给家人。妻子王莉莉成了帮他负担一切的人。1992 年初，更大的打击向陈忠和袭来，他的爱妻在一次交通意外中丧身，从此天人相隔。4 年之后母亲瘫痪，2000 年悉尼奥运会期间父亲脑溢血去世，陈忠和只是默默承受，痛在心里。"过去的事了，不提也罢。"隐藏的苦涩，在淡淡的笑容中一闪而过。

　　陈忠和总是在笑，当中国排协最终选择了陈忠和时，记者问他："现在的中国女排处于低谷，您的笑容还那样灿烂。"他却说："我有信心带领中国女排东山再起，所以我笑。"

　　陈忠和接手中国女排第一年，他所公布的正式集训名单中保留的上届队员只有吴咏梅和陈静两个副攻手，而其他如主攻殷茵、接应二传邱爱华、二传诸韵颖等全都不在应征之列，一时间舆论大哗。在人们眼中，这几个二十出头的选手正是当打之年，应该成为新一届中国女排的骨干，而陈忠和似乎是下定了决心，要在一张白纸上书写新的历史。他相信自己在国家队 20 多年的观察，决不会看走眼，"我自有我的用人之道！"

上任伊始，遇到的各种怀疑与不解都影响着他的情绪。那时候，他终于体味到了从一个副手到主帅，要容忍和承担的太多了。然而闽南人特有的干练和坚韧很快战胜了那个怯懦的"小我"，"管他呢，我豁出去了！"自此，他不看报，也不看电视，热心球迷的来信、笑骂照单全收，但主意坚决不改。

亲人生命的无常，使陈忠和人生的交响曲中有太多的生死离别，命运的考验又使他在赛场中的交响曲充满汗水和泪水，但他在面对这些低落和崎岖的篇章时，用他坚毅的性格，淡泊和精益求精的态度演奏出了生命的最强音。

一、起源与发展

1895 年 7 月，美国马萨诸塞州（旧称"麻省"）霍利约克城（Holyoke），一位叫作威廉·基·摩根（Williams G. Morgan）的体育干事发明了排球。当时，美式足球、篮球和网球运动在美国已经比较盛行。但美式足球和篮球运动具有强对抗性，过于激烈，只适合青年人，而网球对参加活动的人数又有限制。所以摩根希望找到一种运动量适中、趣味性强且老少皆宜的运动方式。

从网球运动中受到启发，摩根将网球的球网升高，让多人隔着球网用手直接拍击球进行游戏，并先后用网球、篮球和篮球胆进行了试验。结果，网球太小不易拍击，篮球太重不易控制。最后制作了历史上第一批排球：这种球外表为皮制，内装橡胶球胆，圆周为 25 ～ 27 英寸（63.5 ～ 68.6 厘米），重量为 9 ～ 12 盎司（252 ～ 336 克），与现代排球近似。

起初，摩根将这种隔网用手拍击球的游戏叫作"Minitonette"，意为"小网子"。1896 年，美国马萨诸塞州基督教青年会体育指导大会在霍利约克城举行，大会期间举行了"小网子"表演。来自斯普林菲尔德市的哈尔斯戴特（A. T. Halstead）博士在观看了表演后认为，"小网子"这个名字没能充分表明游戏的本意，他提议根据游戏特点将"Minitonette"改名为"Volleyball""volley"是网球运动术语，意为"截击"，即"在球落地前将球击回"。这一提议形象地概括了"小网子"游戏的特点和性质，即"双方隔网击球使其不在本方场区内落地"，得到了大家的一致同意。从此，"Volleyball"就成为排球运动在国际上的正式名称，并一直沿用至今。

1905 年，排球运动传入中国。最初，中国开展排球运动采用的是 16 人制的比赛。每队 16 人上场，分别站成 4 排，每排 4 人，故中国人称此项运动为"排球"。排球在中国的发展先后经历了 16 人制、12 人制、9 人制和 6 人制的演变。

经过百余年几代排球工作者的努力，排球运动在中国逐步得到普及和发展，运动技术水平不断提高。截至 2016 年底，中国女排先后 9 次荣获世界冠军称号，其中 3 次摘得奥运会桂冠，对世界排球运动的发展起到了积极的推动作用。

二、锻炼价值

1. 排球运动量适合不同年龄、性别、体质和不同训练程度的人参加。
2. 参加排球运动能提高人们的身体素质和运动能力，改善身体机能状况。
3. 培养团结协作的团队精神和良好的作风。

三、著名赛事介绍

（一）世界杯排球赛

这项赛事的前身是"三大洲"排球赛，即（亚、欧、美）三大洲。1964年国际排联将其更名为"世界杯"排球赛，并于1965年9月在波兰举行首届世界杯男子排球赛，1973年在乌拉圭举办首届世界杯女子排球赛。世界杯是由全球高水平的男、女球队参加的国际性的世界杯排球赛排球比赛，每4年举办一次。自从1991年世界杯赛被改为在奥运会的前一年举行，就相当于是奥运会的资格赛。获得前3名的队伍则有资格进入奥运会。

（二）奥运会排球赛

1964年，排球运动首次亮相日本东京奥运会赛场，有10支男队和6支女队参加了比赛。 至2012年伦敦奥运会将近50年的时间里，奥运会排球比赛的规模已由最初的10支男队和6支女队发展到男女各12支队伍。

四、著名运动员介绍

（一）郎　平

郎平，1960年出生，著名运动员、教练员，有"铁榔头"的绰号；1984年随中国队获得洛杉矶奥运会女排比赛金牌，协助中国女排实现三连冠；退役后担任教练，曾率中国女排夺得1996年亚特兰大奥运会女排亚军；2013年再次被任命为女排国家队主教练，带领中国队夺得2015年世界杯冠军，并在2016年带领中国女排获得里约奥运会冠军。

（二）王一梅

王一梅，中国排球队主力队员，1988年出生，主攻位置，曾多次代表国家队参加世界性顶级比赛获得佳绩。2005年正式入选国家队，逐渐占据了中国女排主力主攻的位置。她的扣球高度达到3.19米，拦网高度也达到了惊人的3.07米。她帮助中国女排勇夺2005年瑞士女排精英赛亚军，以及世界女排大奖赛季军。同时，她跟随中国队获得了2008年北京奥运会和2011年世界杯两枚铜牌。

五、着　装

在排球比赛中，队员着装要统一，包括标有号码的运动衫、短裤和运动鞋。运动衫的编号为 1 ～ 18 的唯一号码，背后的数字要求高 20 厘米，胸前的数字要求高 15 厘米。

在沙滩排球运动中，运动员要穿短裤或泳装，也可以穿紧身运动衣，但巡回赛则另有规定。运动员可以戴帽子。沙滩排球运动员要赤脚参赛，但经裁判允许时，也可以穿鞋。运动员禁止穿着或佩戴任何可能导致损伤或影响公平竞赛的物品。

排球比赛赛程长，强度较大，女排比赛更是如此。因此，比赛服装应尽量舒适以保证动作自由，并在比赛中保持凉爽。

排球比赛需要大量的起跳、落地和快速移动，因此，运动员的鞋应具有良好的防滑性和减震性。另外，鞋子的轻便性、良好的透气性以及速干性也是非常重要的。运动员在硬场地中接低位球时，护膝板可以帮助其在地板上滑行。

第二节　排球技术与战术

一、球员位置的确定

（一）运动员站位

在发球运动员发球时，所有运动员必须站在正确的位置上。

发球时，双方前排运动员站位必须比相对应的后排运动员更靠近球网，例如 4 号位队员必须站在 5 号位队员的前面，3 号位队员必须站在 6 号位队员的前面，2 号位队员必须站在 1 号位队员的前面。同样双方运动员的两侧队员必须比中间的队员更靠近边线，例如 4 号位队员必须在 3 号位队员的左侧，2 号位队员必须站在 3 号位队员的右侧。后排的 5 号位队员必须站在 6 号位队员的左侧，1 号位队员必须站在 6 号位队员的右侧（图 13-2-1）。

球发出之后，球员可以移动，并站在本方场上的任何位置。但后排队员不允许在进攻线前拦网和扣球。

（二）运动员的轮换

发球一方在未失分的情况下，应由同一队员继续发球。接球方赢得 1 分时，队员要顺时针方向轮换一个站位。例如，2 号位球员转到 1 号位发球，而原来的 1 号位球员则转到 6 号位，其他队员也是如此（图 13-2-2）。

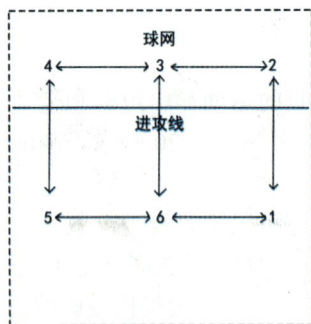
图 13-2-1

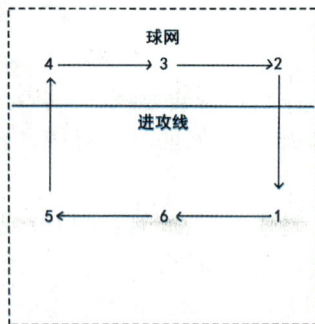
图 13-2-2

二、实战技术

（一）发 球

发球是一轮比赛的开始。这是排球技术中唯一不受他人制约的技术。每名队员都应尽量发出安全球，让球进入场地内。队员们还需通过发球给对方造成压力，球落点要准确而且球速要快。

1. 正面下手发球

【技术要领】

左脚向前，面向目标（适用于右手队员）；重心放在后脚上；抛球同时摆臂；手臂按直线移动，重心前移；手臂和身体重量同时前移（图 13-2-3）。

图 13-2-3

【注意事项】

球准备姿势和击球位置过高，影响发球的准确性；挥臂击球方向不正确，击球时手臂在肘关节处弯曲过大，击球不准。

2. 正面上手发球

【技术要领】

面对球网站立，两脚自然开立，左脚在前，双手持球于体前。左手将球平稳地垂直抛于右肩的前上方，上体稍向右侧转动。上体向左转动，迅速收腹带动手臂向前上方挥动，伸直手臂，用全掌击球的后中部（图 13-2-4）。

【注意事项】

发球抛球不准，击球点太靠后，做不出推后带腕动作；动作不协调，用不上全身的力量。

图 13-2-4

（二）垫 球

前臂传球常常被称为垫球，通常用来接速度快的低球。最常用于接发球和对方扣球（图 13-2-5）。

图 13-2-5

【技术要领】

队员应移动至球后方，接球高度在腰部和踝部之间，接球位置在双腿之间。前臂并拢形成一个接球平面。

【注意事项】

1. 屈肘两臂并不拢，不会用力。

2. 移动慢，对不正球。

3. 两臂用力不等，动作不协调。

（三）上手传球

上手传球是指双手传球，用于球高于头顶时。在控球情况下，这种方法是最准确的传球方法。

【技术要领】

采取准备接球的站位，注视来球；准备接球，接球位置应在身体正上方，屈膝，面向准备击球的方向；触球，将重心移至来球方向并伸直手臂。

【注意事项】

1. 手型不正确，触球部位离身体太远，大拇指朝前。

2. 击球点过高或过低。

3. 传球时上体后仰。

（四）扣　球

扣球是排球比赛中的主要进攻方式。

【技术要领】

助跑至网前，向后摆臂，双脚起跳，向前挥臂，起跳后将击球的手臂后拉，并带动轻微展腹及转动肩膀；击球，但不能触网；落地时双脚不能前移（图13-2-6）。

图 13-2-6

【注意事项】

1. 助跑起跳前冲，击球点不准。

2. 上步起动时间早、起跳早。

3. 挥臂动作不正确（僵硬、拖肘）。

4. 击球手法不正确（打不转、未包满球）。

5. 击球点不高（肘关节弯曲）。

6. 扣快球时起跳离网近（出现触网或过中线）。

7. 手臂、手腕鞭甩不正确。

（五）拦　网

拦网是排球运动的基本技术之一，是指队员在球网上空拦阻对方击来的球（图13-2-7）。

1.单人拦网

【技术要领】

站在网后30～50厘米处，双肘向前，双手放在肩前，双膝微屈；双脚侧向移动至预先判定的对方扣球位置；计算起跳时机，以配合对方选手的扣球时间；双手举起，高过球网，手指伸展拦住球。

图 13-2-7

【注意事项】

（1）起跳过早。

（2）双手前扑、触网。

（3）过中线或碰网。

（4）不看扣球动作，盲目起跳伸臂。

2. 集体拦网

集体拦网有双人拦网和三人拦网两种。集体拦网技术动作除要求具备个人拦网技术外，还应重视互相配合。

三、实战战术

（一）进攻战术

1."中一二"进攻战术阵型

【战术运作】

3 号位队员作二传，将球传给 4 号（或 2 号）位队员进攻的组织形式（图 13-2-8）。该战术一传向网中 3 号位垫球比较容易，因而有利于组成进攻，适合初学者采用；二传队员在网前接应一传的移动距离近，向 2、4 号位传球的距离较短，容易传准。

【注意事项】

战术变化少，对方容易识破进攻意图。

2."边一二"进攻战术阵型

【战术运作】

2 号位队员作二传，将球传给 4 号（或 3 号）位队员进攻的组织形式（图 13-2-9）。该战术右手扣球者在此 3、4 号位扣球比较顺手，战术变化较多。

【注意事项】

6 号位接一传时，向 2 号位垫球距离较远；一传垫不到位时，二传传球较为困难。

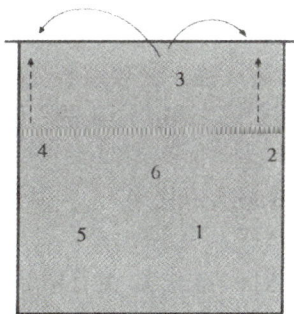 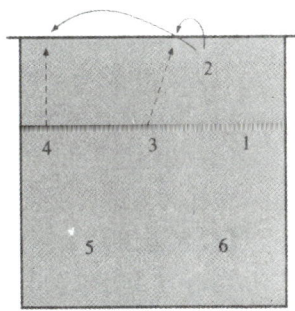

图 13-2-8　　　　　　　图 13-2-9

3."插上"进攻战术阵型

【战术运作】

二传队员由后排插上前排作二传，把球传给前排 4、3、2 号位队员进攻的组织形式。该战术能保持前排三点进攻，战术配合变化多，并能利用网的全长组织进攻。

【注意事项】

对插上二传队员的要求较高。

（二）防守战术

排球的防守战术是组织进攻或反攻及反攻战术的基础，没有严密的防守，进攻就无从组织。而一切防守战术都应从积极为进攻和反攻创造条件的角度进行设计和考虑。

1. 接发球的防守战术

（1）5人接发球站位阵型

【战术运作】

除1名二传队员站在网前或从后排插上准备二传不接发球外，其余5名队员都担负一传任务的接发球站位阵型。该战术队员均衡分布，每人接发球的范围相对减小；接发球时，已站成了基本的进攻阵型，组织进攻比较方便，适合接发球水平不太高的球队。

【注意事项】

二传队员从5号位插上时距离较长，难度大；3号位队员接球时，不便组成快攻战术；不利于队员间的及时换位；队员之间地带较多，配合不默契时，容易互相干扰。

（2）4人接发球站位阵型

【战术运作】

插上二传队员与同列的前排队员均站在网前不接发球，其他4人站成弧形接发球的站位阵型。该战术便于后排插上和不接发球的前排队员及时换位。

【注意事项】

对接发球的4人要求有较高的判断、移动能力和掌握较好的接发球技术。

2. 接扣球的防守战术

（1）不拦网的防守阵型

在对方进攻较弱，没有必要进行拦网时，可以采用不拦网的防守阵型。这种阵型与5人接发球站位阵型相似，前排进攻队员要撤到进攻线后，准备防守和防守后的反攻；后排队员后退，准备防后场球；二传队员留在网前，准备接吊到网前的球和组织进攻。

（2）单人拦网的防守阵型

当对方扣球威胁不大、扣球路线变化不多、轻打中吊球较多时，可以主动采用单人拦网的防守阵型。拦网队员拦扣球人的主要进攻路线，不拦网队员及时后撤防守前区或保护拦网人，后排队员后撤加强后场防守。

（3）双人拦网的防守阵型

对方水平较高、进攻力量较强、进攻路线变化较多时，多采用这种防守阵型，即2人拦网、4人接球。通常分为"边跟进"和"心跟进"两种。

①"边跟进"

多在对方进攻较强，吊球较少时采用。

【战术运作】

当对方4号位队员进攻时，我方2、3号位队员拦网，其他4个队员组成半圆弧形防守。如遇对方吊前区，由边上1号位队员跟进防守。

【注意事项】

虽然加强了拦网，但是边上的队员要防直线，又要跟进防前区，比较困难。

②"心跟进"

在本方拦网能力强，对方采取打吊结合时采用。

【战术运作】

当对方4号位队员进攻时，我方2、3号位队员拦网，后排中间的6号位队员在本方拦网时跟在拦网队员之后进行保护，其余3名队员组成后排弧形防守。

【注意事项】

虽然加强了前区的防守能力，但是后排防守队员之间的空当较大。

第三节 排球规则与欣赏

一、了解规则

（一）发球规则

必须在发球区内将球抛起后，在球落地前用一只手或手臂的任何部位将球击出，发球队员不得踏及场区（包括端线和发球区以外地面），鸣哨后在 8 秒内将球发出；发出的球必须由过网区进入对方场区内。

（二）四次击球犯规

每队最多击球 3 次（拦网除外），将球从球网上成功击回到对方场区，超过规定次数的击球判为四次击球犯规。无论是主动击球或被动触球，均作为该队击球一次。

（三）持球和连击犯规

没有将球击出，使球产生停滞，为持球犯规。同一人连续击球为连击犯规，但拦网时的连续触球以及全队第一次击球时同一动作击球产生的球连续触及身体部位除外。

（四）过网击球犯规

在对方区场空间触击球为过网击球犯规，但在对方进攻性击球后拦网触球除外。

（五）过中线犯规

比赛进行中队员的一只（两只）脚或一只（两只）手完全越过中线触及对方场区是允许的，但身体的其他任何部位从网下穿越接触对方场区，为过中线犯规。

（六）触网犯规

比赛进行中，队员触及 9 米以内的球网和标志杆、标志带为触网犯规。但队员未试图进行击球轻微触网和被动触网除外。

（七）拦网犯规

1. 从标志杆外进行拦网并触球。
2. 当对方队员击球前或击球的同时，在对方场区空间拦网触球。
3. 后排队员或后排自由防守队员完成拦网或参加了完成拦网的集体，包括球触及前排队员。
4. 拦对方发球。
5. 拦网出界。

（八）进攻性击球犯规

1. 后排进攻犯规：后排队员在前场区内或踏及进攻线及其延长线，将整体高于球网上沿的球击入对方场区。
2. 过网击球犯规：在对方场区空间内击球。
3. 扣击发球犯规：在前场扣对方发来的、整体高于球网上沿的发球完成进攻性击球。
4. 自由人进攻性击球犯规：队员在高于球网处对同队自由防守队员在前场区用上手传出的球完成进攻性击球，后排自由防守队员完成对高于球网上沿的球的进攻性击球，均为自由人进攻性击球犯规。

二、如何欣赏排球比赛

球队严密的整体性和运动员高超的技术动作是排球比赛最显著的两个特点，也是欣赏排球赛的两个看点。整体性是指比赛中运动队各个环节配合是否默契，如进攻中通过二传的组织和进攻手的跑动进攻来完成。精彩时，通过队员的巧妙配合将对手拦网晃开，形成无人防守的情况，在对手还来不及进行补拦时，进行扣杀。这种精彩表现的出现，是前面一连串环节的密切配合的结果。但是，也有二传手传球后无进攻队员扣球，失球落地的现象，令人惋惜，其实这就是团队配合不默契，没有进行很好的沟通造成的，由此也可以看出这支球队的整体水平。中国女排运动员在身体条件方面与欧美球队（古巴、美国、德国、俄罗斯、巴西等）相比，没有多少优势，但中国女排高水平的整体性、领先各队的快速多变的战术体系却是其他球队所不能及的，球队的勇于创新和艰苦的训练使之始终保持领先，这也正是中国女排屡创佳绩的重要法宝。

观众被运动员高超的技术动作所折服，更被其精彩表现背后的刻苦努力而感动，这亦成为欣赏排球比赛的重要看点。在排球比赛中这样的精彩表演层出不穷，令人应接不暇：大力跳发球，尤其是在胜负关键时刻，发球更是扣人心弦；大力扣球突破对手集体拦网、轻吊巧妙得分令人赞叹和刺激；二传狡猾的传球让对手拦网无从选择；防守时运动员不畏重扣防起扣球、腾空鱼跃勇救险球、疾跑冲向广告板救球，运动员顽强的拼搏作风令人敬佩。

思考题

1. 排球运动中接扣球的防守战术有哪些？
2. 排球的进攻性击球犯规有哪些？

第十四章　足　球

章前导言

　　足球运动是一项激烈而富有魅力的运动，已经具有两千多年的历史。足球运动参加人数多，技术复杂，战术丰富，对抗性强，比赛过程瞬息万变，结果难以预料，具有巨大的魅力。足球运动是世界上开展最广泛、国际交往最频繁、影响力最大的运动项目之一，四年一次的足球世界杯更是堪比奥运会的世界级运动盛会。

　　重要提示：足球技术；足球战术；足球规则

第一节　　足球概述

从"侏儒"到"球王"

　　梅西是当代世界足球之巅的巨星，也是众多球迷们心中的偶像，现在的梅西是一个手捧金球的巨人，但有谁能想到，他差点因为侏儒症结束自己的足球生涯。

　　梅西从小就酷爱足球，但和家里的亲人一样，梅西天生矮小瘦弱。虽然一直是纽维尔老伙计队少年队中最棒的球员，但根据医生的检查，他患有先天性侏儒症，在 11 岁时已经停止生长。

　　梅西的侏儒症并非不可医治，但是注射生长激素每月花费高达 900 美元，母队纽维尔老伙计不愿意为一个前途未卜的孩子支付这笔费用，一度觊觎梅西的河床队得知他的顽疾后也打消了挖角的念头。

　　2000 年 9 月，凭着精湛的球技，年仅 13 岁，身高只有 140 厘米的他加入了巴塞罗那青年队。首场比赛，他就凭借娴熟的脚法，过人的盘带突破能力，折服了看台上的万千观众。看台上，掌声雷动，尖叫四起！父亲更是激动得热泪横流。然而惊喜之后，父亲心中便是无边的荒凉与绝望。140 厘米的身高，注定了儿子与足球无缘。他的脚法越是完美，越是带给父亲深深的遗憾与疼痛！

　　关键时刻，梅西遇到了自己生命中的贵人图尔尼尼，一个长年为巴萨在南美物色小球员的球探。回忆往昔，图尔尼尼这位名不见经传的球探颇为得意，"这是我人生最得意的一场赌博。"在

图尔尼尼的帮助下，梅西举家迁至巴塞罗那，当时的巴萨体育主管雷克萨奇在看了梅西的训练和比赛后毫不犹豫与其签约，并安排俱乐部为其治病，这一刻开始，梅西的巨星之路才终于打开。

就这样，他一边训练，一边接受治疗。2003 年，他的身高终于达到 170 厘米。虽然在足球运动员当中，这样的身高仍然偏矮，但是对他来说已经足够了！

凭着顽强的意志与不懈的努力，他，终于改变了自己的不幸命运，也成就了世界足坛的一个传说！

2006 年，出征世界杯，成为当年最年轻的世界杯球员；2008—2009 赛季，率领球队连夺西甲、国王杯和欧冠三个冠军，成就了西班牙球队史无前例的三冠王；2009 年，获得"世界足球先生"称号……直到 2013 年获得职业生涯第 4 座金球奖奖杯，他终于成了绿茵场上一颗璀璨无比的明星，成了名副其实的球王。他的名字叫里奥·梅西！

很多时候，面对困难，我们唯一的选择就是迎上去，战胜它。有时，仅仅后退一小步，我们就成了再也没有机会翻身的"侏儒"，而咬着牙忍着泪一步一步顶上去，终有一天，我们会迎来生命的阳光，成为名副其实的"球王"。

一、起源与发展

足球是一项对抗性极强的集体竞技项目。最早起源于中国，其渊源可追溯至 5000 年前的黄帝时代，《十六经》中记载了黄帝与蚩尤之战——"擒蚩尤，充其胃以为鞠，使人执之，多中者赏。"

2004 年 7 月 15 日，在北京展览馆举行了第 3 届中国国际足球博览会。在这项纪念国际足联百年华诞的特别活动上，国际足联主席布拉特向全世界郑重宣布，足球最初起源于中国，并由亚足联秘书长维拉潘颁发确认纪念证书。

现代足球的起源可追溯至公元前 3 世纪流传于古希腊和古罗马一种野蛮的手脚并用的游戏——哈帕斯托姆。在公元 10 世纪前后，这项运动流传于英格兰，与当地的原始足球混杂在一起，形成了形式各异的早期足球游戏。19 世纪初，这种游戏发展成一种类似于现代足球的游戏。

1841 年，英格兰伊顿公学第一次出现了 11 人制足球比赛。

19 世纪中叶，英国的工业革命推动了现代足球运动的发展。1863 年 10 月 26 日，第一部统一的足球规则在英国的剑桥大学产生，这一天被全世界公认为现代足球的诞生日。

19 世纪下半叶，足球比赛越来越激烈，看球的观众也越来越多，足球比赛开始进入商业化阶段，走向职业化。

国际足联成立于 1904 年，至今已有会员协会 200 多个，是目前会员协会最多的一个国际单项体育组织。各洲、各国（地区）也都有各自相关的足球机构。中国足球运动的管理机构是中国足球协会。

国际足联下属的国际比赛有世界杯足球赛、世界青年足球锦标赛、世界少年足球锦标赛、世界女足锦标赛等。其中，世界杯比赛规模最大、水平最高，是国际上最重要的体育赛事之一。奥运会足球赛隶属于国际奥委会系列比赛。

二、锻炼价值

1. 有利于良好的心理品质及思想品德的形成。

2. 有利于增强体质、促进健康。经常从事足球运动，可以提高人们的力量、速度、灵敏、耐力、柔韧等身体素质。

3. 有利于精神文明建设。人们从踢足球中得到情绪体验、从看足球中得到艺术享受、从谈论足球中得到思想交流，足球运动丰富了人们的业余文化活动，提高了人们的生活质量。足球已成为一些城市的政治、经济、文化、生活的重要组成部分。

三、著名赛事介绍

（一）世界杯足球赛

国际足联世界杯，简称世界杯，由世界足坛最高管理机构国际足球联合会（FIFA）每 4 年举办一次。世界杯的电视转播观众人数远远超过奥运会，是世界上最受欢迎的体育盛会，也是世界足坛规模最大、最具影响力的赛事。世界杯分成预选赛和决赛阶段两个部分。预选赛部分会在决赛阶段展开的前三年举行，以决定哪些球队能进入决赛圈。目前有 32 支球队能打进决赛圈，这些球队会在主办国境内进行为期一个月的比赛以争夺冠军宝座。世界杯的首届比赛于 1930 年在乌拉圭举办，1942 年和 1946 年因为世界大战而停办。截至 2014 年，已经举办的 20 届赛事中，共有 8 个国家曾赢得冠军。

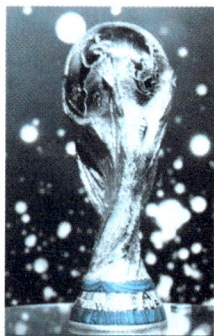

（二）欧洲杯足球锦标赛

欧洲足球锦标赛，简称欧锦赛、欧洲杯，是一项由欧洲足联成员国参加的最高级别国家级足球赛事，于 1960 年举行第一届，其后每 4 年举行一届。赛事创办时名称为欧洲国家杯，于 1968 年改名为现在的欧洲足球锦标赛。欧洲足联成员除了主办国可以自动晋级决赛圈之外，其他球队必须参加预选赛，成绩最好的球队可以晋级决赛圈。赛事起初只有 4 支球队参加，后逐渐扩大，从 2016 年起，决赛阶段参赛球队的数量扩大到 24 队。欧洲足球锦标赛的规模及比赛质素仅次于世界杯足球赛，因此被人们称为缺少巴西和阿根廷的世界杯。

四、著名运动员介绍

（一）贝 利

贝利，1940 年出生于巴西的一个贫寒家庭，是 20 世纪最伟大的足球明星之一，被喜爱他的人尊为"球王"。在足球生涯中共攻进 1281 个球，4 次代表国家队出战世界杯，3 次捧得世界杯（第 6 届、第 7 届与第 9 届）。1980 年被欧美 20 多家报社记者评为 20 世纪最杰出的运动员之首，1987 年 6 月他被授予国际足联金质勋章，1999 年被国际奥运委

员会（IOC）选举为"世纪运动员"。

（二）贝克汉姆

大卫·贝克汉姆（David Beckham），1975年5月2日出生于伦敦雷顿斯通，英国足球运动员。青少年时期在曼联成名，1999、2001年两次获世界足球先生银球奖，1999年当选欧足联最佳球员，2001年被评为英国最佳运动员，2010年获得BBC终身成就奖。

贝克汉姆一共效力过曼联、普雷斯顿、皇马、洛杉矶银河、AC米兰和巴黎圣日耳曼6家俱乐部，拿到1次欧冠、1次丰田杯冠军、6次英超冠军奖杯、2次足总杯、4次慈善盾杯、1次西甲冠军、1次西班牙超级杯、2次美国职业大联盟总决赛冠军、1次法甲冠军。

五、装 备

足球球员的常用装备主要包括：运动上衣、运动短裤、护袜、足球鞋、护腿板。

（一）比赛服的颜色

参加比赛的两支球队，其队服颜色要容易区分，同时还要和裁判服装的颜色区分开来。守门员的队服颜色要尽可能地与众不同，既要和场上队员的队服不同，也要和裁判的服装有明显的区别。在一些联赛中，要求球衣背面必须印有队员的号码。

球员可以穿内衬短裤，不过内衬短裤的长度不得超过膝盖，颜色也要与短裤的颜色相同。在比赛中，要保证护袜始终将护腿板全部包住。

（二）护腿板

护腿板的材料多种多样，比赛中对其型号大小没有什么特殊的规定，对球员小腿骨的保护性才是最重要的。护腿板佩戴的位置应该在膝部以下，小腿正前方。

（三）球 鞋

球鞋是足球球员的核心装备之一。每年，各个球鞋厂商都花大价钱研制更为轻便、抓地力更好、穿着更舒适的球鞋，以便球员能有更好的脚感。

护腿板　　　　　　　　　球 鞋

第二节 足球技术与战术

一、球员位置确定

门将：守卫本方球门，本方禁区内可以用手接球。

边后卫：边后卫负责镇守边路，必要时可以为中后卫进行补位，进攻时可以插上助攻。

中后卫：中后卫负责镇守中路，能够参与角球进攻，甚至是平时进攻的参与。

后腰：后腰作为后卫身前的一道屏障，负责保护中场，工兵型后腰需要对对方的进攻进行扫荡和拦截；技术型后腰负责场上球的调度，负责组织进攻，相当于中场节拍器，控制场上节奏。

边前卫：边前卫负责边路的进攻，必要时也要协助边后卫进行防守，边前卫要求技术好，突破能力强，能传中，必要时到中路参与进攻配合。

前腰：前腰作为 10 号球员，肩负着前场的进攻组织，要求有着出色的传球能力，当然前腰球员也要求射术精准，给对方后防予以威胁。

中锋：中锋作为进攻的桥头堡，要求个子高大，在前场起到进攻支点的作用，一名优秀的中锋往往有着精湛的射术，出色的头球，甚至良好的做球能力，给予对方后防致命一击。

影锋：影锋又名 9 号半，大家知道 9 号是中锋的代名词，9 号半则是埋伏在中锋身后，对对方后防进行偷袭。

边锋：边锋属于边路进攻球员，要求速度快，突破能力强，能够内切射门，经常与中锋的位置进行互换，必要时参与防守。

二、实战技术

（一）原地正面头顶球

头顶球是争取时间和取得空中优势的主要技术，在攻防中都起着重要作用。

【技术要领】

原地起跳时，两腿先弯曲，重心下降，然后两脚用力蹬地跳起，同时两臂屈肘上摆，在起跳上升过程中，上体后仰成弓形，两臂自然分开，两眼注视来球。在跳到最高点准备顶球时，身体成反弓形。当球运行到身体垂直部位前的一刹那，收腹，上体迅速前屈，甩头，用前额正面将球顶出。顶球后，两腿自然屈膝，缓冲落地（图 14-2-1）。

（二）正面跨步抢截球

抢球是把对方控制的或将要控制的球夺过来或破坏掉。截球是将对方队员传出的球堵截住或破坏掉。

【技术要领】

两脚前后开立，双膝微屈，身体重心下降，重心平均落在两只脚上，面向对手。对手运球前进，当脚触球即将着地或刚着地时，一脚用力蹬地，抢球脚以脚内侧对正球并向球跨出一步，膝关节弯曲，上体前倾，身体重心移至抢球脚上，另一只脚立即前跨成支撑脚。如双方的脚同时触球时，则要顺势向上提拉，使球从对方的脚背滚过。身体要迅速跟上，把球控制住（图 14-2-2）。

图 14-2-1　　　　　　　　　　　　　　　　　　　图 14-2-2

（三）传球假动作

假动作是为摆脱对手的阻挠、突破对方的防守和抢截对方控制的球而采取的动作。

【技术要领】

队员正要传球，如对方迎面跑来抢球时，可先做假踢动作，使对方堵截传球路线，然后改变方向传球。例如，先摆动右腿向右假踢，使对方向右方堵截，再突然改用其他脚法将球从左前方传出或运球（图 14-2-3）。

图 14-2-3

（四）原地掷界外球

掷界外球不受越位限制，是组织进攻的机会，如果掷球既远又准就能加快进攻速度。

【技术要领】

面对出球方向两脚前后（左右）开立，膝弯曲，上体后仰成背弓，重心移到后脚上（左右开立时，重心在两脚间），两手自然张开，拇指相对，成"八"字形，持球侧后部，屈肘将球置于头后。掷球时，后脚用力蹬地，两腿迅速伸直，身体重心由后脚移到前脚，收腹屈体，同时两臂急速前摆，当摆到头上用力甩腕将球掷入场内。掷球时，后脚可沿地面滑动向前，两脚均不可离地或踏入场内（但允许踏在线上）（图14-2-4）。

（五）守门员接球

1. 直腿式接球

【技术要领】

两腿自然开立，脚尖对正来球，上体前倾，两臂自然下垂，两手小指靠近，手掌对球稍前迎，两手接球后底部。在球触手的一刹那，立即后引，屈肘、屈腕，两臂靠近，将球抱于胸前（图14-2-5）。

2. 接高球

【技术要领】

当判断好球在空中运行路线和确定接球点后，迅速移动并跳起，两臂上伸迎球，两手拇指相靠，手掌对球。当手触球时，手腕和手指适当用力将球接住，同时屈肘、回缩并下引，顺势翻掌将球抱于胸前（图14-2-6）。

图 14-2-4

图 14-2-5

图 14-2-6

三、实战战术

（一）进攻战术

边路进攻：在对方半场两侧地区发动的进攻称为边路进攻。守门员①接球后立即传给右后卫②，②传给向前跑动接应的⑦，⑦得球后传给前锋⑧后，接⑧斜传球，⑦得球下底传中（图14-2-7）。

中路进攻：从对方半场中间地带发展的进攻称为中路进攻。守门员发动进攻传球给⑥，⑥传球给⑨，⑨又传球给⑧，⑧与⑨做"二过一"配合切入射门（图14-2-8）。

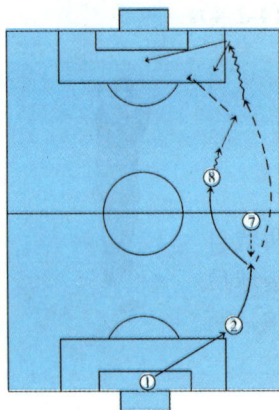 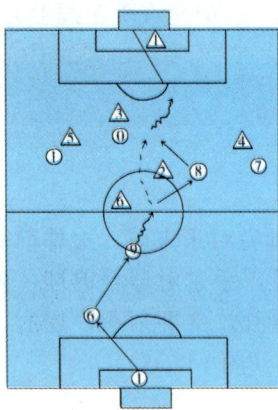

图 14-2-7   图 14-2-8

（二）防守战术

混合防守：就是人盯人防守和区域防守相结合的防守方法。队员间的互相补位：补位是防守队员互相协助，也就是斜线防守和三角防守相结合的一种防守方法。

（三）定位球战术

定位球战术包括中圈开球、掷界外球、球门球、点球、角球、任意球等的攻守配合，特别是踢角球和在对方罚球区附近罚任意球时。

1. 角球的进攻战术

由踢球较好的队员主罚角球，并由头球能力较强的队员争抢头球射门。一般将球传至远端门柱附近，距球门 10 米左右的地点。此点攻方易争顶射门，同时守门员较难出击。攻方队员不要过早地等在那里，注意把握争抢时机。

2. 角球的防守战术

被罚角球时，前锋、前卫要快速回防，迅速组织防守。头球好的队员守住主要危险区，要重点防守头球好的进攻队员，其他人进行盯人防守，不得漏人。守门员站在远端门柱附近，以利观察并随时准备出击。有一个后卫站在近端门柱处，以防发向近端门柱的球。一个边锋可站在离球 9.15 米的端线处，以防进攻队员的短传配合和低传中，并对发角球者心理上起一定的扰乱作用。当守门员出击时，须有一两个队员补门。

第三节 足球规则与欣赏

一、了解规则

（一）点球大战

双方先进行 5 人对 5 人的交替罚点球；如未分出胜负，则进行 1 人对 1 人的交替罚点球，一方罚进，而另一方未罚进，则比赛结束，否则继续按 1 人对 1 人交替罚点球，直至比赛结束。罚点球时，在裁判员鸣哨后，球被踢出前，守门员双脚必须站在球门线上并不得移动。

（二）罚球区的规定

罚球区是球门前的大区（包括球门在内），在该区域内有着较严格的规定。

1. 守门员在本方罚球区内可以用手触球，但本方队员故意用脚回传给守门员的，守门员用手接球则要判罚间接任意球。

2. 防守队员在罚球区内犯规被判罚直接任意球时应罚点球。

3. 在罚点球时，除守门员及主踢队员外，其他队员都不准进入罚球区内。

4. 在踢门球或守方在罚球区内罚任意球时必须把球直接踢出罚球区，比赛方为开始。

5. 在踢门球或守方在罚球区内罚任意球时，攻方队员必须自动退出此区外，并距球 9.15 米。

6. 在罚球区内，如果守门员用手控制球（接住球）后，又使球重新进入比赛状态，未经对方触及球不能再次用手触球。

（三）越 位

当传球者触击（踢或顶等）球时，同队接球队员的位置处在球的前面，并且该队员与对方端线之间没有对方队员时（不包括对方守门员），即为越位。但该接球队员在本方半场或队员直接抢到门球、角球和界外掷球时则无越位，队员仅仅是处于越位位置，裁判员认为其没有干扰比赛、干扰对方或没有利用越位位置取得利益时也无越位。

（四）任意球

在比赛中队员出现犯规与不正当行为时，根据规则判罚直接任意球、间接任意球两种。

1. 直接任意球：罚球队员直接将球踢进对方球门得分有效，防守队员在本方罚球区内犯规被判罚直接任意球时，则为点球。一般判定直接任意球的情况有：绊摔、拉、推、踢或企图踢对方队员；带有暴力和危险性冲撞对方队员；打或企图打对方队员；守门员外的其他队员用手触球；向对方队员吐唾沫；跳向对方队员等。

2. 间接任意球：罚球队员不能直接射门（俗称"两脚球"）得分。一般判定间接任意球的情况有：动作带有危险性；队员不去踢球，故意阻挡对方者；阻挡对方守门员从其手中发球；守门员违例。

（五）黄牌警告

一场比赛中同一队员累计得到两张黄牌，则要被红牌判罚出场。比赛中有下列情况，运动员应被黄牌警告：不服从裁判，抗议或干扰裁判员执行判罚；有对判罚表示不满的手势或举动；煽动、进行粗野的行为；用语言或行动侮辱、威胁对方队员、观众或工作人员；故意延误时间；罚任意球时故意不退出 9.15 米；未经裁判员许可进入或重新进入比赛场地等。

（六）红　牌

得红牌者要离开比赛场地。比赛中有下列情况，运动员应被裁判员出示红牌：犯有暴力行为；严重犯规；对直接威胁球门的攻方队员实行犯规战术时可判罚红牌；用故意手球破坏对方的进球或明显的进球得分机会；经黄牌警告后犯规，又被第二次黄牌警告者。

二、如何欣赏足球比赛

足球运动具有强对抗性、高观赏性，因此足球运动能够成为拥有球迷最多的运动项目，高强度对抗性，主要体现在整体对抗和运动员的个体对抗中。高观赏性是指球员高超的技术动作，球星们娴熟的盘带过人突破、腾挪躲闪、时而变速、时而转身、时而变向，技惊四座，使防守者人仰马翻、难于围追阻截；射门时如炮弹般的大力射门、轻推射门、挑射门、带过守门员射空门等让观众在焦急期盼中得到满足；而守门员一夫当关、腾空扑球，使得无数的射门无功而返，让观众佩服守门员之勇猛；一环接一环紧紧相扣的整体战术，使一支球队型成全攻全守，最终射门或防守成功，表现出高度的集体性和团队合作精神，成为球队屡创佳绩的重要法宝。

思考题

1. 足球运动员的位置可以分为哪几种？
2. 什么是越位？

第十五章 乒乓球

乒乓球于 19 世纪末起源于英国，是由网球运动派生出的一项运动。乒乓球运动的特点是球小、速度快、变化多、设备简易。我国乒乓球运动的开展相当普遍，中国乒乓球队在国际大赛中成绩斐然，因此，乒乓球也被称为中国的"国球"。它运动量适中，具有较强的娱乐性、竞争性，经常参加比赛还有利于促进人际交流，可以有效地缓解精神压力，是为广大群众尤其是青少年所喜爱的体育运动项目之一。

重要提示：乒乓球技术；乒乓球战术；乒乓球规则

第一节 乒乓球概述

"乒乓女皇"——邓亚萍

身高仅 1.5 米，多次被拒于门外，最终却开创了乒坛的一个时代；几乎没有什么学习基础，退役后先入清华再到诺丁汉，后在剑桥攻读博士。顽强拼搏、追求卓越，她就是邓亚萍。

1973 年，邓亚萍出生于河南省郑州市的一个普通工人家庭。与生而来的身高不足，是她运动生涯中所遇到的最大坎坷，但这并没能阻挡她成为乒乓巨星。

邓亚萍 5 岁时，就开始接受她父亲的乒乓球启蒙训练。1982 年，9 岁的邓亚萍在全国业余体校分区赛中获得了单打冠军。从此，邓亚萍结束学业，一心打球。但刚到河南省队训练 15 天就因为身材矮小原因被退回，这在邓亚萍幼小的心灵留下了阴影。

先天缺陷无法改变，因此当时她很灰心。她的父亲告诉她："身材不行，就得从其他地方弥补，脚步必须灵活。"解决身材不高的唯一办法，是步伐更快，进攻更加凶狠，防守更加顽强。在通向世界冠军的路上，邓亚萍用心苦练，为她的梦想奠定了坚实的基础。

1986 年 4 月，湖南怀化举办全国乒协杯比赛。邓亚萍和队友合作为河南省拿到了团体冠军。同年底，在郑州市举行的全国锦标赛上，邓亚萍代表河南队夺得团体和个人冠军，这一年，

她仅 13 岁。

13 岁的邓亚萍在全国锦标赛上力挫多名世界冠军，夺得女单冠军，早已引起国家队教练员的注意，尤其看好邓亚萍的是当时国家女队的教练张燮林。为邓亚萍进队的事，整个教练班子争论得很激烈，不看好邓亚萍的原因还是因为个头太矮，技术上没有发展前途。

最后还是张燮林一个充满辩证意味的玩笑"挽救"了邓亚萍。张燮林说："你们认为邓的个子小是不利条件，也许这是她的优势，因为个子小，在别人看来很矮的球，她看来就是高球，可以直接扣杀进攻。"费尽周折，邓亚萍终于进了国家队。

训练时，教练最常给邓亚萍的指示不是"要练什么"，而是"要注意休息，别练过了"。邓亚萍的训练量要超过正常运动员很多，她经常因为训练错过吃饭的时间。

刻苦的训练终于换来了丰厚的回报。1988 年 11 月，历经磨砺的邓亚萍终于进入中国乒乓球队。5 个月后，在第 40 届世界乒乓球锦标赛上，16 岁的邓亚萍与乔红合作，一举夺取了她职业生涯中的第一个世界冠军——女子双打世界冠军。

运动生涯中，邓亚萍获得过 18 个世界冠军。20 世纪 80 年代末到 90 年代末，邓亚萍几乎统领了各大赛事的女子单、双打冠军，媒体称这个时期是乒乓球的"邓亚萍时代"。

1997 年，由于受到严重伤病困扰，加上王楠等年轻球员已经成熟，24 岁的邓亚萍选择了退役。除了在乒乓球运动上的突破，她还打算在学业上突破。

不服输的邓亚萍，决定另辟蹊径，从运动员最薄弱的地方入手。"我相信普通人能做的运动员也能做到。所以我选择了另一条路。"邓亚萍如是说，"清华获得学士学位、诺丁汉大学硕士毕业和取得剑桥博士，就是我要完成的另一项大满贯。"至此，邓亚萍成为中国奥运冠军中学历最高的运动员。

一、起源与发展

乒乓球运动属于隔网对抗的技能主导类体育项目，比赛是按规则将球击向对方桌面，迫使对手回球出界、下网或犯规。

关于乒乓球运动的起源有很多种说法，最为流行的说法是：乒乓球运动于 19 世纪末起源于英国，是由网球运动派生而来的。

据说，在 19 世纪末的一天，伦敦遇到少有的闷热。两个英国上流社会贵族青年看过温布尔登网球赛后，到一家上等饭馆的单间去吃饭。他们先是用雪茄烟的木盒盖当扇子，继而讨论网球技战术，捡起香槟酒的软木酒瓶塞当球，以大餐桌当球台，中间拉一细绳为网，用烟盒盖当作球拍打球。侍者在一旁喝彩，闻声赶来的女店主见此情景，不禁脱口喊出"TABLE TENNIS"，这一声叫喊便将乒乓球命名为"桌上网球"。

最初，乒乓球运动仅仅是一种贵族游戏，名字也不叫乒乓球，而是叫"佛利姆-佛拉姆"（Flim-Flam），又称"高希马"（Goossime）。后来一名叫海亚特的美国人发明了一种玩具空心球叫"赛璐珞"。大约在 1890 年，英国人吉姆斯·吉布（James Gibb）去美国旅行时，见到了赛璐珞制的玩具球，并将其带回英国，取代了原来的实心球。

二、锻炼价值

1. 强身健体、增强活力。运动负荷适中，老少皆宜。

2. 提高视觉的敏锐性和神经系统的灵活性,提高学习和工作效率。

3. 改善人的心血管、脑血管系统的机能,提高身体的柔韧性和灵敏度。

4. 磨炼意志、坚定信心。

5. 缓解压力、愉悦心情,提高社会适应能力。

三、著名赛事介绍

(一)奥运会乒乓球比赛

1988 年,乒乓球被设为一大项。其中设有男单、男双、女单、女双 4 个项目。在 2008 年北京第 29 届奥运会上,去掉了双打,增加了团体赛。

(二)世界乒乓球锦标赛

世界乒乓球锦标赛是国际乒乓球联合会主办的国际乒乓球比赛。第 1 届于 1926 年在伦敦举行,比赛共设男子团体、男子单打、男子双打、女子单打和混合双打 5 项。之后每年举行 1 次;从第 2 届瑞典斯德哥尔摩锦标赛开始设女子双打比赛项目;从第 8 届巴黎锦标赛开始设女子团体赛;1940 年第 14 届乒乓球锦标赛由于第二次世界大战而被迫推迟;1947 年在法国巴黎继续举办了第 14 届乒乓球锦标赛;1957 年的第 24 届瑞典斯德哥尔摩锦标赛后,改为每 2 年举行 1 届。

(三)全国乒乓球锦标赛

全国乒乓球锦标赛是中国国家体育运动委员会和中国乒乓球协会联合举办的全国规模的比赛,是全国最高水平的乒乓球比赛。以省、市、自治区和中国人民解放军为竞赛单位。1952 年在北京举行首届比赛,自 1956 年武汉第 2 届锦标赛起每年举行 1 届。全国乒乓球锦标赛设男、女团体和男单、女单、男双、女双、混双共 7 项比赛。

四、著名运动员介绍

(一)刘国梁

刘国梁,河南省新乡市封丘县人。原中国乒乓球队著名运动员,奥运会冠军,现任中国乒乓球队总教练。6 岁开始学打球,1989 年入选国青队,1991 年破格入选国家乒乓球队。中国第一位世乒赛、世界杯和奥运会男单"大满贯"得主,多次获得男子单打冠军,并和孔令辉一起获得男子双打冠军,与邬娜一起获得过混合双打冠军,作为主力队员多次与队友一起获得男子团体冠军,得到过乒乓球运动员所能拿到的所有冠军。刘国梁是首位在正式比赛中采取直拍横打技术并取得成功的乒乓球手。2003 年,刘国梁正式退役,随后担任中国乒乓球男队主教练。2008 年北京奥运会、2012 年伦

敦奥运会、2016 年里约奥运会，刘国梁带领中国男子乒乓球队蝉联男子单人、团体冠军。

（二）张继科

张继科，中国男子乒乓球运动员，山东青岛人，5 岁即随父亲学打球，2003 年进入国家队。2012 年 8 月，张继科在伦敦奥运会乒乓球男单决赛中战胜王皓夺得冠军，实现了大满贯，成为乒乓球界继瓦尔德内尔、刘国梁、孔令辉之后的第四位男子"大满贯"选手，同时也是在最短时间内完成大满贯的乒乓球运动员；后又于 2013 年卫冕世乒赛男单冠军，2014 年在德国乒乓球世界杯中夺得第 2 个世界杯男单冠军；2016 年 8 月，在里约奥运会中获得乒乓球男子单打亚军和团体冠军。他的打法刚柔并济，技战术运用合理，反手拧拉技术出众，攻防得宜。

第二节　乒乓球技术与战术

一、实战技术

（一）推　挡

【技术要领】

上臂和肘内收，自然靠近身体右侧，以肩为轴，将球拍引至身体前方。当来球跳至上升期时，前臂和手腕迅速向前略向上推出去，拍面稍前倾击球中上部。以前臂和手腕发力为主，并适当借力（图 15-2-1）。

图 15-2-1

【注意事项】

1. 肘关节始终保持自然靠近身体。

2.每次推挡动作完成后，迅速还原，才可能再次主动迎球发力。

3.推挡的位置要靠步法移动来调节。

4.完成动作时，要充分利用腰髋部位的转动和身体重心的移动来增大击球力量。

（二）直拍反手攻球

【技术要领】

两脚平行开立或右脚稍前，上体稍左转，前臂后摆，引拍至腹前左侧，击球时前臂向右前上方挥动，肘内收，食指控制好拍形，击球的中上部，手腕辅助发力（图15-2-2）。

图 15-2-2

【注意事项】

1.引拍动作不宜过大，以肘关节为轴，注意运用腰的转动。

2.击球点在身体的右侧前方。

3.要主动迎球。

4.直握球拍，击球时手的拇指稍用力压拍，中指、无名指的前端顶住球板。

（三）反手搓球

【技术要领】

拍面后仰，屈臂后引，前臂以向前用力为主，配合手腕动作，根据来球旋转的程度调节拍面角度和用力方向。来球下旋强，拍触球的底部，向前用力大些；来球下旋弱，拍触球的中下部，向下用力大些（图15-2-3）。

【注意事项】

1.前臂、手腕僵硬，不会摩擦，只是碰击球，易吃旋转。

2.滥用手腕之力，造成臂、腕用力脱节。

（四）反手弧圈球

图 15-2-3

【技术要领】

两脚基本上平行开立，腰、髋略向左转，稍收腹，肘关节略向前，出前臂向左后方划一小弧引拍，手腕下垂；击球时，两脚向上蹬伸，展腹，腰、髋略向右转，以肘关节为轴，前臂向上方发力，手腕配合用力，摩擦球的中

上部（图 15-2-4）。

图 15-2-4

二、实战战术

（一）发球抢攻战术

发球抢攻是快攻型乒乓球运动员的重要战术之一。发球抢攻的战术意识首先是尽量争取发球直接得分；其次是迫使对方回球质量不高，从而赢得有利的进攻机会；第三才是迫使对方接发球不具备杀伤力，从而使自己进行抢攻。

（二）接发球战术

接发球战术是由某一单项攻（冲）球技术所形成的，进攻性强，可变接发球的被动地位为主动地位，也可直接得分，是乒乓球运动各种打法，特别是进攻型打法的主要战术。常用的接发球战术如下。

1. 用快拨、快推和拉球回击，争取形成对攻的相持局面。
2. 用快搓摆短回接，使对方难以发力抢攻或抢拉。
3. 对各种侧旋、上旋或不强烈的下旋短球，可用"快点"技术回接。
4. 接发球抢攻或抢拉。

（三）对攻战术

对攻是进攻型打法选手互相对垒时经常采用的一项重要战术。快攻类打法主要是依靠正手攻球、反手攻球、反手推挡或快拨技术，要充分发挥快速多变的特点，以达到调动对方、有效攻击的目的。弧圈类打法主要是依靠正、反手两面弧圈球技术，充分发挥旋转的威力，以达到牵制对方、增加攻击效力的目的。常用的对攻战术有攻对方两角、对角线攻击、侧身攻、攻追身、轻与重的结合攻、攻防结合等。

（四）拉攻战术

拉攻战术是快攻打法对付削球类打法的主要战术之一。主要是以连续正手快拉来创造进攻机会，然后采用突击和扣杀的手段来得分。

（五）搓攻战术

搓攻战术是进攻型选手的一项辅助战术，主要是利用搓球的旋转和落点变化为进攻创造机会。常用的搓攻战术如下。

1. 搓球落点变化，伺机进行突击。
2. 搓球转与不转相结合，变化落点，伺机突击。
3. 搓拉与落点变化相结合，伺机突击。

（六）削攻结合战术

削攻结合的特点是：由削球和攻球结合而成，常以逼对方两个角加转削球为主，伺机反攻；或以转、低、稳、变的削球，迫使对方在走动中拉攻，使其回球质量不高，从中寻找机会反攻。这种战术有稳、逼、变、凶、攻的特点，是攻、削结合打法的主要战术。

（七）扣、拉、吊结合战术

扣、拉、吊结合战术的特点是：由拉攻战术与放短球相结合而成，是快攻型打法对付削球打法时常用的战术。

第三节　乒乓球规则与欣赏

一、了解规则

（一）合法发球与还击

1. 合法发球：① 发球开始时，球自然地放置于不执拍手的手掌上，手掌张开，保持静止；② 球员须用手将球几乎垂直地向上抛起，不得使球旋转，并使球在离开不执拍手的手掌之后上升不少于 16 厘米，球下降至被击出前不能碰到任何物体；③ 当球从抛起的最高点下降时，发球员方可击球，使球首先触及本方台区，然后越过或绕过球网装置，再触及接发球员的台区。在双打中，球应先后触及发球员和接发球员的右半区；④ 从发球开始到球被击出，球要始终在台面的水平面以上和发球员的端线以外，而且不能被发球员和其双打同伴的身体或衣服的任何部分挡住；⑤ 运动员发球时，应让裁判员或副裁判员看清他是否按照合法发球的规定发球；⑥ 运动员因身体伤病而不能严格遵守合法发球的某些规定时，可由裁判员作出决定免于执行。

2. 合法还击：对方发球或还击后，本方运动员必须击球，使球直接越过或绕过球网装置，或触及球网装置后，再触及对方台区。

（二）胜负判定

1. 除被判重发球的回合，下列情况运动员得 1 分：① 对方运动员未能合法发球；② 对方运动员未能合法还击；③ 运动员在合法发球或合法还击后，对方运动员在击球前，球触及了除球网装置以外的任何东西；④ 对方击球后，该球没有触及本方台区而越过本方端线；⑤ 对方阻挡；⑥ 对方连击；⑦ 对方用不符合规定的拍面击球；⑧ 对方运动员或他穿戴的任何东西使球台移动；⑨ 对方运动员或他穿戴的任何东西触及球网装置；⑩ 对方运动员不执拍手触及比赛台面；双打时，对方运动员击球次序错误；执行轮换发球法时，接发球方连续还击 13 板，将判接发球方得 1 分。

2. 一局比赛：在一局比赛中，先得 11 分的一方为胜方，10 平后，先多得 2 分的一方为胜方。

3. 一场比赛：① 一场比赛应采用单数局，如 3 局 2 胜制、5 局 3 胜制、7 局 4 胜制等；② 一场比赛应连续进行，除非是经许可的间歇。

（三）比赛次序和方位

1. 在单打中，首先由发球员合法发球，再由接发球员合法还击，然后两者交替合法还击；双打中，首先由发球员合法发球，再由接发球员合法还击，然后由发球员的同伴合法还击，再由接发球员的同伴合法还击，此后运动员按此次序轮流合法还击。

2. 在获得每 2 分后，接发球方变为发球方，依此类推，直到该局比赛结束，或直至双方比分为 10 平，或采用轮换发球法时，发球和接发球次序不变，但每人只轮发 1 分球。

3. 在双打中，每次换发球时，前面的接发球员应成为发球员，前面的发球员的同伴应成为接发球员。

4. 在一局比赛中首先发球的一方，在该场比赛的下一局中应首先接发球，在双打比赛的决胜局中，当一方先得 5 分后，接发球一方必须交换接发球次序。

5. 一局中，在某一方位比赛的一方，在该场比赛的下一局应换到另一方位。在决胜局中，一方先得 5 分时，双方应交换方位。

（四）重发球

1. 回合出现下列情况应判重发球：① 如果发球员发出的球，在越过或绕过球网装置时，触及球网装置，此后成为合法发球或被接发球员或其同伴阻挡；② 如果接发球员或接发球方未准备好时，球已发出，而且接发球员或接发球方没有企图击球；③ 由于发生了运动员无法控制的干扰，而使运动员未能合法发球、合法还击或遵守规则；④ 裁判员或副裁判员暂停比赛。

2. 裁判员或副裁判员可以在下列情况下暂停比赛：① 由于要纠正发球、接发球次序或方位错误；② 由于要实行轮换发球法；③ 由于警告或处罚运动员；④ 由于比赛环境受到干扰，以致该回合结果有可能受到影响。

二、如何欣赏乒乓球比赛

要想欣赏乒乓球比赛就应了解乒乓球的基本技术、战术。例如，发球与接发球的技术特点、弧圈球的特点和直拍横打的技术特点等；根据对手的特点采用的战术，如发球抢攻、长拉短吊、搓攻战术等。只有懂得乒乓球的基本技术、战术，才能更好地品味比赛。

在观看比赛之前，通过电视、报纸和因特网等渠道了解参赛运动员的实力状况、最新的世界排名、目前的竞技状态等。通过观看比赛和现场解说来印证信息，加深对运动员的了解。比赛过后与专家或球迷品评赛事，进一步提高欣赏能力。

在团体比赛时，排兵布阵十分重要。每名运动员都有自己的优势，也有自己的弱点。领队和教练要非常熟悉对方运动员的打法特点，要能以己之长攻彼之短。观看比赛不仅要看运动员的现场厮杀，还要看领队的运筹帷幄，教练员的斗智斗勇。

我们观看比赛有两个方面的意义：一个是关心本国球手的胜负，另一个是欣赏运动员的高超技艺。

思考题

1. 乒乓球运动有什么锻炼价值？
2. 乒乓球双打比赛的发球次序和方位如何轮转？

第十六章 羽毛球

章前导言

　　羽毛球运动起源于英国。1899 年第 1 届全英羽毛球锦标赛在伦敦举行，以后每年一次，沿袭至今。20 世纪 60 年代，我国羽毛球运动的水平便已跨入了世界先进行列，至今已取得多个世界比赛的冠军，是名副其实的"羽毛球王国"。羽毛球运动场地、器材简便，动作方法较易掌握，运动量可大可小，不同性别、年龄和身体状况的人都可以从事这项活动，因此深受广大群众的喜爱，开展得十分普遍。

　　重要提示：羽毛球技术；羽毛球战术；羽毛球规则

第一节　羽毛球概述

从"林一轮"到"超级丹"

　　在许多人看来，林丹简直就是命运的宠儿，无论是事业还是爱情都获得了丰收。事实上，林丹的执拍岁月绝不可以用顺风顺水来形容，而是充满了坎坷与伤痛。但是，林丹凭借自己的勇气和坚持把一切都扛了过去，一次又一次地超越了自我。

　　12 岁那年，林丹曾获得过全国少儿羽毛球比赛的男单冠军。那时候，他最大的梦想就是进入福建队，也对自己入选福建队充满信心，但结果却进入了"八一"队。

　　几年的军队生活磨炼了林丹的意志，也让他的球技变得日益专业起来。因为表现出色，林丹被中国青年羽毛球队挑中，代表福建参加 1998 年的亚锦赛，但亚锦赛上的失利使林丹进入国青队不到 1 个月，就被退回了"八一"队。正是因为这次惨痛的教训，使他开始疯狂地投入到训练当中，终于在 3 个月后又回到了国青队。

　　2000 年，林丹错过了国家青年队选拔的第一批名单。最后还是"八一"队的高路江主任把林丹塞进了国家队。就这样，快要超龄的林丹终于搭上了末班车，成了国家队的插班生。

　　刚进国家队的时候，林丹被安排在地下室改造成的宿舍里。住在地下室的那段时光，林丹顶着巨大的压力不断地加大训练的强度，铆足了劲儿想要证明自己，终于拿下了几个冠军，给自己和高主任争了一口气。一年半以后，林丹终于搬出了地下室。

刚搬出地下室的半年里，林丹的比赛生涯过得较为顺畅，但好景不长，不久后国际羽坛进行分制改革，由原来的 7 分制改回了 15 分制，这对林丹来说是一个致命的打击。因为没有及时调整自己的战术，林丹在接下来的三场比赛中都在第一轮中惨遭淘汰，从 2002 年下半年开始，林丹所参加的每一场比赛几乎都是第一轮就被斩落马下。渐渐地，林丹就有了一个新绰号，叫作"林一轮"。

半年之后，林丹用自己的努力赢得了参加日本公开赛的机会，并夺得了亚军。第二年，他前往全英公开赛，问鼎冠军，并且获得了世界顶级选手皮特·盖德的盛赞，被誉为"SUPER DAN"，从此，"超级丹"的称号叫响了全球，传遍了世界。

成为羽坛新秀之后，林丹承载了无数人的希望，而对奥运会的向往也逐渐成了他的生活重心，包括他自己的在内的所有人都期待着他拿到雅典奥运会的金牌，为国家争光。

然而，雅典奥运会之前，林丹意外受伤，参赛时又因情绪过于紧张以致发挥失常，重蹈第一轮出局的覆辙。在后续的几场大型比赛中，林丹又接连失利。此时，外界对他的非议开始愈演愈烈。

随着北京奥运会的到来，林丹遭受到的非议越来越多，他先是同韩国教练发生了口角，接着又同教练吉新鹏发生了误会，被媒体描述为动手打人。那阵子，几乎所有的不利传闻都开始针对林丹，他形容那段日子为"谤声满天"。

在这样的氛围下，林丹反复告诫自己，如果不能改变，那么就要承受，在承受中突破自我。终于，他迎来了比赛的时刻，以完美的表现战胜了对手，拿到了生命中第一个奥运会冠军。

在接下来的几年中，林丹乘胜追击，将"超级丹"的能量大大地释放了出来，几乎拿到了每一场大小比赛的所有冠军，完成了"全满贯"的使命。

一、起源与发展

现代羽毛球运动诞生于英国，大约在 1800 年，由网球派生而来。1870 年，出现了用羽毛、软木做的球和穿弦的球拍。1873 年，英国公爵鲍弗特在格拉斯哥郡伯明顿镇的庄园里进行了一次羽毛球游戏表演，从此，羽毛球运动便逐渐开展起来，"伯明顿"即成了羽毛球的名字，英文的写法是"Badminton"。那时的活动场地是葫芦形的，两头宽中间窄，窄处挂网，直至 1901 年才改作长方形。

20 世纪 70 年代以来，男子羽毛球技术处于领先地位的是印尼队和中国队。1982 年，中国队首次参加汤姆斯杯赛就荣获冠军；1978 年 2 月，世界羽毛球联合会在中国香港成立；1981 年 5 月，国际羽毛球联合会和世界羽毛球联合会正式合并。2006 年，国际羽毛球联合会更名为羽毛球世界联合会，简称世界羽联。

二、锻炼价值

1. 羽毛球运动对身体素质的要求全面，经常参加羽毛球运动，可以达到增强身体肌肉力量，提高身体灵活性，提高心血管和呼吸系统功能的目的。

2. 羽毛球运动不仅能提高运动能力，更是锻炼心智的一项运动。复杂多变的练习和比赛情形的出现，是对练习者心理素质的极大考验。

3. 在羽毛球项目中设有单项、双打、团体项目。团体项目通过集体配合来实现，所以羽毛球项目可以培养独立思考、单独作战及集体主义精神，陶冶情操，培养良好的心态。

三、著名赛事介绍

（一）汤姆斯杯世界羽毛球男子团体赛

1934 年，国际羽联第一任主席汤姆斯爵士捐资此奖杯，供世界羽毛球男子团体赛用，1948 年举行了第 1 届比赛，从 1984 年起该项赛事改为每逢双数年举行，并由 9 场制改为 5 场（3 场单打、2 场双打）制。

（二）尤伯杯世界羽毛球女子团体赛

由世界著名女子羽毛球运动员尤伯夫人捐赠的奖杯，供世界羽毛球女子团体赛用，1956 年举行了第 1 届比赛，每场团体赛由 3 场单打和 4 场双打组成。从 1984 年第 10 届比赛开始与汤姆斯杯同时、同地举行，比赛方法也相同。

（三）苏迪曼杯世界羽毛球男女混合团体赛

此杯是印尼羽协捐赠给国际羽联的以苏迪曼命名的奖杯。苏迪曼是印尼羽协创始人，长期担任国际羽联理事和副主席。苏迪曼杯赛每逢单数年与世界羽毛球锦标赛同时、同地举行，每场团体赛由男单、女单、男双、女双和男女混合双打共 5 场组成。

（四）世界羽毛球锦标赛

单项赛事。1977 年，在瑞典的马尔摩举行了首届比赛，从 1987 年起每逢单数年与苏迪曼杯赛同时、同地举行。每项比赛均采用单淘汰制，不设附加赛，决出冠亚军，半决赛的负者并列季军。

（五）世界杯羽毛球赛

世界杯羽毛球赛属于邀请性比赛，由国际羽联邀请当年成绩优异的选手参加，创办于 1981 年。1997 年 5 月国际羽联决定，1997 年第 17 届世界杯赛将是最后一届比赛；从 1998 年起，改为主办有世界顶尖选手参加的明星赛，并准备尝试奖金丰厚的羽毛球大满贯赛事。

（六）奥林匹克运动会羽毛球比赛

单项赛事。1992 年巴塞罗那奥运会，羽毛球运动列为奥运会的正式比赛项目。设男单、女单、男双、女双 4 枚金牌，1996 年亚特兰大奥运会又增设混合双打。

四、著名运动员介绍

(一)谌 龙

谌龙,湖北省荆州市人。谌龙在 2006 年入选国家二队;2007 年世界青年羽毛球锦标赛获得男单冠军;2014 年 9 月在世界羽毛球锦标赛男单决赛中获得职业生涯第一个单项世界冠军,并在次年成功卫冕。2016 年里约奥运会羽毛球男单决赛,谌龙战胜李宗伟,首次获得奥运冠军。谌龙的技术特点是擅长防守反击,突击爆发力强。

(二)李宗伟

李宗伟,马来西亚羽毛球男子单打运动员,1982 年出生于马来西亚槟城州,祖籍福建泉州。李宗伟曾获得 2008、2012、2016 年奥运会羽毛球男单亚军,也是历史上第一位连续三届奥运会打进羽毛球男单决赛的运动员。李宗伟突击爆发力好,变速能力强,动作一致性突出,正手劈杀对角威胁大,是马来西亚男单头号选手。

五、着 装

羽毛球运动与其他运动相比,具有动作幅度大,多在室内运动,出汗非常多等特点,所以对于服装的要求也与其他运动项目不同。羽毛球运动服装要合体、宽松。短袖运动衫的材质上,尽量选择吸汗排湿的材料。运动短裤的材质没有运动衫那么讲究,但也有一定的特点,目前比较流行的是弹性材料的短裤。球鞋的选择上,要防滑耐磨,注重缓震性能和对脚的保护性。

第二节　羽毛球技术与战术

一、实战技术

（一）握拍法

正确而灵活多变的握拍方法，是击球手法的前提条件，握拍要有利于手腕的发力，能控制击球力量的大小和击球的飞行方向。

1. 正手握拍法

正确的握拍方法是先用左手拿住球拍杆，使拍面与地面垂直，其方式与手握菜刀相似，然后张开右手，使手掌下部（小鱼际）靠在球拍打握柄底托，虎口对着球拍柄窄的一面，小指、无名指、中指自然地并拢，食指与中指稍稍分开，自然地弯曲并贴在球拍柄上（图 16-2-1）。

2. 反手握拍法

一般说来，反手握拍有两种：一种是在正手握拍的基础上，把球拍框往外转，拇指伸直贴在拍柄的宽面上，食指、中指、无名指、小指并拢；另一种是正手握拍把球拍框外转，拇指贴在球拍柄的棱上，食指、中指、无名指、小指并拢。反手握拍时，手心与球柄之间要留有空隙，这样握拍有利于手腕力量和手指力量的灵活运用（图 16-2-2）。

图 16-2-1

图 16-2-2

【注意事项】
握法不能限制或影响手腕的活动，不能影响手指的发力。

（二）发　球

发球是羽毛球运动一个重要的基本技术，发球质量的好坏，直接关系到比赛的主动或被动，所以要重视发球，并把发球作为组织威胁进攻的开始。

羽毛球竞赛规则规定，合法的发球应注意以下两点：① 在发球过程中，双脚均不能离开地面或移动，但发球时随着重心的前移，右脚跟随之自然提起，只要脚尖不动，不属违例；② 当球与拍面接触的瞬间，球与球拍的接触点及整个球体均要低于腰部，拍框的最高点不能超过腕部。

1. 正手发高远球

高远球就是把球发得又高又远，使球向对方后场上方飞去，球的飞行路线与地面形成的角度要大于45°，使球在对方场区底线附近垂直下落（图16-2-3）。

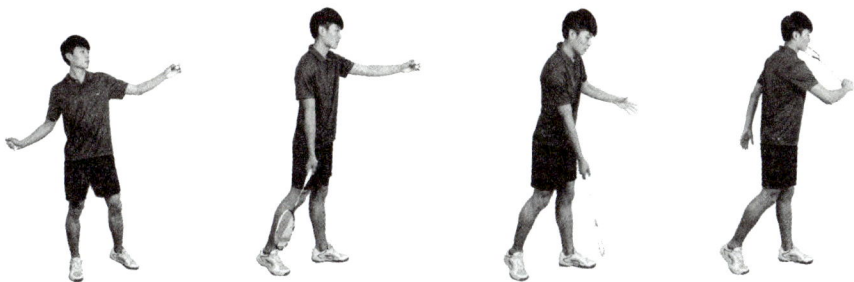

图 16-2-3

【注意事项】

移动身体重心的力量、手臂挥动的力量、手腕突然加快向前上方鞭打的力量很好地、协调地结合起来。

2. 反手发网前球

反手发网前球就是运用反手发球技术把球发至对方发球区内前发球线附近。击球时球拍由后向前推送击球，使球运行弧线的最高点略高于网顶，球拍触球时，拍面呈切削式击球，使球落到对方场区的前发球线附近（图16-2-4）。

图 16-2-4

【注意事项】

球拍由后向前推送击球，使球的最高弧线略高于网顶。

（三）击球技术

比赛过程中，运动员要根据实际情况，灵活交替运用各种击球方法，使击球力量的大小、落点的远近、飞行弧线的高低、飞行线路的直斜、飞行速度的快慢以及球的旋转等经常发生变化，这样才能做到攻有手段，守有招数，赢得比赛的主动权。初学者应努力掌握击球法中最重要、最基本的一些内容，然后再争取全面地、准确地、熟练地掌握其他击球技术。

1. 正手击高远球

起跳后手腕控制球拍，对准来球路线，快速挥拍击打球的后部，球即沿着直线飞行；若手腕控制拍面击球托的右下方，球则沿着对角线方向飞行。击球后，手臂随惯性自然回收至胸前（图 16-2-5）。

图 16-2-5

【注意事项】

选择最佳的击球点，击球时要以肩为轴挥臂，用挥臂甩腕动作，靠"爆发力"将球击出。

2. 反手击高远球

如果对方的来球飞向左后场区，要迅速把身体转向后方，移动到合适的击球位置，背对球网，反手握拍，沿半弧形击球，把球击向后上方（图 16-2-6）。

图 16-2-6

【注意事项】

转身要快，击球点要准确，正手握拍换为反手握拍要迅速，拇指的侧压力与甩腕配合要协调。

3. 正手放网前球

侧身向球的方向移动，上身稍前倾，右手握拍于体前；步法移动的最后一步是右脚向着来球方向，跨大弓箭步，身体重心要提高，前臂伸向来球，要往前上方举，稍上仰，斜对网，争取高点击球，握拍放松，稍收腕，向球托斜侧提击或搓切，击球过程中左手要向后平举以协调动作（图 16-2-7）。

图 16-2-7

【注意事项】

击球前的手臂内旋，准确控制切球的力量和回球的落点。

4.搓　球

（1）正手搓球：击球前，前臂稍外旋，手腕由后伸至稍内收闪动；击球时在正手放网前球动作的基础上，加快挥拍速度，搓切来球的右下底部，使球旋转翻滚过网（图16-2-8）。

图 16-2-8

（2）反手搓球：主要靠前臂的前伸外旋和手腕由内收至外展的合力，搓击球的右侧后底部，使球侧旋滚动过网（图16-2-9）。

图 16-2-9

【注意事项】

（1）最佳击球点的选择，准确控制击球的力量。

（2）挥拍击球速度要快，击球部位要准确。

5.吊　球

（1）正手吊球：吊直线球时，击球用力的方向是朝前下方，但在击球瞬间，小臂要突然减速，用手腕的闪动向下轻轻切击球托的右侧后下方，使球越网后即下落；吊对角线球时，击球用力的方向是对角线斜下方（图16-2-10）。

图 16-2-10

（2）反手吊球：反手吊直线球和反手吊对角线球的击球前动作同反手击高球动作类似。指内侧顶住拍柄，手腕向后"甩腕"，轻击球托的后下部位，使球的飞行方向朝着直线和对角线方向落到对方的网前（图 16-2-11）。

图 16-2-11

【注意事项】

（1）最佳击球点的选择，准确控制击球的力量。

（2）挥拍击球速度要快，击球部位要准确。

（3）假动作要逼真，击球时突然减速，用力方向要控制好。

（4）动作要隐蔽，甩腕闪动击球，击球后落点要准确。

6. 扣杀球

准备姿势和击球动作基本与正手击高远球相同，不同的是击球一刹那需用全力，前臂快速带动手腕下压，触球时拍面前倾，向前下方用力。击球点在右肩稍前上方。击球时手臂基本伸直，使右腿的蹬力、腰腹力量、上臂、前臂、腕力、指力及重心的转移等协调一致，最终集中在击球的一瞬间发力，这样才形成凶狠的扣杀（图 16-2-12）。

图 16-2-12

【注意事项】

击球时的蹬地、转体、收腹以及手臂和手腕的鞭打等动作的连贯性，最后用力的方向要朝下。

二、实战战术

（一）发球战术

发球不受对方干扰，只要在规则允许的范围内，发球者就可以随心所欲地以任何方式发到对方接球区的任何一点。采用变化多端的发球战术，常常能起到先发制人、取得主动的作用，因此，发球在比赛中占有重要地位。

在采用发球战术时，眼睛不要只看自己的球和球拍，应用余光注意对方的情况，找出其薄弱环节。发各种球的准备姿势和动作要注意一致性，给对方的判断带来困难，发球后应立即把球拍举至胸前，根据情况调整自己的位置，要两脚开立，使身体重心居中，但一定注意重心不要站死，眼睛紧盯对方，观察对方的任何变化，积极准备还击。

1. 发后场高远球

这是单打中常用的发球战术。它要求把球发到对方端线处，迫使对方后退还击，给对方进攻制造难度。

2. 发平高球

发平高球时，球的飞行弧线较低，但对方仍然必须退到后场才能还击。由于球的飞行速度快，致使对方没有充裕的时间考虑对策，因此回球的质量会受到一定的影响。对于球飞行弧线的控制，应看对方站位的前后和人的高矮及弹跳能力而定，以恰好不给对方半途拦截机会为宜。

3. 发平快球

发平快球（或者平高球）和网前球配合，争取创造第三拍的主动进攻机会，组成了发球抢攻的战术。发平快球属于进攻性发球，球速很快，作为突袭手段如运用得当，往往能取得主动。但当接球方有所准备时，也能半途拦截，以快制快，发球方反而会处于被动。发平快球时球的落点一般应在对方的反手区，或直接对准接发球者的身体，使对手措手不及。

4. 发网前球

发网前球能减少对方把球往下压的机会，并立即进入互相抢攻的局面。把球发到前发球线内角位，球飞行的路线较短，容易封住对方攻击自己后场的角度；发球到前发球线外角位能起到调离对方离开中心位置的作用。发网前球也可以发对方的追身球，造成对方被动。发网前球

时最好配合发底线球才能有较好的效果。

（二）接发球战术

接发球虽然处于被动、等待的状态，但由于发球时受到规则的诸多限制，使发球不能给接发球者带来太大的威胁。发球者发球只能发到对角线的接发球区内，而接发球者只需防守不到半个的区域，便可还击到对方整个场区。所以，接发球者若能处理好这一拍，也可取得主动。

1. 接发高远球、平高球

一般可用平高球、吊球或杀球还击。但如果对方发球后站位适中，进攻时要注意落点的准确性，若用杀球、吊球还击，自己的速度就要跟上。如果对方发球质量很好就不要盲目重杀，可用高远球、平高球还击，伺机再攻，或者用点杀、劈杀、劈吊下压先抑制对方。

2. 接发网前球

可用平推球、放网前球或挑高球还击。当对方发球过网较高时，要抢先上网扑杀。接发网前球的击球点应尽量抢高。

3. 接发平快球

要观察对方的发球意图，随时要做好准备。借用对方的发球力量快杀空挡或追身都能奏效，也可借助反弹力拦吊到对角网前。

（三）逼反手

对所有的运动员而言，后场的反手击球总是或多或少地弱于正手击球，相对来说其进攻性不强，球路也较简单（由于生理解剖结构的限制），甚至有的运动员在后场都不能用反手把球打到对方端线，所以对于对方的反手要毫不留情地加以攻击。

（四）平高球压底线

用快速、准确的平高球打到对方后场两角，在对方不能拦截的前提下尽量降低球的飞行弧线，把对方紧压在底线，当对方回击半场高球时，就可以扣杀进攻。使用平高球压底线时，如配合劈吊和劈杀可增加平高球的战术效果。一般情况下，平高球的落点和杀、吊的落点拉得越开效果越好。

（五）拉、吊结合杀球

此战术是把球准确地打到对方场区的四个角上，使对方每次击球都要在场上来回奔跑。使用这种战术时，对不同特点的对手要采用不同的拉、吊方法。对后退步法慢的可以多打前、后场；对盲目跑动满场飞的可使用重复球和假动作；对灵活性差的应多打对角线，尽量使对方多转身；对后场反手差的仍通过拉开后攻反手；对体力不好的可用多拍拉、吊来消耗其体力，然后战胜对方。

（六）吊、杀上网

先在后场以轻杀、点杀、劈杀配合吊球把球下压，落点要选择在场地两边，使对方被动回球。对方还击网前球时，迅速上网以贴网的搓球、勾对角或快速平推创造半场扣杀机会；若对方在网前挑高球，可在其向后退的过程中把球直接杀向对方身上。

（七）过渡球

首先要明确过渡球是为了摆脱被动，为下一拍的积极反攻创造条件。怎样才能变被动为主动是比赛中的重要一环。被动时要做到：首先争取时间调整好自己的位置和控制住身体的重心，从网前或后场底线击出高远球是被动时常用的手段。当处于不停地跑动追球的状态时或身体重心失去控制时，可以打出高远球，以赢得时间，恢复身体重心，调整自己的处境；其次，利用球路变化打乱对方的进攻步骤。

（八）防守反攻

这一战术是对付那种盲目进攻而体力又差的对手。比赛开始，先以高球诱使对方进攻，在对方只顾进攻而疏于对自己的防守时，即可突击进攻；或者在对方体力下降、速度减慢时再发动进攻。这种开始固守、乘虚而入、以逸待劳、后发制人的战术有时效果会较好。

第三节　羽毛球规则与欣赏

一、了解规则

（一）挑　边

赛前，采用挑边的方法（抛硬币）来决定发球方和场区。挑边赢者将优先选择发球或接发球，还是在一个半场区或另一个半场区比赛。输者在余下的一项中选择。

（二）计分方法

2006 年 5 月在日本东京举行的年度代表大会上羽毛球世界联合会正式决定实行 21 分的新赛制。2006 年 5 月在日本东京举行的汤姆斯杯和尤伯杯赛上率先试行三局 21 分的赛制。这一赛制已成为羽毛球国际大赛的通用赛制。21 分的赛制对于提高运动员的积极性、减少运动员受伤以及电视转播等方面较 15 分制有更大的优势。

世界羽联 21 分制实行每球得分制，所有单项的每局获胜分皆为 21 分，最高不超过 30 分。每场比赛采取三局两胜制，先到 21 分的一方赢得当局比赛。如果双方比分为 20∶20 时，获胜一方需超过对手 2 分才算取胜；直至双方比分打成 29∶29 时，那么先到第 30 分的一方获胜。首局获胜一方在接下来的一局比赛中先发球。

（三）站位方式

1. 单　打

当发球员得分数为 0 或偶数时，双方运动员均在各自的右发球区发球或接发球。当发球方的分数为奇数时，双方运动员均在各自的左发球区发球或接发球。

2. 双　打

比赛中，当比分为 0 或偶数时，球由右发球区对角发向对方场地的右接发球区；当比分为奇数时，球由左发球区对角发向对方场地的左接发球区。比赛中，只有当一方连续得分时，发球员必须在右或左发球区交替发球，而接发球方队员的位置不变。其他情况下，选手应站在上一回合的各自发球区不变，以此保证发球员的交替。

双打比赛无论是在开始还是在赛中，皆为单发球权，也就是说每次一方只有一次发球权。发球方失误不仅丢失发球权也将丢失 1 分，如果这时得发球权的一方得分为奇数时，则必须是位于左发球区的选手发球，如果此时得发球权的一方得分为偶数时，则必须是位于右发球区的选手发球。

双打比赛只有接发球队员才能接发球，若其同伴接发球或被球触及则"违例"，判发球方得分，当发球被回击后，球可由二人中任一人击回，不得连击，如此往返直至死球。

双打比赛发球时，发球队员和接发球队员必须站在规定的发球区和接发球区内发球和接发球，他们的同伴站位可以不受限制，但不得妨碍对方。运动员发球和接发球顺序有误，已得比分有效，纠正方位或顺序。

（四）赛中间歇方式

每场比赛均采用三局两胜制。当一方在比赛中得到 11 分后，比赛将间歇 1 分钟；两局比赛之间的间歇时间为 2 分钟。

（五）比赛中常见的违例

1. 过手违例
发球时，在击球的瞬间，发球员的拍杆应指向下方。否则，将判违例。
2. 过腰违例
发球时，在击球的瞬间，整个球应低于发球员的腰部。否则，将判违例。
3. 挥拍有停顿
发球开始后，挥拍动作不连贯，将判违例。

另外，运动员严重违反或屡次违反比赛的连续性的规定，或运动员行为不端，将判违例。例如，运动员擅自离开比赛场地喝水、擦汗、换球拍、接受场外指导等，或故意改变球形、破坏羽毛球、举止无礼等。

（六）重发球

1. 重发球时，原回合无效，由原发球员重新发球。
2. 除发球外，球过网后，挂在网上或停在网顶，判重发球。
3. 发球时，发球员和接发球员同时被判违例，将重发球。

4. 发球员在接发球员未做好准备时，将球发出，判重发球。

5. 球在飞行时，球托与球的其他部分完全分离，判重发球。

6. 裁判员对该回合不能做出判决时，将判重发球。

7. 出现意外情况，判重发球。

（七）交换场区

1. 第一局比赛结束时，双方应交换场地。

2. 若局数为 1∶1 时，在第三局比赛开始前，双方应交换场地。

3. 在第三局比赛中，领先一方比分达到 11 分时，双方应交换场地。

若应交换场地而未交换时，一旦发现应立即交换，已得分数有效。

二、如何欣赏羽毛球比赛

现代羽毛球运动诞生 100 多年来，已发展成为全球性的体育项目。它有着无穷的魅力，深受人们的喜爱，是一项参与面广、观赏性强的体育运动。

欣赏一场羽毛球比赛，除了要懂得比赛规则以外，还要了解运动员的水平和特点，可以从快、准、刁、活等方面来细细品味。

"快"指精确的判断能力、敏捷的反应速度和良好的身体素质。"准"是羽毛球运动员展示魅力的一个重要方面。羽毛球的一次往返飞行时间仅在一秒之内，在这来回的瞬间，精准地把握球的飞行路线和落点是运动员高超技艺和控制能力的综合表现。"刁"是指运动员刁钻的球路和技法，反映了运动员的聪明才智。"活"是羽毛球比赛的战术特点。对手间旗鼓相当、比赛势均力敌时，战术的灵活运用、打法的不断变换就是克敌制胜的法宝。

思考题

1. 羽毛球运动有哪些著名赛事？
2. 羽毛球发球可以选择哪些战术？

第十七章　网　球

章前导言

　　网球是一项在世界范围内广泛开展的运动项目，以狠、快、准、灵的全面技术、灵活多变的战术意识、快速的大力发球、优美的高空扣杀等球艺，吸引着大量参与者和观众。网球在职业化和商业化方面也很突出，四大满贯赛事具有巨大的影响力和商业价值。经常参加网球训练，可以使人的动作敏捷、判断准确、反应灵活，能提高速度、力量、耐力、灵敏等素质，对调节肌肉用力的紧张度与肌肉的感觉有良好的影响，对发展协调性有积极作用。

　　重要提示：网球技术；网球战术；网球规则

第一节　网球概述

"网球巾帼"——李娜

　　1982 年 2 月 26 日，李娜出生于湖北省武汉市。李娜出身体育世家，她的祖父李龙立是汉口宝善街中学的体育教师，父亲李盛鹏从小就开始打羽毛球，曾经进入湖北省羽毛球队。受父亲的影响，李娜逐渐喜欢上体育。

　　父亲把近 6 岁的李娜送到新华路体育学校，让她在教练林书惠的指导下练习羽毛球。后来李娜被武汉市业余体校的网球教练夏溪瑶选中，于是改为练习网球。因为年纪小，刚开始李娜总是打不赢比她大的同学，每次输球之后，就坐在球场边伤心地哭。对孩子特别严厉的夏溪瑶就朝李娜吼道："哭有什么用，有志气就打败她们！"听到夏溪瑶的吼声，李娜擦去眼泪咬着牙训练，很快就把队里的其他队友打败了。

　　当李娜对网球逐渐熟练的时候，父亲却因为先天性血管狭窄住进了医院。为了让李娜认真地练球，病中的父亲强打精神特意写信给夏溪瑶，嘱咐她严格要求女儿："由于我的身体不好，已经住院两个月了，不能去学校看望女儿以及向夏教练问好，我的心中实在惭愧。请把李娜当作您的女儿，她不对的地方请您狠狠地教育……我只希望她能实现我没有实现的愿望。我的女儿就拜托您了！"

跟着夏溪瑶训练了几年后，14 岁的李娜打进湖北省网球队。在著名网球教练余丽桥的严格要求和悉心调教下，李娜打下了扎实的基本功，并逐步形成自己的技术风格。同年，父亲因病离开人世。豆蔻之年失去父亲，李娜万分悲痛，眼泪潸然而落。悲伤之余，李娜觉得网球已经成为自己不能抛弃的事业，她必须通过努力实现父亲的夙愿。在余丽桥的指导下，李娜在球场上训练得更加刻苦。

父亲去世的第二年，15 岁的李娜赴美国训练 7 个月，从美国回来后便在全国网球总决赛中获得冠军，这是她首次拿到全国冠军，此后李娜几乎每年都有胜利的消息告慰父亲。在 2001 年第 21 届世界大学生运动会上，李娜代表中国队夺得女单、女双和混双 3 枚金牌。同年的九运会网球比赛，李娜代表湖北队将女团、女双和女单 3 项桂冠收入囊中。

2011 年 6 月 4 日，在法国网球公开赛女子单打决赛中，李娜以 2：0 战胜意大利选手斯齐亚沃尼夺得冠军，这是中国乃至亚洲网球选手第一次在有国际影响的职业体育赛事上夺得大满贯赛单打冠军。2014 年澳大利亚网球公开赛，李娜第三度晋级澳网女单决赛，并获得最后的冠军，成为第一位在澳网夺得女单冠军的亚洲球员。经过 20 多年的奋斗，李娜终于成为了创造亚洲网球历史的国际体育明星。

一、起源与发展

古代网球运动可追溯到古希腊时期，它是人们玩耍的一种"掌中游戏"。现代网球运动起源于英国。1873 年，英国有位乡村绅士温菲尔德少校在掌握了古代网球游戏以后，把它从古老的宫廷内搬到了室外，使网球运动走进了寻常百姓家。

1877 年，英国在温布尔登举行了第 1 届草地网球锦标赛，从亨利·琼为首的裁判委员会草拟的比赛规则是现代网球比赛规则的基础，其中的盘制、局制、换位法一直沿用至今。

网球运动冲出宫廷走向普及和形成高潮是在美国。第二次世界大战期间，其他国家的网球赛事都停止了，唯独美国继续开展并进入鼎盛时期，先后有 4000 万人参加网球运动，普及率非常高，为网球运动的发展作出了很大的贡献。

1912 年 3 月 1 日，世界网球的最高组织——世界网球联合会成立，总部设在伦敦。1924 年，网球运动被列入奥运会项目，后来由于对业余选手身份有争执，网球退出了奥运会，直到 1988 年汉城奥运会才被重新列入奥运会。

二、锻炼价值

1. 愉悦身心，放松精神。
2. 提高心血管机能，提高免疫力，增强身体各部分肌肉力量。
3. 促进人际交流，增进感情。
4. 增加自信，锻炼心理素质。

三、著名赛事介绍

著名的网球四大满贯是温布尔登网球公开赛、美国网球公开赛、法国网球公开赛和澳大利亚网球公开赛。历史上首位网球四大满贯得主是唐纳德·布吉，他在 1938 年获得该项殊荣。

（一）温布尔登网球公开赛

温布尔登网球公开赛是现代网球史上最早的比赛，由全英俱乐部和英国草地网球协会于 1877 年创办。首次正式比赛是在该俱乐部位于伦敦西南角的温布尔登总部进行，名为"全英草地网球锦标赛"。参加首届比赛的运动员全部是业余选手，而且只设男子单打项目，当时决赛的门票只售一先令（相当于 12 便士），一位来自哈罗公学的名叫斯宾塞·格尔的学生在 22 名参赛者中独占鳌头，获得"挑战杯"（冠军奖杯的名称）。1884 年，组委会首次设立了女子单打，姆德·沃特森战胜了其他 12 名选手，成为温布尔登历史上第一个女单冠军。同年，男子双打也成了正式比赛项目。1899 年又增加了女子双打和混合双打。从 1901 年开始，温网才接受外国选手参赛，当时只限于英国自治领地的小国参加。1905 年正式开放，美、法等国选手才跨海而来参加比赛。1922 年进行了两项改革：一是修建了可容纳 1.5 万观众的中央球场；二是废除了"挑战赛"，从这一年起要取得冠军，男子必须从第一轮打起，连胜 7 场比赛，女子必须连胜 6 场比赛。1968 年，国际网联同意职业选手参加该项比赛，同时组织者还募集巨额奖金，吸引全世界一流好手参加，故竞技水平逐年提高。凡夺得各个单项比赛第一名的，会立即成为世界知名人物。因此，比赛期间精英荟萃，高手云集，争夺十分激烈。这体现了网球技术的最高水平和发展趋势。

（二）美国网球公开赛

美国网球公开赛始于 1881 年，在美国罗德岛新港进行，地面类型为硬地。当时只是国内赛事，而且只有男子单打，通常在 8～9 月间举行，之后每年一届。后来为了追求更多的娱乐因素而增加了女单、男双、女双和混双 4 个项目。女子比赛始于 1887 年。1968 年，美网被正式列为四大公开赛之一，常设 5 个单项的比赛，固定于每年 8 月底至 9 月初进行，是每年四大公开赛中最后举行的大赛。1915 年，美网移至纽约林山进行比赛，1970 年改名为全美公开赛。美网历史上第一个男单冠军被纽波特俱乐部的卡西诺夺得，当时只有在美国国家网球联合会注册的俱乐部会员才有资格参加这项比赛。USTA（国家网球中心，2006 年命名为比利·简·金国家网球中心）和亚瑟·阿什球场见证了桑普拉斯、阿加西和张德培等名将的退役。

（三）法国网球公开赛

法国网球公开赛始创于 1891 年，比温布尔登网球公开赛晚 14 年，开始只限于本国运动员参加，1925 年以后对外开放，成为公开赛。法国网球公开赛的举办已经超过了 100 年，在过去的百年中，除了两次世界大战被迫停赛 11 年外，其余均是每年举行 1 届。获得男子单打冠军头衔最多的选手是瑞典选手博格，他在 1974—1981 年的 8 年中，6 次夺冠。1989 年的法国网球公开

赛，17 岁的美籍华裔选手张德培爆出了 20 世纪 80 年代最大的冷门，成为此次公开赛最年轻的单打冠军，也是第一位获此殊荣的亚洲血统选手。法网的场地设在巴黎西部蒙特高地的一座叫作罗兰·加洛斯的大型体育场内。体育场建于 1927 年，以在第一次世界大战中为国捐躯的空中英雄罗兰·加洛斯的名字命名。该球场属于慢速红土球场，男子比赛采用 5 盘 3 胜制，一场比赛打上 4 个小时是习以为常的。因此，在这样的球场要获取优胜是不易的，球员要有超人的技术和惊人的毅力。

（四）澳大利亚网球公开赛

第 1 届澳大利亚网球公开赛是 1905 年在墨尔本的威尔霍斯曼板球场举行的，它是四大公开赛中最迟创立的赛事。其女子比赛始于 1922 年。刚开始举办比赛是使用草地网球场，到 1988 年才改为硬地网球场。1968 年，国际网球职业化后它被列为四大公开赛之一。1972 年，这项赛事为了吸引更多的观众，改为在澳大利亚的大城市墨尔本举行。由于是硬地网球场，所以打法全面的选手可以占到一定的优势。它不仅有利于底线抽击，也适合发球上网，既适于打上旋球、下旋球，也适合吊高球和放短球。

四、著名运动员介绍

（一）罗杰·费德勒

罗杰·费德勒，1981 年出生，瑞士男子职业网球运动员。费德勒拥有 ATP 排名历史上单打世界排名第一连续周数最长的纪录（237 周，2004—2008 年）。众多评论家、现役与退役的选手认为费德勒为史上最伟大的选手之一。费德勒与纳达尔被誉为男子网球史上最伟大的一对对手，费德勒与纳达尔的对战创下无数精彩，同时亦产生许多纪录。

（二）塞雷娜·威廉姆斯

塞雷娜·威廉姆斯，生于美国密歇根州，是网球史上最伟大的女子选手之一。她的姐姐维纳斯·威廉姆斯亦是著名女子网球选手，所以通常称呼塞雷娜为小威廉姆斯，简称"小威"。她是 23 个大满贯女单冠军得主，是网球史上第二位女子单打生涯全满贯得主。塞雷娜·威廉姆斯的发球被评为女子网球有史以来最佳发球，其角度好、力量大、落点精准；在 2012 年温布尔登锦标赛，她总共发出 102 记 Ace 球，创下记录。

第二节　网球技术与战术

一、实战技术

（一）发球（图 17-2-1）

发球是网球比赛中非常重要的技术。

握拍：大陆式握拍。

【分解动作】

1. 预备姿势

身体与球网垂直，站立在底线之后，距离底线中点 1 ～ 2 米的位置。前脚脚尖对准球网右边立柱，双脚间距离与肩同宽。身体放松，左手持球，贴于球拍拍喉处，右手采用大陆式握拍，双手位置在左髋前大约 10 厘米的位置。

2. 抛球引拍

双手同时向上抬起，左手将球抛至身体侧上方、略高于球拍能够够到的最高点，并且继续上升指向球，右手将球拍抬起置于身后，拍头指向天空。此时将身体重心置于后脚，双膝弯曲。尽量让球、左臂、双肩、右肘在同一条直线上。

3. 击　球

从双脚蹬地开始发力，身体自然向前转动，带动右肩同时转动。击球手臂肘关节开始向前引导球拍向上挥动，拍头在自然下落后，整个球拍向右侧网柱方向挥去，在头顶侧上方与球接触，击打球体 3 点钟的位置。左臂自然下垂。

图 17-2-1

（二）截击（图17-2-2）

常见的上网有三种情况——发球上网、被动上网和占据主动后上网。

握拍：大陆式握拍。

【分解动作】

1.预备姿势

通常截击的初始位置在球网与发球线之间，可以根据对手击球的位置做细微的调整。

2.侧身引拍

身体向右侧旋转，同时将球拍引至身体侧前方，拍头高于手腕，整个手臂固定住。此时身体重心向右脚转移。

3.击 球

蹬右腿的同时向前上左腿，身体回转，击球点在身体侧前方。击球瞬间，拍面略微朝上打开，球拍的挥拍轨迹以平推居多，稍微有向下切的成分，使打出的球带有下旋。非持拍手向左侧打开，保持身体平衡。

4.随 挥

以击球瞬间的拍面角度继续向击球方向推送一段距离。

5.复 位

迅速回到预备姿势，准备下攻击球。

图 17-2-2

（三）高压球（图17-2-3）

握拍：大陆式握拍。

【分解动作】

1.预备姿势

高压球的准备位置通常和截击时的位置相同。

2.侧身后撤步引拍

向后撤右腿，让身体与球网垂直，同时双手上举，左手伸直指向来球，右手将球拍引向头侧，右肘尽量抬高。

3.脚步调整

用滑步或交叉步在场内移动，到达准确的击球位置。

4.击 球

用类似发球时的击球动作，将球击出。由于离球网比较近，手腕下压的动作要比发球中明显。

5.随　挥

左手收于腰际，右手自然将球拍挥至身体左侧，动作要简单，不能拖泥带水。

6.复　位

根据击球后所处的位置迅速回到网前或底线，做好预备姿势，准备下攻击球。

图 17-2-3

二、实战战术

战术的运用是给对手制造困难，使其回球质量降低，充分发挥自己的长处，加大攻击力度。因此，要了解和认识网球的基本战术。

（一）发球战术

1.变换发球落点：在经常发出外角球的同时要考虑突然换发内角球。

2.变换发球位置：不时地变换发球位置，增加对手的接球和对发球线路判断的难度。

（二）发球截击战术

发球后上网空中截杀将球打至对方空当，或采用两次截击，先打出较深的直线截击球，然后再迅速上网进行第二次截击将球打至对方空当，发球时要注意以下几点。

1.发球前身体需放松。

2.抛球时的位置是左手伸直在体侧前方最高点处。

3.以肩为轴进行挥臂动作。

4.整个发球动作协调连贯，动作完成充分。

（三）接发球战术

在接对手力量不大的二发球时，要控制好落点打直线球，趁对手回球质量不高时可上网将球截杀到对方空当。一发的球速不快时，亦可采用接发球战术。

（四）对攻战术

当发球或接发球进攻都不奏效时，双方展开对攻，底线对攻的主要战术是加大击球深度和伺机变换落点。

（五）对付上网截击的战术

当对手采用发球上网的战术时，可根据对手的站位采用挑高球和打穿越球，这是对付上网截击的有效回击方法。

第三节　网球规则与欣赏

一、了解规则

（一）单打规则

比赛开始前，双方用掷钱币的方法挑边，胜者有选择发球权或有权选择场地；选择发球或接发球者，应让对方选择场区；选择场地者，应让对方选择发球或接发球。

1. 发球动作

发球员在发球前，应先站在底线后中点和边线的假定延长线之间的区域里，然后用手将球向空中任何方向抛起，在球接触地面以前用球拍击球。只要球拍与球接触，就算完成了球的发送。发球时，发球员不得向上抛起两个或两个以上的球，否则判重发球。如果是故意的，应判失分。

2. 发球时间

发球员应该在接球员做好准备后，才能发球（接球员做还击姿势就认为已做好击球准备）。

3. 发球位置

每局比赛开始发球时，发球员应先从右区端线后发球。得或失1分后，应换到左区发球。如果发球位置出现错误而未被察觉，比分仍然有效。一旦发现，应立即纠正。

4. 发球次序

第一局比赛终了，接球员成为发球员，发球员成为接球员。以后每局终了，均依次互相交换直到比赛结束。如发球顺序发生错误时，发现后应立即纠正，由此轮发球的球员发球，发现错误前双方所得的分数都有效。如果发现前已有一次发球失误，则不予计算。如一局终了才发现次序错误，则以后的发球顺序就以该局为始，按规定轮换。

5. 交换场地

双方应在每盘的第一、三、五等单数局结束后以及每盘结束双方局数之和为单数时，交换场地。如果发生未按正常顺序交换场地的错误，一经发现应立即纠正，按原来的顺序进行比赛。

6. 发球失误

发球时如果出现发球脚误、未击中球、发出的球在落地前触及固定物等现象时，均判失误。

脚误：发球员在发球动作中，两脚只准站在端线后中点和边线的假定延长线之间，不能触及其他区域，不得通过行走或跑动改变原站的位置（发球员发球时如两脚轻微移动而未变更原位，不算行走或跑动）。否则，就会被判为脚误。

击球未中：发球员在发球时由于用力过猛、动作不协调等原因而未击中抛出的球称为击球未中。如果发球员在向上抛球准备发球时，又决定不击球而将球接住，这不算失误，判重发球。

7. 触　网

在双打比赛中甲乙一队、丙丁一队，甲发球给丁，丙在球着地前触网，而后球落在发球区外。这时应判丙与丁失分，因为球落在发球区外之前丙先触网。

8. 第二发球

网球比赛规则规定，发球员有两次发球权。第一次发球失误后，应在原发球位置进行第二次发球。如第一次发球失误后，发觉发球位置错误，则应按规定改在另一区发球，但只能再发一次球。

9. 压线球

压线球是指落在比赛线上的球，算界内球。

（二）双打规则

单打规则均适用于双打，但双打规则也有自己的特殊规定。

1. 发球次序

应在每盘开始之前决定发球次序，即每盘第一局开始时，由发球方决定由何人首先发球，对方则同样地在第二局开始时决定由何人首先发球，第三局时由第一局未发球方的球员发球，第四局由第二局未发球的球员发球。以下各局均按此次序轮换发球。

2. 接球次序

与发球次序一样，在每盘开始之前要决定接球次序，即先接球的一方应在第一局开始时，决定何人先接发球，并在这盘单数局继续先接发球。对方同样应在第二局开始时决定何人先接发球，并在这盘双数局继续先接发球。他们的同伴应在每局中轮流接发球。

3. 发球次序错误与接球次序错误

发球次序错误应在发现时立即纠正，但已得的分数或已成的失误都有效。如发现时全局已经终了，此后发球次序就以该局为准轮流发球。接球次序错误发现后仍按错误的次序进行，等到下一接球局再进行纠正。

（三）网球比赛计分方法

1. 盘　数

正式比赛时，男子单打和男子双打采取五盘三胜制。女子单打、女子双打和混合双打采取三盘两胜制。

2. 局与盘

局：运动员每胜一球得 1 分，比分计为 15；获得第 2 分时，比分计为 30；获得第 3 分时，比分计为 40；当运动员获得第 4 分时就赢得了该局，但遇双方各得 3 分时，则为"平分"。"平分"后，一方先得 1 分时，为"接球占先"或"发球占先"。"占先"后再得 1 分，才算胜一局；如一方"占先"后，对方又得 1 分，则仍为"平分"。依此类推，直到一方在"平分"后净胜 2

分才能结束该局。

盘：一名运动员先取得6局的胜利即赢得一盘。遇双方各得5局时，一方必须净胜两局才算一盘，叫作"长盘制"。

决胜局计分制：决胜局计分制用于每盘的双方局数为6：6平时。

单打的决胜局计分制：先得7分者为胜该局及该盘。若分数为6：6平时，比赛须到某方净胜两分时为止。决胜局应全部采用数字计分。发球员在右区发第一分球后，即改由对方依次在二区和一区发第二、第三分球。此后双方轮流交替发球，每人连发两分球，其中第一分球均应在左区发球。如出现从错误的场区发球，发现后应立即纠正错误站位，但发现前已得的分数仍有效。此后，双方轮流交替发球，直到决出该局与该盘的胜负为止。运动员应在每6分及决胜局结束时交换场地。

双打决胜局计分制：双打决胜局规则与单打决胜局规则相同，只是在发球时双方要轮换发球。

二、如何欣赏网球比赛

网球比赛是古老的球类项目之一，也是当今体坛唯一能够与足球分庭抗礼的大项目。那我们该如何去欣赏网球比赛呢？

1. 看发球。发球分为上旋球、下旋球、侧旋球、前冲以及大力发球等。优秀的选手在发球上都具有自己的绝招，如前世界名将桑普拉斯和伊万尼塞维奇的发球，又刁、又准、又狠，常常让对手难以招架。

2. 看战术的运用。网球战术，具有"快、狠、准、变"的特点，运动员在场上既能满场飞，又能凌空跳跃击球、斜飞鱼跃救球，或者缩前吊后、斜线大力抽打等。正是这些前后左右、真真假假的变化，使得比赛精彩激烈、扣人心弦。

另外，网球运动被看成是高雅的运动，因此它处处注重美感，从场地的设施到器材的使用，以及比赛环境的布置和运动员服装的设计，都很讲究美，美几乎无处不在。

网球运动员在场上的动作更富美感，爱好网球的艺术家们认为网球运动的许多动作与舞蹈是相通的。如网坛名将博格，双手握拍反手抽打底线球时，就表现出东欧民间舞蹈的韵味；网坛女杰辛吉斯快速网前击球和奔跑接球的身姿，仿佛再现了天鹅湖中的白天鹅兴高采烈地扑向王子的舞姿。

总之，一场高水平的网球比赛，除了运动员精湛的技艺之外，再加上那富于美感的舞蹈韵味，会使观众如痴如醉，精神上得到极大的满足。

思考题

1. 网球的四大满贯赛事包括哪几项？
2. 简述网球的计分方法。

第十八章　游　泳

章前导言

　　游泳是人在水的浮力作用下产生向上漂浮，通过肢体有规律的动作，使身体在水中运动的技能。游泳会对身体产生深远的影响，可有效地促进身体全面、匀称、协调发展，具有极高的锻炼价值，是深受群众喜爱的运动项目之一。游泳在生产、科研和国防建设上也有很高的实用价值，水利建设、防洪抢险、渔业、水下考古、水下侦察、水下摄影等行业都需要掌握游泳技能。

　　重要提示： 蛙泳；自由泳

第一节　游泳概述

"飞鱼"菲尔普斯

　　2008年8月17日，美国队获得北京奥运会男子4×100米混合泳接力冠军。至此，23岁的美国游泳运动员菲尔普斯不仅用8金刷新了单届奥运会金牌纪录，而且还将个人奥运会金牌总数提高到了14枚，创造了他人难以超越的"世界纪录"。

　　少年时代的菲尔普斯患上了多动症，他的母亲想到了一个办法，就是把儿子推向泳池。"的确是因为多动症，我才去练游泳的。当我在体育场上或游泳池里，我会觉得非常放松，无拘无束，通过释放自己的力量去获得快乐。"菲尔普斯并不讳言这一点。

　　1996年，菲尔普斯的姐姐惠特尼参加了亚特兰大奥运会选拔赛，本来有机会获得参赛资格，但是背伤让她的奥运梦破碎。菲尔普斯看到了姐姐的眼泪，希望自己能够延续姐姐的奥运梦。

　　走上游泳之路后不久，菲尔普斯就在巴尔的摩游泳学校遇到了教练鲍曼。后者发现了小菲尔普斯天赋异禀，开始着力培养。在菲尔普斯10岁那年，他就破了一项该年龄组的全国纪录。2000年悉尼奥运会，15岁的菲尔普斯牛刀小试。他闯进了200米蝶泳的决赛，最终名列第5。

　　悉尼奥运会后5个月，菲尔普斯就打破了200米蝶泳的世界纪录，当时他15岁零9个月，成为打破世界纪录最年轻的游泳选手。从此，菲尔普斯一发而不可收。

　　2004年雅典奥运会，菲尔普斯成为最引人瞩目的明星，年少成名的菲尔普斯放言要夺8金。不过，男子4×100米自由泳接力意外落败，打乱了他的计划。而在男子200米自由泳的决赛中，他又败在索普、霍根班德等名将之手。

菲尔普斯在接受《杨澜访谈录》采访时，他被问到为什么不避开 200 米自由泳这个项目时，菲尔普斯直言他就是喜欢挑战。"我最喜欢做的事情就是跟全世界最优秀的人在一起比赛，200 米自由泳云集了当今世界最顶尖的高手。如果我选择 400 米自由泳，或许能多拿 1 枚金牌，但我就是喜欢挑战。"菲尔普斯说。

2008 年北京奥运会，菲尔普斯曾两次差一点与金牌擦肩而过。男子 4×100 米自由泳接力，美国一直被法国压制，游第一棒的菲尔普斯成绩并不理想，好在老将莱扎克最后 15 米反超贝尔纳，挽救了菲尔普斯的八金梦。赛后，菲尔普斯紧攥双拳，不停地怒吼。

而男子 100 米蝶泳决赛更富戏剧性。前 50 米，菲尔普斯还排在第 7，凭借最后时刻的冲刺，他比捷克的查维奇早 0.01 秒触壁。终于成就八金梦后，菲尔普斯喜不自禁："我有过很多梦想和目标，奥运会夺 8 金是最大的梦想，现在我美梦成真，最希望马上去看望我妈妈。"

一、起源与发展

人类游泳活动源远流长，其产生与人类社会的生产、生活娱乐及战争等紧密相连。原始人狩猎时，为求取食物而登山涉水，在与人或兽的战争及格斗时，游泳是最基本的技能之一。

随着国家的出现，古代国家发生战争时，利用水作为作战手段，或利用泅水潜行破坏敌人的防守，配合步兵和骑兵作战。18 世纪，欧洲军队中开始建立游泳学校。不难看出，自古以来，游泳在军队中就占有极重要的地位。

在我国，有文字记载的游泳活动始于春秋时期。近代海军训练有游泳课程，黄埔军校的资料记载中也有游泳科目。鸦片战争以后，欧美体育运动逐渐进入我国，竞技游泳作为一项体育休闲项目在城市中开始流行。

随着生产力的发展，人类生活水平的提高，游泳又与娱乐紧密地联系在一起，这是游泳获得发展的又一个重要原因。

二、锻炼价值

游泳不仅是一项竞技运动项目，还是一项很有实用价值和锻炼价值的健身运动，对于强身健体、健美体形、防病治病以及丰富人们的精神文化生活，培养人的意志品质等均有积极的作用。

1. 提高人的心肺功能。
2. 提高人的免疫力。
3. 放松身心，健美体形。
4. 锻炼意志品质。

三、著名赛事介绍

（一）世界游泳锦标赛

世界游泳锦标赛是由国际泳联总会主办的最高级别的国际性游泳赛事，

1973 年举行第 1 届，1978—1998 年举办间隔年数屡有变化，自 2001 年起固定为每两年举行 1 届。

（二）世界杯短池游泳赛

世界杯短池游泳赛是一个国际系列短池（25 米）游泳比赛，由国际泳联主办，参加成员是国际泳联会员。该系列比赛于 1989 年开始，每年举行分站的比赛，最终获得前 3 名的运动员可以获得奖金。50 米、100 米、200 米和 400 米分预赛和决赛两个阶段进行。400 米个人混合泳、800 米和 1500 米自由泳则在预赛与决赛之间适当延长间隔时间，分两天举行。

（三）奥林匹克运动会游泳比赛

现代游泳竞赛的历史应追溯到第 1 届现代奥运会前。1896 年第 1 届雅典奥运会上，男子游泳被列为 9 个比赛项目之一。1912 年第 5 届斯德哥尔摩奥运会上正式设立了女子比赛项目。

四、著名运动员介绍

孙杨，1991 年生于浙江杭州，中国男子游泳队运动员，奥运会"双料"冠军，主攻中长距离自由泳。2011 年上海世锦赛男子 800 米、1500 米自由泳冠军，400 米亚军。在 2012 年伦敦奥运会上男子 400 米自由泳决赛中，孙杨夺得中国男子游泳奥运会第 1 枚金牌；在男子 200 米自由泳决赛中，孙杨夺得银牌；在男子 4×200 米自由泳接力决赛中，中国队依靠孙杨最后一棒发力而提升了 2 个名次而夺得铜牌，这是中国男子游泳奥运会接力的第 1 枚奖牌；在男子 1500 米自由泳决赛中，孙杨夺得金牌，打破了由自己保持的原世界纪录，刷新了该项目的世界纪录。2016 年里约奥运会上，孙杨获得男子 400 米自由泳决赛银牌、男子 200 米自由泳金牌。

第二节　游泳技术

一、蛙泳

（一）蛙泳技术动作

蛙泳是模仿青蛙游泳动作的一种游泳方式，是 4 种泳姿中历史最悠久的一种。根据比赛规定：蛙泳时，身体应保持俯卧姿势，与水面平行，臂和腿的所有动作应始终保持同步和对称，并在同一水平面上进行。

1. 蛙泳腿部动作

蛙泳腿部动作是推动身体前进的主要动力，是由开始姿势、收腿、翻脚和蹬水四个部分组成的。

（1）开始姿势（图18-2-1）

身体借助前一个动作的惯性，两臂向前伸直，两腿并拢伸直，腹微收，平直地向前滑行，身体纵轴与水平面成5°～10°角，脚跟离水面约20厘米。

（2）收腿（图18-2-2）

收腿时，两腿随着屈膝和屈髋有所分开，脚跟向臀部靠拢，两膝之间距离约与肩同宽，收腿力量小且自然，以减少阻力。收腿完成后，大腿与身体之间的夹角为120°～140°。

（3）翻脚（图18-2-3）

翻脚动作是和收腿动作联系在一起的。当两脚跟靠近臀部时，两脚掌开始加快向外翻，两脚之间距离应大于两膝间距离，使脚和小腿内侧处于有利的对水面。

（4）蹬水（图18-2-4）

蹬水是由腰腹与大腿协同发力，通过伸髋伸膝，以大腿小腿内侧面和脚掌向后做快速有力的弧形蹬夹水动作。蹬水的前段（开始段），两踝稍向外、向后蹬水，其后段应边向后蹬边向内夹。当腿蹬夹并拢瞬间，两脚掌迅速内转靠拢，完成鞭水动作。蹬水动作后，身体有个短暂的滑行，两腿必须要自然伸直且并拢，如保持身体的良好姿势，有利于提高滑行的速度。

图18-2-1　　　　　　图18-2-2　　　　　　图18-2-3　　　　　　图18-2-4

2. 臂部动作

随着蛙泳技术的改进，蛙泳臂部动作从其原来几乎流于形式的划动，发展到越来越重视其在推动身体前进中的作用。蛙泳臂部动作由抓水、划水、内划、前伸四个连贯动作组成。

（1）抓水（图18-2-5）

抓水是在两臂已向前伸直并拢且掌心转向外时开始，即刻小臂、上臂内旋，掌心向外斜并稍屈腕，两手分开向斜下方抓水。当手掌和小臂有压力时，抓水动作即完成。

（2）划水（图18-2-6）

抓水后，两臂开始提肘屈臂，并继续向外斜向后方划水。当两手掌外划宽度近两倍肩宽时，上臂和小臂弯曲度约为150°时，即转入内划。

（3）内划（图18-2-7）

内划是划水的继续，它是划水动作中的一个重要组成部分，能产生较大的升力和推进力。内划时掌心由外转向内，完成转腕动作，只要小手指由上转向下即可。同时必须与小臂、上臂同时用力向内夹，两肘由上而下直线内夹。内划动作完成时，两掌心向上，两肘正处于肩前下方。

（4）前伸（图18-2-8）

臂内划结束，此时要借助向前的惯性，立即伸肩、伸肘。两掌心由上逐渐转为向下，两臂成并拢伸直状。

蛙泳整个划水路线，近似桃形的轨迹。划水方向是向侧、下、后、内、前方，划水力量由小到大，划水速度由慢到快。特别强调内划至前伸段中间不能有停顿，动作必须连贯，一气呵成。

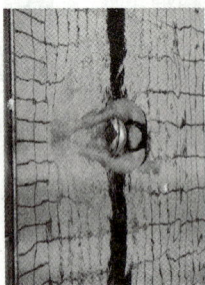  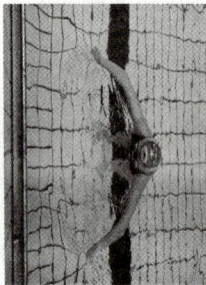 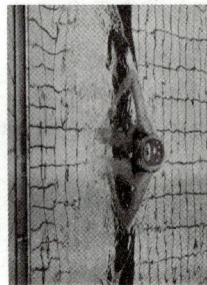

图 18-2-5　　　　　图 18-2-6　　　　　图 18-2-7　　　　　图 18-2-8

3. 呼吸与臂的配合技术

蛙泳呼吸是与臂的动作配合进行的，一般都采用晚呼吸。当两臂内划至夹肘时，随上体的抬起，头自然露出水面，即可张口吸气。然后随着臂的前伸，头自然浸入水中。稍闭气后，再慢慢呼出。

4. 呼吸、臂、腿的完整配合（图 18-2-9 ～图 18-2-13）

蛙泳的呼吸动作，往往在臂、腿一个动作周期中，配合进行一次。蛙泳的臂、腿协调配合，是前进速度均匀的关键。特别要注意手、腿配合的时机掌握。蛙泳配合时机是：当臂处于抓水和划水阶段时，腿自然伸直不动；当臂内划时，腿开始屈膝收腿。收腿速度由慢到快，必须在手前伸至最后 1／3 前结束，并已翻好脚掌。同时腿必须在配合手臂完成最后前伸之际，用力向侧后蹬夹。待两臂伸直时，腿也蹬直并拢。此时身体成一条直线，快速向前滑行。

图 18-2-9　　　图 18-2-10　　　图 18-2-11　　　图 18-2-12　　　图 18-2-13

（二）蛙泳的学习方法和步骤

初学蛙泳应先采用分解练习法，即先学腿部动作，后学臂部动作和呼吸方法，当较好地掌握了这几个分解动作后，再进行臂、腿、呼吸动作、方法的完整配合。

1. 腿部动作的陆上模仿练习

（1）坐撑模仿蛙泳腿（图 18-2-14）。

（2）俯卧凳上做腿的模仿练习（图 18-2-15）。

2. 腿部动作的水中练习

（1）由同伴托腹部，自己做收、翻、蹬夹、停的动作。

（2）手扶撑池边，自己独立完成收、翻、蹬夹、停的动作。

（3）扶浮板做蛙泳腿练习（图18-2-16）。

3. 手臂和呼吸动作的陆上模仿练习

4. 手臂和呼吸动作的水中练习

（1）水中行走划臂。

（2）配合呼吸动作，当划臂开始时抬头吸气。

  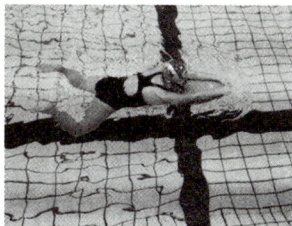

图18-2-14　　　　　　　图18-2-15　　　　　　　图18-2-16

【注意事项】

1. 明确翻脚时脚尖要朝膝盖外侧方向勾起。

2. 注意水下吐气均匀和嘴出水面快吸气动作。两臂向两侧分开时就开始抬头，两臂向侧后方划水时吸气，收手时吸气结束，伸臂时呼气。

3. 手在肩前完成划水。注意不要划得太宽，两臂划至与肩同宽时就要屈肘，并将肘部抬高。划水不超过肩的延长线就及时收手。

4. 注意保持平卧姿势，默念"边收边分慢收腿"的要领，收腿时头肩稍抬起，蹬腿时腹肌应稍收紧，以髋关节发力做蹬夹动作，并将髋关节伸展拉直。

5. 蛙泳技术分为腿部动作、臂部动作及与呼吸配合。腿部动作是学会蛙泳的关键，臂部动作起着保持身体平衡、协助呼吸和推进身体前进的作用。呼吸是重点，这个问题一解决，就意味着掌握了蛙泳的基本技术。掌握正确的呼吸方法就能进行长距离的游泳。

二、自由泳

（一）自由泳技术动作

在游泳的四种泳姿中，自由泳是游泳比赛中速度最快的。自由泳的基本姿势是：身体俯卧在水中，依靠两腿上下交替连续打水，两臂轮流向后划水而向前游进。

1. 身体姿势

身体在水中自然伸展，平俯卧在水中，目视前下方，发际处于水平面。由划手、打腿和转头、吸气等躯干会形成围绕身体纵轴自然有节奏地左右转动，转动幅度不大，一般是两肩与水面构成的角度为35°～45°。

2. 腿部技术

自由泳腿部动作：两腿上下连续打水，两腿上下交替幅度以两脚尖垂直距离计算为30～40厘米。脚稍向内转（成内八字脚），脚尖自然绷直，踝关节放松、由大腿发力，带动小腿和脚鞭状打水。向上提时直腿，向下时大腿先下打，膝关节随之下打。然后小腿和脚依次下打，整个下打过程犹如甩鞭。

3. 臂部动作

臂部动作是由两臂轮流向后划水，它由入水、抱水、划水、出水和空中移臂五个连续动作组成。

（1）入水（图18-2-17）

手入水时，手指自然伸直并拢，腕和肘部微屈，肘关节要高于手。指尖对着入水的前方插入水，入水点一般选择在肩与身体纵轴的延长线之间。入水顺序是手、小臂、上臂。入水时，臂应自然放松并有所控制，肘关节要高于手。

（2）抱水（图18-2-18）

入水后，臂应积极前伸并屈腕抓水（手指下压，好似画个半圆），此时肘关节应保持高肘姿势。整个手臂动作像抱着一个大圆球，肩带肌群充分拉开，为划水做好准备。

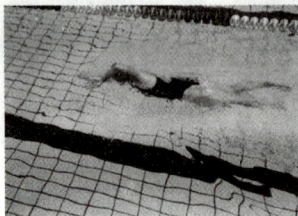 

图 18-2-17 　　　　　　　图 18-2-18

（3）划水（图18-2-19）

划水是继臂抱水后，直到推向大腿旁。整个动作是通过屈臂到伸臂来完成的。这个阶段是划水的最有效部分。划水的前半部分屈臂进行。划水时小臂速度快于上臂，以保持高肘，能使手臂处于更有力、更有效的角度向后划水。当划至肩垂直线、手指靠近身体中线时，屈肘为92°～110°角。其后部分亦可称为推水，与前半部分连贯并加速完成，中间没有停顿。推水时小臂与上臂要同时向后推水，直至划水结束（肘关节基本伸直为止）。在划水过程中，手掌始终要对准划水方向，有一定倾斜度，以保持最佳划水效果。整个划水动作，手的运动轨迹是向前向下，路线呈S形。

（4）出水（图18-2-20）

当划水结束，臂借助推水的惯性作用向上提拉出水面。出水前，手掌应靠近身体放松。出水顺序一般先肘关节，随后手臂。手臂出水动作必须迅速而不停顿，同时应自然柔和。小臂和手掌处于下垂姿势，且应尽量放松完成。

（5）移臂（图18-2-21）

移臂是随着出水动作的惯性向前移动，直到入水位置。空中移臂时，肘部相比臀的位置高，且放松自如。尽量不破坏身体的流线形。同时要两臂相配合，这样动作才更协调连贯。

图 18-2-19 　　　　　　　图 18-2-20 　　　　　　　图 18-2-21

4. 两臂配合动作

自由泳的两臂配合，是轮流划动的。当一臂完成划水时，另一臂又进入划水动作。依照划水时两臂所处位置的不同，可以分为以下几种交叉形式。

（1）前交叉配合（图18-2-22）。当一臂入水时，另一臂正处于肩前方，约与水平面成30°角。

（2）中交叉配合（图18-2-23）。当一臂入水时，另一臂正处于肩下垂直部位，约与水平面成90°角。

（3）中后交叉配合（图18-2-24）。当一臂入水时，另一臂正处于胸腔下，约与水平面成120°角。

交叉配合形式多样，对于初学者来说，前交叉配合易于掌握自由泳动作和呼吸动作。

图 18-2-22　　　　　图 18-2-23　　　　　图 18-2-24

5. 呼　吸

自由泳的呼吸技术，难度相对大于另外3种泳姿。一般是两臂各划水一次，做一次呼吸动作（即呼气、吸气和短暂的闭气）。以配合右臂动作为例，具体动作过程如下。

当右臂划水于肩下方时，开始逐渐用嘴鼻平稳匀速地向外呼气。接着边加快呼气边向右转头。当右臂推水结束提肘出水的瞬间，加速将气呼尽。待嘴一露出水面，即张嘴迅速吸气。吸气在空中移臂至肩前就结束。然后边闭气边将头迅速复位。闭气至右臂划水到肩下方时，又开始呼气、吸气、闭气的循环反复。

随着人体机能水平、游泳能力的提高，现今选手们一般采用3次划水1次呼吸。这样既可减少身体转动而引起的阻力，又有助于保持身体的平衡，再则在赛程中，也有利于了解左右两侧对手的游进情况，及时调整心态和游速，更好地运用技战术。

6. 腿、臂和呼吸完整动作的配合

自由泳的完整配合技术，是匀速地不断向前游进的保证。在完整配合技术中，一般手臂各划一次水，呼吸一次，双腿打水有2次、4次、6次的，也有交叉打水等多种配合形式。这往往是因为个人的特点习惯以及比赛项目或距离长短不一而异。

初学者以学习6次打腿、2次划手、1次呼吸的配合技术为好，这有利于学习过程中保持臂、腿动作的协调，以及身体平衡的掌握。

（二）学习方法和步骤

初学自由泳要先学腿部动作，后学臂部动作和呼吸方法，再学习配合动作。呼吸配合是重点要解决的关键。

1. 腿部动作的陆上模仿练习（图18-2-25、图18-2-26）

（1）坐在池边或岸边，两手后撑，上体后仰，两脚伸直稍内旋，做上下交替打水模仿练习。

（2）俯卧池边或岸边，髋关节展开，两腿伸直，脚稍内旋，踝放松，模仿打水练习，动作幅度稍大些。

2. 腿部动作的水中练习

（1）手扶池边或地槽，先直腿打水，再过渡到小幅度的鞭状打水。动作基本掌握后可加转头呼吸。

（2）蹬边滑行后，光直腿打水，逐渐过渡到膝关节适度放松屈腿的鞭状打水。

（3）手扶浮板打腿练习。

图 18-2-25　　　　　　　　图 18-2-26

3. 手臂动作和呼吸配合技术的陆上模仿练习

（1）两足开立，上体前倾，做直臂划水模仿练习。先单臂做，然后两臂交替做。空中移臂要屈臂高时，并体会入水动作。然后再做屈臂划水模仿动作的练习。

（2）上体前倾，两手扶膝，做向左（右）侧转头呼吸练习。

（3）走步进行手臂动作练习，加上与呼吸的配合。

4. 手臂动作和呼吸配合技术的水中练习

（1）站立水中，上体前倾，肩浸没在水里，做臂划水练习，从原地过渡到走动，划水时适当用力。

（2）两臂划水配合转头呼吸。

（3）蹬池边滑行后不呼吸，做两臂交替划水练习。

5. 完整配合的陆上模仿练习

站立，两臂上举，原地踏步，踏步 3 次，划臂 3 次，如此连续做，形成 6：2 的配合节奏，然后加呼吸的配合。

6. 完整配合的水中练习（图 18-2-27）

（1）腿夹浮板做臂划水的练习。

（2）在教练员的保护和牵引下做腿打水的练习。

（3）蹬边滑行打腿，两臂轮流划水，不做呼吸的臂、腿配合练习。

【注意事项】

图 18-2-27

1. 练习中先用直腿打水，大腿发力带动小腿，逐渐过渡到屈膝鞭状打水。

2. 注意臂划水经过肩下时，要由拉水转入推水，并要逐渐伸开腕关节，使手展开，以掌心向后推水，利用惯性提肘。

3. 注意手指领先入水，无论是在空中还是在水中，肘的位置都要高于手。入水后不急于划水，抱到水后才划水。

4. 强调臂划水时肘要高，划水路线要长。

第三节 游泳比赛的主要规则

一、蛙 泳

1. 出发和每次转身后，从第 1 次手臂动作开始，身体应保持俯卧姿势，任何时候不允许呈仰卧姿势。

2. 两臂和两腿的所有动作都应同时在同一水平面上进行，不得有交替动作。

3. 两手应同时在水面、水下或水上由胸前伸出，并在水面或水下向后划水。除转身前最后一个动作、转身过程中和终点触壁前的最后一个动作外，在手臂的完整动作中，两肘不得露出水面。除出发和每次转身后的第一次划水动作外，两手向后划水不得超过臀线。

4. 在蹬腿过程中，两腿必须做外翻动作，不允许做剪夹、上下交替打水或向下的海豚式打水动作。只要不做向下的海豚式打腿动作，两脚可以露出水面。

5. 在每次转身或到达终点时，两手应在水面、水上或水下同时触壁，触壁前的最后一次划水动作结束后，头可以潜入水中，但在触壁前的一个完整或不完整的配合动作中，头的某一部分应露出水面。

6. 在每个以一次划臂和一次蹬腿顺序完成的完整动作周期内，运动员头的某一部分应露出水面。只有在出发和每次转身后，运动员可在全身入水时，做一次手臂充分的向后划至腿部的动作和一次蹬腿动作，但在第二次划臂至最宽点并在两手向内划水前，头必须露出水面。

二、自由泳

1. 自由泳比赛中，可采用任何泳姿。但在个人混合泳及混合泳接力赛中，自由泳是指除蝶泳、仰泳、蛙泳以外的泳姿。

2. 转身和到达终点时，可用身体的任何部分触池壁。

3. 在整个游程中，运动员身体的一部分必须露出水面，在转身过程中允许运动员完全潜入水中，但在出发和每次转身后潜泳距离不得超过 15 米，在潜泳至 15 米前运动员的头必须露出水面。

思考题

1. 游泳有哪些锻炼价值？
2. 自由泳的主要规则有哪些？

第十九章　太极拳

章前导言

　　太极拳是以中国传统儒、道哲学中的太极、阴阳辩证理念为核心思想，集颐养性情、强身健体、技击对抗等多种功能为一体，结合易学的阴阳五行之变化、中医经络学、古代的导引术和吐纳术形成的一种内外兼修、柔和、缓慢、轻灵、刚柔相济的中国传统拳术。

　　24 式简化太极拳是国家体委（现国家体育总局）于 1956 年组织太极拳专家汲取杨式太极拳之精华编串而成的。尽管只有 24 个动作，但相比传统的太极拳套路来讲，其内容更显精练，动作更显规范，并且也能充分体现太极拳的运动特点。

　　重要提示：锻炼价值；24 式太极拳

第一节　太极拳概述

陈式太极拳的故事

　　太极拳的故事，得从 20 世纪 40 年代说起。

　　76 岁的陈家沟老村支书张蔚珍说，明末清初陈王廷创造太极拳后，太极拳一直很受人们喜爱，并发展成陈、杨、吴、武、孙五大门派。

　　但到了 1941 年，陈家沟遭了蝗灾，陈式太极拳也中断了。此后，因多年战事，不少人为了生计背井离乡，太极拳几乎走到了灭绝的边缘。1953 年，陈家沟学校的几位教师请来一位名叫王雁的老拳师。这时，已经 15 岁的张蔚珍第一次知道什么是太极拳。

　　陈家沟的太极江湖，从 1958 年以后，变得喧嚣起来。

　　张蔚珍说，1958 年，曾在原国民政府黄河水利委员会当"国术教官"的陈照丕从北京回乡。他是陈式太极拳第十代传人。陈照丕回到陈家沟，发现家乡竟然没有人练太极拳了，心里很难受。于是，陈照丕专门把妻子接回来，决定在家乡教拳。

　　年轻人成为陈照丕教拳的主要对象，他立下规矩，不论姓氏，不论男女，只要愿意，都可以免费学拳。从最初的 30 多位年轻人，到越来越多的人学拳，陈照丕在陈家沟成立了业余体校，实际上还是传授太极拳。

太极江湖初起云雨，"文革"却来了。1966 年，张蔚珍已经在陈家沟当了两年的村支书，这段经历，他记忆犹新："陈家祠堂被砸了，太极拳被当作'牛鬼蛇神''四旧'对待。"

陈照丕受到的冲击最大。"最后他被逼得走投无路，跳井自杀。"张蔚珍说。幸好群众及时发现，把他救活了。后来我就告诉他："太极拳是好东西，能健身又能防身，武术不分阶级，为啥不能教？以后还好好教拳，出问题了我负责。"

虽非陈家人，但张蔚珍认为，他是村干部，有义务保护太极拳的传承。

"陈照丕当时已经 70 多岁了，万一他突然去世了，太极拳就失传了，那时村里练拳的人只是学会了套路，实战还不行。"张蔚珍觉得，应该重点培养几个人，保住太极拳的精髓。张蔚珍推荐了 4 个人，陈小旺、陈正雷、王西安和朱天才。"4 人悟性最好，练得最下劲，水平也很高。"

1971 年，陈照丕肝病复发去世，张蔚珍请来了定居北京的太极拳传人陈照奎。每天清晨，在村里的一个大土台子上，陈照奎登台教拳。到了晚上，陈照奎重点培养陈小旺、陈正雷、王西安和朱天才。

后来，他们 4 人成为太极拳大师，被称为太极拳"四大金刚"。

因为太极拳，温县成为河南第一个对外开放的县，20 世纪 80 年代初，外国人开始来陈家沟学拳，最早来的是日本人。

太极拳从此开始影响世界，后来又走向世界。

如今，太极拳的影响范围从温县陈家沟发展到包括港澳台在内的中国绝大部分地区，影响覆盖了韩国、日本、新加坡、美国、加拿大等 150 多个国家，全世界拥有超过 3 亿的爱好者。

一、起源与发展

太极拳是中华武术的著名拳种之一。早期，因其动作如长江之水，滔滔不绝，绵绵不断，故称之为"长拳"，也称"绵拳"；又因其内含 8 种基本技法（掤、捋、挤、按、采、挒、肘、靠）和 5 种步法（进步、退步、左顾、右盼、中定），所以，太极拳又称"十三势"。清朝乾隆年间，山西王宗岳用阴阳太极哲理解释拳意，著《太极拳论》，从此普遍采用"太极拳"这一名称。

关于太极拳的起源主要有两种说法。一种说法认为太极拳是由北宋张三丰所创。张三丰之后的太极拳史，没有得到连续系统的记载，因此难以考证。而近代太极拳的传播，是以王宗岳为一代宗师，并由王宗岳传给蒋发而继承下来的。其后，蒋发传给陈家沟的陈长兴及赵堡镇的邢怀喜，陈长兴再传给杨露禅，之后便发展成各个流派。至于王宗岳师承何人，目前也难以查考。但是，一般认为另一种说法更为可信，即太极拳为明末清初河南温县人陈王廷所创。陈王廷为明末武庠生，曾在河南温县任乡兵守备，入清后隐居乡里。晚年，"闷来时造拳，忙来时种田"（见陈王廷遗诗）。史料表明，他以戚继光《纪效新书·拳经》为蓝本，综合当时民间和军队中流行的名家拳法，结合古代导引与吐纳术，吸取阴阳学说与经络学说理论，创长拳"十三势"。这套拳，拳势螺旋缠绕，快慢相间，意、气、形密切结合，把养生、健身、技击合而为一，这就是最初的太极拳。

太极拳在长期的流传过程中形成了陈式、杨式、吴式、孙式、武式等技术流派。中华人民共和国成立以后，在杨式太极拳基础上编创了 24 式简化太极拳、48 式太极拳等。20 世纪初到 80 年代末，为了适应武术的国际交流与竞赛，在博采各派太极拳的基础上，创编了 42 式综合太极拳等竞赛套路。各式太极拳尽管在运动风格上有所不同，但体松心静、柔和缓慢、连绵不断、圆活自然、协调完整的要求是基本一致的，所有动作的开合、起落、进退、刚柔、蓄发、顺逆、虚实、曲直等，无不和谐地体现出阴阳对立与统一的辩证规律。

二、锻炼价值

（一）促进生理机能健康

1. 对神经系统的影响：太极拳运动强调"松、静、自然"，以意导体，以意运气，这些要求，对中枢神经系统有着十分重要的保健作用。

2. 对心血管系统的影响：长期坚持锻炼，有利于预防高血压和心血管系统的疾病。

3. 对呼吸、消化系统的影响：太极拳运动要求细、长、匀、深的腹式呼吸，对呼吸系统有良好的保健作用。同时，细长匀深的呼吸，还可以通过膈肌和胸廓的上下运动，对内脏器官起到按摩作用，使胸腹腔的各种器官血流旺盛，肠胃吸收机能加强，从而也对消化系统产生良好的防病治病作用。

4. 对骨骼与肌肉的影响：下肢骨骼相对受力时间较长，加上技术动作的不断变换，对锻炼下肢，延缓腿部衰老，培养灵活、柔韧、协调的身体素质均有良好作用。

（二）促进心理健康

1. 可使人具有积极健康的身心。
2. 修身养性，改变人的消极个性。
3. 提高人的社会适应性及人的社会行为水平。
4. 预防心理因素诱发的多种疾病。

三、着 装

太极服，顾名思义就是练习太极拳所穿着的服装，又叫太极练功服，古时习练者练功时的穿着。一般是长衣长裤，不束腰，以宽松为主，按照中国民间传统服装样式制作，荷叶领，对襟盘扣，面料以棉麻和丝绸为主，色彩上受太极阴阳思想影响，主要以白色或者黑色为主，讲究的太极服还绣制太极图图案。由于穿着效果好，在比赛和表演中更具观赏性，目前比较流行真丝太极服。在选购太极服时要注意面料是否柔软、质地是否细腻、色泽是否光亮、做工是否细致。此外，练习太极拳时不可着围巾、帽子、手套等，以免阻碍体内气息的运转与流通。

第二节　24 式简化太极拳

一、24 式简化太极拳动作名称

第一组　1. 起　势　　　　2. 左右野马分鬃　　　3. 白鹤亮翅

第二组　4. 左右搂膝拗步　　5. 手挥琵琶　　　　　6. 左右倒卷肱

第三组　7. 左揽雀尾　　　　8. 右揽雀尾

第四组　9. 单　鞭　　　　　10. 云　手　　　　　　11. 单　鞭

第五组　12. 高探马　　　　　13. 右蹬脚　　　　　　14. 双峰贯耳　　15. 转身左蹬脚

第六组　16. 左下势独立　　　17. 右下势独立

第七组　18. 左右穿梭　　　　19. 海底针　　　　　　20. 闪通臂

第八组　21. 转身搬拦捶　　　22. 如封似闭　　　　　23. 十字手　　24. 收　势

二、24 式简化太极拳动作图解

第一组

1. 起势（图 19-2-1）

　　头颈正直，下颌微收，身体放松，收腹敛臀，气沉丹田，两臂自然垂于体侧。两臂上抬时配合吸气。两肩下沉，两肘松垂，手指自然微屈。屈膝、松腰、敛臀，身体重心落于两腿中间。两臂下落和身体下蹲的动作要协调一致。

图 19-2-1

2. 左右野马分鬃（图 19-2-2）

　　两臂分开时要保持弧形，弓步动作与分手的速度要均匀一致；身体转动时要以腰为轴带动上肢做动作；移动重心时上体要保持平稳，不可前俯后仰；胸部宽松舒展。

图 19-2-2

3. 白鹤亮翅（图 19-2-3）

两手抱球与右脚跟进半步要协调一致，重心后移和右手上提、左手下按要协调一致；转动动作要以腰带臂，虚步动作要收腹敛臀，臀部与脚跟在一条垂直线上。

图 19-2-3

第二组

4. 左右搂膝拗步（图 19-2-4）

腿成弓步的同时，手掌向前推出；身体不可前俯后仰，要松腰松胯；推掌时要沉肩垂肘、坐腕舒掌，同时须与松腰、弓腿上下协调一致；弓步时，两脚跟的横向距离保持在 30 厘米左右。

图 19-2-4

5. 手挥琵琶（图 19-2-5）

身体重心转变带动上肢动作，上下协调一致；左手上起时要由左向上、向前，微带弧形；身体姿势要平稳自然，沉肩垂肘，胸部放松。

6. 左右倒卷肱（图 19-2-6）

前推的手臂微屈，后撤的手随转体走弧线；前推时要转腰松胯，两手的速度要一致；转体时前脚以脚掌为轴扭正；退左脚略向左后斜，退右脚略向右后斜，避免使两脚落在一条直线上。

图 19-2-5

图 19-2-6

第三组

7. 左揽雀尾（图 19-2-7）

掤出时，两臂肘部微屈保持弧形；分手、松腰、弓腿三者必须协调一致；揽雀尾弓步时，两脚跟横向距离不超过 10 厘米。向前挤时，上体要正直；挤的动作要与转腰、弓腿相一致。重心右移时，要松腰、坐胯，两手臂收至腹前；向前按时，两手须走曲线，按掌与弓腿协调一致，腕部高与肩平，两肘微屈。

图 19-2-7

8. 右揽雀尾（图 19-2-8）

动作方法与"左揽雀尾"相同，只是方向相反。

图 19-2-8

第四组

9. 单鞭（图 19-2-9）

完成定式时，右肘稍下垂，左肘与左膝上下相对，两肩下沉；左手向外翻掌前推时，要随转体边翻边推出，不要翻掌太快或最后突然翻掌；全部过渡动作，上下要协调一致。如面向南起势，单鞭的方向（左脚尖）应向东偏北（大约为 15°）。

图 19-2-9

10. 云手（图 19-2-10）

身体转动要以腰脊为轴，松腰、松胯，不可忽高忽低；两臂随腰转动而运转，动作自然圆活，速度缓慢均匀；下肢移动时，重心要稳，两脚掌先着地再踏实，脚尖向前；视线随左右手而移动；第 3 个"云手"的右脚最后跟步时，脚尖微向里扣，以便于接"单鞭"动作。

图 19-2-10

11. 单鞭（图 19-2-9）

与前"单鞭"势相同。

第五组

12. 高探马（图 19-2-11）

上体左转与推右掌、收左掌协调一致；跟步转换重心时，上体保持自然正直，不要有起伏。

13. 右蹬脚（图 19-2-12）

两手分开时，腕部与肩平齐；蹬脚时，左腿微屈，右脚尖回勾，力达脚跟；分手和蹬脚要协调一致，右臂与右腿上下相对。如面向南起势，蹬脚方向应为正东偏南（约 30°）。

图 19-2-11　　　　　　　　　　　　　　　图 19-2-12

14. 双峰贯耳（图 19-2-13）

完成本式时，头颈正直，松腰、松胯，两拳松握，沉肩垂肘，两臂均保持弧形。双峰贯耳式的弓步和身体方向与右蹬脚方向相同，弓步时两脚跟横向距离同"揽雀尾"式。

15. 转身左蹬脚（图 19-2-14）

与右蹬脚相同，只是左右方向相反。左蹬脚方向与右蹬脚成 180°，即正西偏北约 30°。

图 19-2-13　　　　　　　　　　　　　图 19-2-14

第六组

16. 左下势独立（图 19-2-15）

左手、左小腿回收协调一致；仆步时，左脚尖与右脚跟踏在中轴线上。上体要正直，独立的腿微屈，右腿提起时左手上挑。

图 19-2-15

17. 右下势独立（图 19-2-16）

右脚尖触地后再提起向下仆腿。其他均与"左下势独立"相同，只是左右相反。

图 19-2-16

第七组

18. 左右穿梭（图 19-2-17）

左右穿梭分别向左斜前方、右斜前方约 30°；架推掌与前弓腿上下要协调一致；上体保持正直。

图 19-2-17

19. 海底针（图 19-2-18）

身体要先向右转再向左转，完成姿势后向西，上体微前倾。

20. 闪通臂（图 19-2-19）

推掌、架掌与弓腿动作要协调一致；弓步时两脚横向距离同"揽雀尾"势，不超过 10 厘米。

图 19-2-18　　　　　图 19-2-19

第八组

21. 转身搬拦捶（图 19-2-20）

向前冲拳时，右肩随拳略向前引伸，沉肩垂肘，右臂要微屈。

图 19-2-20

22. 如封似闭（图 19-2-21）

身体后坐时，应避免后仰，臀部不可凸出；两臂随身体回收时，肩、肘部略向外松开，不要直着抽回；两手推出时，间距不超过肩宽。

图 19-2-21

23. 十字手（图 19-2-22）

两手分开和合抱时，上体不要前俯；站起后，身体自然正直，头要微向上顶，下颌稍向后收；两臂环抱时要圆满舒适，沉肩垂肘。

24. 收势（图 19-2-23）

两手左右分开下落时，要全身放松，同时气徐徐下沉（呼气略加长）。呼吸平稳后，左脚收到右脚旁再走动。

图 19-2-22   图 19-2-23

思考题

1. 太极拳有哪些锻炼价值？
2. 24 式太极拳的动作名称都是什么？

第二十章　太极剑

章前导言

太极剑属于太极拳门派中的剑术，兼具太极拳和剑术两者的特点。太极剑在古代剑术的基础上改造发展而成，具有独特的风格，动作柔和、舒缓，美观大方，体静神舒，内外合一，易学易练，运动量适中，能够起到祛病延年、健体强身的作用。

重要提示：32 式太极剑

第一节　太极剑概述

一、太极剑概述

太极剑是太极拳运动的一个重要内容，它兼有太极拳和剑术两种风格特点，一方面它要像太极拳一样，表现出轻灵柔和、绵绵不断、重意不重力，同时还要表现出优美潇洒、剑法清楚、形神兼备的剑术演练风格。32 式太极剑是国家体育运动委员会（现国家体育总局）于 1957 年创编的。它取材于杨式太极剑，最适合初学者与身体较差者学习。此套路包括 13 种剑法，即点、刺、带、劈、抽、挂、撩、拦、云、截、托、抹、捧、等。

太极剑的运动特点兼有太极拳及剑术的运动特点，剑法有刺、撩、点、截、格、洗、劈、挂等，轻巧灵活，吞吐自如，轻快潇洒。练习太极剑要求心静体松，神态自然，精神集中，在姿势形态上要求中正安舒。太极剑与一般剑不同，动作既细腻又舒展大方，既潇洒、飘逸、优美又不失沉稳，既有技击、健身的价值又有欣赏价值。

二、剑的基本握法和剑指

（一）左手持剑法

左手持剑时手自然展开，虎口部位对准剑的护手处，然后拇指由护手上方向下，中指、无名指和小指由护手下面向上，两者相对握住护手（由于手的形式不同，拇指也可从下向上握），食指伸指贴附于剑把之上，剑身平贴于左前臂后侧。（图 20-1-1）

（二）右手持剑法

右手持剑时手自然展开，虎口对向剑的"上刃"（剑面竖直成立剑时，在上的一侧剑刃成为上刃），然后拇指和食指靠近护手把剑把握紧，其他三指可松握，以拇指的跟节和小指外沿的掌根部控制剑的活动。另一种持剑法是，以中指、无名指和拇指握住剑把，食指和小指松握。当因为某些需要增加剑锋弹力和灵活性的动作时，食指则附贴于护手上，以控制剑活动的准确性。（图 20-1-2）

图 20-1-1　　　　图 20-1-2

（三）剑　指

在练剑时，不持剑的手一般都保持成"剑指"姿势，即把食指和中指尽量伸直，无名指和小指屈握，然后用拇指压在无名指上。（图 20-1-3）

图 20-1-3

第二节　32 式太极剑

一、32 式太极剑动作名称

预备势　起　势

第一组	1. 并步点剑	2. 独立反刺	3. 仆步横扫	4. 向右平带
	5. 向左平带	6. 独立抡劈	7. 退步回抽	8. 独立上刺
第二组	9. 虚步下截	10. 左弓步刺	11. 转身斜带	12. 缩身斜带
	13. 提膝捧剑	14. 跳步平刺	15. 左虚步撩	16. 右弓步撩
第三组	17. 转身回抽	18. 并步平刺	19. 左弓步拦	20. 右弓步拦
	21. 左弓步拦	22. 进步反刺	23. 反身回劈	24. 虚步点剑
第四组	25. 独立平托	26. 弓步挂劈	27. 虚步抡劈	28. 撤步反击
	29. 进步平刺	30. 丁步回抽	31. 旋转平抹	32. 弓步直刺

收　势

二、32 式太极剑动作图解

预备势（图 20-2-1）

两脚并立，面向正南，身体正直，眼睛平视，虚领顶颈，两臂垂侧，左手持剑，剑尖向上，右手剑指，手心向内。

图 20-2-1

起势（（图 20-2-2）

两臂前举，肩宜松沉，不能耸起。转体、迈步和两臂动作协调柔和，弓步横向距离约 30 厘米。上体自然挺直，重心移动平稳。

图 20-2-2

第一组

1. 并步点剑（图 20-2-3）

剑身立圆向前环绕时，两臂不可上举。点剑时，持剑要松活，主要用腕部的环绕将剑向前下点出。并步时，两脚不宜并紧，两脚掌要全部着地，身体略下蹲，身体保持直立。

2. 独立反刺（图 20-2-4）

提膝时，右腿自然直立，左脚面展平，小腿和脚掌微内扣护裆，左膝要正向前方，与左肘上下相对，不要偏向右侧，独立稳定。刺剑是使剑通过伸臂刺出，力贯剑尖，注意避免将剑身由下向上托起的错位做法。

图 20-2-3   图 20-2-4

3. 仆步横扫（图20-2-5）

劈剑与扫剑转换过程中步形应为半蹲仆步，也可做成全蹲仆步，身体应保持直立。扫剑时，持剑要平稳，有一个由高到低（与膝或与踝同高）再到高的弧线，力在剑刃，不要做成拦腰平扫。定势时，右手停在左额前，剑尖置于体前中线，高与胸平。

4. 向右平带（图20-2-6）

带剑时，剑应边翻转边斜带，剑把左右摆动的幅度要大，剑尖则始终控制在体前中线附近，力在剑刃，不要过多地左右摆动；剑的回带和弓步要协调一致；带剑时应注意由前向后带，不要横向右推或做成扫剑。

5. 向左平带（图20-2-7）

同向右平带，只是左右相反。

图20-2-5　　　　　　　　　　图20-2-6　　　　　图20-2-7

6. 独立抡劈（图20-2-8）

抡剑、举剑、劈剑应连贯轮绕立圆，并与转腰、旋臂、独立配合一致，连贯不停。左手的运动要和持剑的右手相互配合，当右手持剑向前下方劈出时，左剑指由后向上划弧至头侧上方，两手一上一下、一前一后地对称交叉划立圆。

7. 退步回抽（图20-2-9）

抽剑是立剑由前向后划弧抽回，力点沿剑刃滑动，右手手心先翻转向上将剑略向上提，随后由体前向后划弧收至右肋旁，避免将剑直线抽回。左脚后落的步幅不要过小，重心前后移动要充分，两腿虚实要分明。定式时，两臂撑圆合抱，上体左转，剑尖斜向右上方，两肩要松沉，不可紧贴身体。

8. 独立上刺（图20-2-10）

上步步幅不超过一脚长，上刺剑时，手与肩同高，两臂微屈。趁上刺之势，上体可微向前倾，不要耸肩、驼背。

 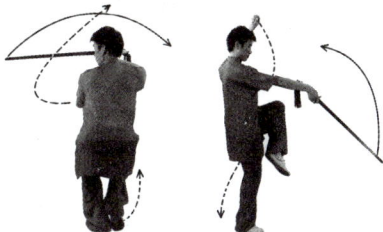 

图20-2-8　　　　　　　　图20-2-9　　　　　　　　图20-2-10

第二组

9. 虚步下截（图20-2-11）

下截剑时，主要用转体挥臂来带动剑向右下方截出，身、剑、手、脚要协调一致，剑身置于身体右侧。右虚步的方向左偏约30°，转头目视的方向是偏右约45°。

10. 左弓步刺（图20-2-12）

右手持剑向下卷收时，前臂外旋，使手心转向上；同时仍要控制住剑身，使剑尖指向将要刺出的方向。全过程要在转腰的带动下，圆活、连贯、自然完成。

11. 转身斜带（图20-2-13）

弓步的方向为中线偏右约30°，斜带是指剑的走向。

图20-2-11　　　　　　图20-2-12　　　　　　　　　　　　图20-2-13

12. 缩身斜带（图20-2-14）

收剑时上体挺直，稍向右转。上体略向前探，送剑方向与弓步方向相同。收脚带剑时，身体向左转，重心落于左腿；要保持上体挺直，松腰松胯，臀部不外凸。

13. 提膝捧剑（图20-2-15）

右脚退步要略偏向右后方，上体转向前方。两手向体前摆送要走弧线，先微向外，再向内在胸前相合。捧剑时，两臂微屈，剑把与胸部同高。

图20-2-14　　　　　　　图20-2-15

14. 跳步平刺（图20-2-16）

向前跳步，动作轻灵、柔和。刺剑、分剑、再刺剑，动作连贯，上下肢配合协调一致。

图20-2-16

15. 左虚步撩（图20-2-17）

剑运行的路线，一要贴身，二要立圆，同时右前臂内旋，右手心转向外，虎口朝下，活握剑把，力达剑的前端。整个撩剑的动作要在身体左旋右转的带动下完成，要协调完整、连贯圆活，不要做成举剑拦架的动作。

16. 右弓步撩（图 20-2-18）

持剑手要活握把，剑尖不要触地，整个动作要连贯圆活。

图 20-2-17　　　　　　　　　　　　　　图 20-2-18

第三组

17. 转身回抽（图 20-2-19）

剑指向前指出，左脚点地成虚步，上体向左回转，三者要协调一致。虚步的方向和剑指所指的方向为中线偏右约 30°。下抽剑时，要立剑向下、向后走弧线抽回，下剑刃着力。

18. 并步平刺（图 20-2-20）

刺剑和并步要协调一致，方向正中；剑刺出后两臂要微屈，两肩要松沉。

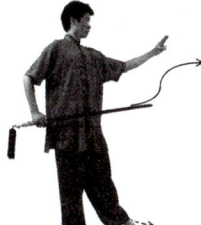

图 20-2-19　　　　　　　　　　　　　　图 20-2-20

19. 左弓步拦（图 20-2-21）

绕剑时以剑把领先，转腰挥臂，剑贴近身体左立圆。拦剑是反手用剑下刃由下向前上方拦架，力在剑刃。拦剑时，剑要在体右侧随身体右旋左转，贴身绕一完整的立圆，右手位于左额前方，剑尖位于中线附近。

20. 右弓步拦（图 20-2-22）

与左弓步拦相同，只是左右相反，弓步方向为中线偏右约 30°，眼随剑移动。

21. 左弓步拦（图 20-2-23）

参看右弓步拦。

图 20-2-21　　　　　　图 20-2-22　　　　　　图 20-2-23

22. 进步反刺（图 20-2-24）

反刺剑时，右臂、肘、腕皆先屈后伸，使剑由后向前刺出，力达剑尖。右手位于头前稍偏右，剑尖位于中线，与面部同高。松腰松胯，上体挺直，不可做成侧弓步。

23. 反身回劈（图 20-2-25）

左脚尖要尽量内扣，右脚提收后不要做成独立步。剑要劈平，剑身与臂成一条线，力在剑尖中段。劈剑和弓步要协调一致，同时完成。

24. 虚步点剑（图 20-2-26）

举剑时，右手略高于头，剑身斜向后下方，剑刃不要触身。虚步和点剑的方向与起势方向相同。点剑时要活握剑把，腕部上提。点剑时右臂先向下沉落，再伸臂提腕，高与肩平；点剑与右脚落地协调一致，同时完成；身体保持挺直。

图 20-2-24　　　　　　　图 20-2-25　　　　　图 20-2-26

第四组

25. 独立平托（图 20-2-27）

绕剑要与向左插步同时进行；上体保持挺直，并微向左转。托剑是剑下刃着力，剑由下向上托架。平托剑时，右手要活把握剑，手心向外，举于头侧上方；剑身放平，剑尖朝前。

26. 弓步挂劈（图 20-2-28）

挂剑时，腕部先屈，使剑尖转向下，随转体，右臂向下、向后摆动，虎口向后，剑尖领先，剑身贴近身体左侧向后挂，剑的运行路线成立圆。视线随剑移动。

图 20-2-27　　　　　　　图 20-2-28

27. 虚步抢劈（图 20-2-29）

抢劈剑时，剑先沿身体右侧抢绕一个立圆，再顺势向前下劈剑，力点仍为剑刃中部。整个动作完整连贯。下劈剑时剑身与右臂保持一条直线，不要做成点剑。

28. 撤步反击（图 20-2-30）

撤步时，右脚掌先向后撤，再蹬左腿。反击时，要在向右转体的带动下，将剑向右上方击打，右臂、肘、腕先屈后伸，力达剑前端。分手、弓腿、转体动作一致。

图 20-2-29　　　　　　　　　　　图 20-2-30

29. 进步平刺（图 20-2-31）

以腰带臂，以臂领剑，剑走平弧；剑卷落时，右臂外旋，手心转向上，剑尖指向正前方。刺剑时转腰顺肩，上体挺直，剑与右臂成直线。刺剑、弓腿和剑指动作要协调一致。

30. 丁步回抽（图 20-2-32）

抽剑时右手先外旋，将剑把略向上提，随即向后、向下收至腹旁，剑走弧线抽回。

图 20-2-31　　　　　　　　　　　图 20-2-32

31. 旋转平抹（图 20-2-33）

身体向右旋转近一周，转身要求平稳连贯、速度均匀；上体保持挺直。摆步和扣步的脚都应落在中线附近，步幅不超过肩宽。特别是扣步时，不可扫腿远落，也不要跨越中线过多，致使收势回不到原位。撤步要借身体向右旋转之势，以左脚掌先着地，摆步时脚跟先着地，扣步时脚掌先着地，撤步也是右脚掌先着地。

图 20-2-33

32. 弓步直刺（图 20-2-34）

左脚提起收至右脚内侧后再向前迈出。左剑指先收至腰间，再附于右腕一齐将剑刺出。

收势（图 20-2-35）

接剑时，左掌心向外，拇指向下，与右手相对；两肘与肩同高，两肩注意松沉。换握剑后，左手持剑划弧下落与重心前移要协调一致，右剑指划弧下落，与右脚跟进半步要协调一致。

图 20-2-34   图 20-2-35

思考题

32 式太极剑的动作名称都是什么？

第二十一章 长 拳

章前导言

　　中华人民共和国成立后，国家体委根据传统北派武术中一部分拳术，综合整理创编了现代新编长拳。这种长拳吸取了诸拳种之长，把各种基本动作规格化，成为基础武术训练和全国武术表演和比赛项目之一。长拳内容包括基本功、单练套路、对练套路，既有适合于基础训练的一面，又有适合于竞赛、提高的一面。

　　重要提示：初级长拳（第三路）

第一节　长拳概述

　　长拳是在查拳、华拳、花拳、红拳、炮拳、少林拳等传统拳术的基础上，根据其风格特点，综合整理创编而成，而后逐渐发展起来的一种影响广泛的拳术，其主要特点是动作舒展大方、姿势雄壮、精神勇往、力法快长。长拳讲究动迅静定、快速灵活、刚劲勇猛、节奏鲜明；在技击上讲究放长击远，出拳要拧腰送肩，以发挥"一寸长一寸强"的优势。其运动既均衡又全面，能够有效地提高人体的柔韧、力量、耐力、协调、灵敏、反应、平衡等身体素质，尤其适合大学生锻炼。

第二节　初级长拳（第三路）

一、初级长拳（第三路）动作名称

预备动作　1.虚步亮掌　　2.并步对拳
第一段　　1.弓步冲拳　　2.弹腿冲拳　　　3.马步冲拳　　　4.弓步冲拳

	5. 弹腿冲拳	6. 大跃步前穿	7. 弓步击掌	8. 马步架掌
第二段	1. 虚步栽拳	2. 提膝穿掌	3. 仆步穿掌	4. 虚步挑掌
	5. 马步击掌	6. 插步双摆掌	7. 弓步击掌	8. 转身踢腿马步盘肘
第三段	1. 歇步抡砸拳	2. 仆步亮掌	3. 弓步劈拳	4. 换跳步弓步冲拳
	5. 马步冲拳	6. 弓步下冲拳	7. 插步亮掌侧踹腿	
	8. 虚步挑拳			
第四段	1. 弓步顶肘	2. 转身左拍脚	3. 右拍脚	4. 腾空飞脚
	5. 歇步下冲拳	6. 仆步抡劈拳	7. 提膝挑掌	8. 提膝劈掌弓步冲拳
结束动作	1. 虚步亮掌	2. 并步对拳	还 原	

二、初级长拳（第三路）动作图解

预备动作

预备势

头要端正，下颌微收，挺胸、塌腰、收腹（图 21-2-1）。

1. 虚步亮掌（图 21-2-2）

三个动作必须连贯。成虚步时，重心落于右腿上，右大腿与地面平行；左腿微屈，脚尖点地。

图 21-2-1   图 21-2-2

2. 并步对拳（图 21-2-3）

并步后挺胸、塌腰；对拳、并步、转头要同时完成。

图 21-2-3

第一段

1. 弓步冲拳（图21-2-4）

成弓步时，右腿充分蹬直，脚跟不要离地；冲拳时，尽量转腰送肩。

2. 弹腿冲拳（图21-2-5）

弹出的腿要有爆发力，力点达于脚尖；弹腿和冲拳要协调，同时完成。

3. 马步冲拳（图21-2-6）

成马步时，大腿要成水平，两腿平行，脚跟外蹬，挺胸、塌腰。

图21-2-4　　　　　　　图21-2-5　　　　　图21-2-6

4. 弓步冲拳（图21-2-7）

与本段的弓步冲拳相同，只是左右相反。

5. 弹腿冲拳（图21-2-8）

与本段的弹腿冲拳相同，只是左右相反。

图21-2-7　　　　　　　图21-2-8

6. 大跃步前穿（图21-2-9）

跃步要远，落地要轻，整个动作要协调、连贯完成。

图21-2-9

7. 弓步击掌（图 21-2-10）

8. 马步架掌（图 21-2-11）

抖腕、甩头要同时。马步的要求同前。

图 21-2-10　　　　　　　　　　图 21-2-11

第二段

1. 虚步栽拳（图 21-2-12）

落步、架拳、栽拳、转头要同时完成。

2. 提膝穿掌（图 21-2-13）

支撑腿与右臂充分伸直。

3. 仆步穿掌（图 21-2-14）

图 21-2-12　　　　　　　　图 21-2-13　　　　　　　　图 21-2-14

4. 虚步挑掌（图 21-2-15）

上步要协调，虚步要稳。

5. 马步击掌（图 21-2-16）

右掌搂手时，先使臂内旋、腕伸直，手掌向下、向外转；接着臂外旋，掌心经下向上翻转，同时抓握成拳。收拳和击掌动作要同时进行。

图 21-2-15　　　　　　　　　图 21-2-16

6. 插步双摆掌（图 21-2-17）

两臂要划立圆，幅度要大，摆掌与后插步配合一致。

7. 弓步击掌（图 21-2-18）

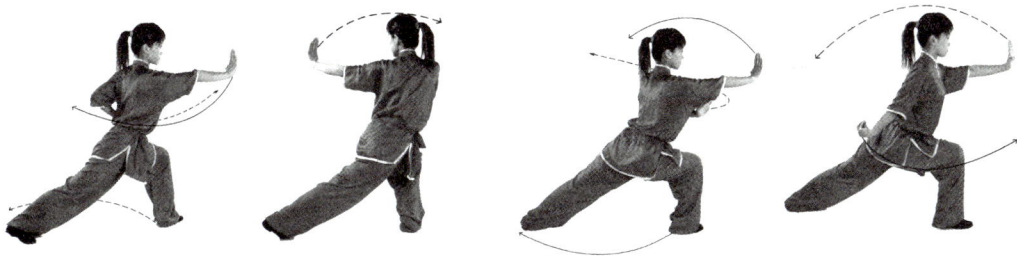

图 21-2-17　　　　　　　　　　　　　　　图 21-2-18

8. 转身踢腿马步盘肘（图 21-2-19）

两臂抡动时要划立圆，动作连贯；盘肘时要快速有力，右臂前送。

图 21-2-19

第三段

1. 歇步抡砸拳（图 21-2-20）

抡臂动作要连贯完成，划成立圆；歇步要两腿交叉前蹲，左腿的大、小腿靠紧，臀部贴于小腿外侧，膝关节在右小腿外侧，脚跟提起；右脚尖外撇，前脚着地。

图 21-2-20

2. 仆步亮掌（图 21-2-21）

落步下蹲时，先成右仆步，然后迅速过渡成左仆步；成仆步时，左腿充分伸直，脚尖内扣，右腿前蹲，两脚掌前部着地；上体挺胸塌腰，稍左转。

图 21-2-21

3. 弓步劈拳（图 21-2-22）

左右脚上步稍带弧形。

图 21-2-22

4. 换跳步弓步冲拳（图 21-2-23）

换跳步动作要连贯、协调；震脚时腿要弯曲，全脚掌着地；左脚离地不要高。

图 21-2-23

5. 马步冲拳（图 21-2-24）
6. 弓步下冲拳（图 21-2-25）
7. 插步亮掌侧踹腿（图 21-2-26）

插步时上体稍向右倾斜，腿、臂的动作要一致；侧踹高度不能低于腰，着力点在脚跟。

图 21-2-24   图 21-2-25   图 21-2-26

8. 虚步挑拳（图21-2-27）

图 21-2-27

第四段

1. 弓步顶肘（图21-2-28）

交换步时不要过高，但要快；两臂抡摆时要成圆弧。

图 21-2-28

2. 转身左拍脚（图21-2-29）

右掌拍脚时手掌稍横过来，拍脚要准而响亮。

3. 右拍脚（图21-2-30）

与本段的转身左拍脚相同。

图 21-2-29　　　　　　　　图 21-2-30

4. 腾空飞脚（图21-2-31）

蹬地要向上，不要太向前冲；左膝尽量上提；击响要在腾空时完成，此时，右臂伸直成水平。

5. 歇步下冲拳（图 21-2-32）

图 21-2-31   图 21-2-32

6. 仆步抡劈拳（图 21-2-33）

抡臂时一定要划立圆。

图 21-2-33

7. 提膝挑掌（图 21-2-34）

抡臂时要划立圆。

8. 提膝劈掌弓步冲拳（图 21-2-35）

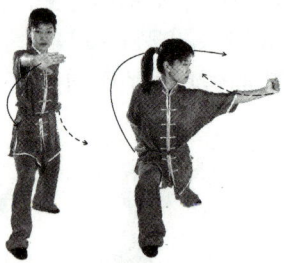

图 21-2-34   图 21-2-35

结束动作

1. 虚步亮掌（图 21-2-36）

图 21-2-36

2. 并步对拳（图 21-2-37）

还原（图 21-2-38）

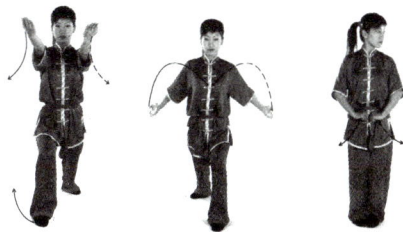

图 21-2-37　　　　　　　　　　图 21-2-38

思考题

1. 长拳有哪些特点？

2. 初级长拳（第三路）的动作名称都是什么？

第二十二章　跆拳道

章前导言

　　跆拳道是一种以脚和拳为武器的武术搏击运动，以动作优美、速度敏捷而著称。其主要特点是：以腿为主，手足并用；方法简练，刚直硬打；内外兼修，功法独特。跆拳道以赤手空拳在专心致志的情况下进行训练和比赛，长期训练后手快脚疾，能产生常人难以达到的攻击力，这就是内功与外力综合作用的效果。

　　重要提示：跆拳道礼仪；跆拳道技术

第一节　跆拳道概述

一、跆拳道的起源与发展

　　跆拳道起源于朝鲜半岛，距今已有两千多年的历史。在朝鲜三国时代的高句丽、新罗及百济，三国互相抗衡，侵袭对方，更加速了武艺的盛行。第二次世界大战后，朝鲜自卫术再度兴起，从异国他乡回归故土的朝鲜人也将各国的武道技艺带回本国，逐渐与本国技艺融为一体。从20世纪50年代起，其内涵风格以及名字均得到规范和统一。1955年，韩国政府正式将朝鲜半岛的自卫术称为"跆拳道"。1961年9月，韩国成立了唐手道协会，后更名为跆拳道协会，并成为全国运动会正式竞赛项目。

　　1966年，国际跆拳道联盟（ITF）成立。1973年5月，世界跆拳道联盟（WTF）在韩国汉城（今首尔）成立。1975年，世界跆拳道联盟被正式接纳为国际体育联盟的会员。1980年，国际奥委会正式承认了世界跆拳道联盟。在短短20多年里，跆拳道这项运动得到了迅猛发展。目前世界上有140多个国家的3000多万人在进行着跆拳道的训练。1994年9月，经国际奥委会正式通过，跆拳道被列为2000年奥运会正式比赛项目，设男、女各4个级别。目前，跆拳道运动已经成为完全独立的国际体育组织和正规的比赛项目。1997年11月，在中国香港

举行了男子第 13 届和女子第 5 届世界跆拳道锦标赛，共有 103 个国家和地区的 1200 多名运动员参加了比赛。

中国的跆拳道运动起步较晚，但是发展较为迅速。1995 年 8 月，中国跆拳道协会正式成立，从此跆拳道在中国迅速发展起来。1995 年 11 月，中国跆拳道协会被世界跆拳道联盟接纳为正式会员。

二、跆拳道的锻炼价值

1. 跆拳道练习推崇"以礼始、以礼终"的尚武精神，练习中要以"礼义廉耻、百折不屈"为宗旨。因此，练习跆拳道可以培养人顽强果断、吃苦耐劳的精神，积极向上的品质，使人养成礼让谦逊、宽厚待人的美德，树立热爱祖国、勇于献身的思想，为社会和国家练就具有优秀品质的建设者。

2. 跆拳道运动紧张激烈，对抗性极强，可使人强壮筋骨，提高各关节的灵活性及肌肉的伸展性和收缩能力，提高人的速度、反应、灵敏、力量和耐力素质，提高人内脏器官的功能和人体神经系统的灵活性，增强人体的击打和抗击打能力，增强自卫能力。

3. 跆拳道以身心双修为终极目标，通过修习跆拳道可以调动全身的肌肉、器官积极参与，对于全面发展练习者的各项身体素质有重大作用。长期坚持跆拳道训练可以使肌纤维增粗，肌肉结缔组织弹性改善，肌腱弹性和韧性加强，使练习者的肌肉发达，力量增大，体格健壮。尤其是跆拳道的功法，注重静心守神、调气治身，对调节人体的阴阳平衡、和顺气血、改善身体功能和精神状态，起到了"心身相益"的作用。

三、跆拳道的礼仪

跆拳道的礼仪是跆拳道基本精神的具体体现。跆拳道练习虽然是以双方格斗的形式进行，但是不管它怎样激烈，由于双方都是以提高技艺和磨炼意志品质为目的，所以在双方各自内心深处都必须持有向对方表示敬意和学习的心理。因此在练习或比赛前后都一定要向对方敬礼，即跆拳道运动始终倡导的"以礼始，以礼终"的尚武精神。

礼仪也是跆拳道练习过程中必须具备的行为规范。练习跆拳道的人要持正确的练习和认识态度，对跆拳道的历史、内容、特点、作用及教育意义有全面的了解和认识。练习时衣着端正，头发整洁，对教练、同伴时刻都要表现出恭敬、服从、谦虚、互助互学的态度。谦逊和正确的言语、忍让和友好的态度、虚心和好学的作风也是跆拳道练习者应遵循的重要礼仪。

礼仪不只是在形式上的表现，而且要发自内心地去实施它，在长期练习和比赛的过程中逐渐将礼仪的形式转化为心理动力。最常用的礼节表示方式是向教练、同伴敬礼。敬礼动作的具体要求是：面向对方直体站立，向前屈腰 15°，头部前屈 45°，此时两手紧贴两腿，两脚跟并拢。训练时，进入体育馆后，以端正姿势向国旗敬礼，然后按馆长、教练和长辈的顺序依次向他们敬礼。在体育馆内始终在肃静的气氛中行动；妥善保管好自己的道服及其他物品；运动过程中道服松开时，停止运动，转身背向国旗、会旗和教练员及同伴整理道服，整理好后再转回原来方向。

四、跆拳道的段位划分

跆拳道根据练习者的水平分为十级和九段，初学者从十级开始逐渐升至一级，然后再入段，段位越高表明水平也越高，最高段位达九段。从十级到一级是初学者的等级标准，其中十级至七级是初学者系白色腰带，六级至四级系蓝色腰带，三级至一级系红色腰带。进段后都以黑腰带表示，一段至三段被认为是黑带新手的段位，四段到六段是属于高水平的段位，七段到九段被授予那些有很高学识造诣的杰出人物或对跆拳道运动有杰出贡献的人。黑带的段位是通过黑带上的特殊标记区分的。

第二节　跆拳道技术

一、跆拳道基本进攻技术

跆拳道以腿法的攻击为主，被称为"踢"的艺术。大学生要想学好跆拳道，必须要学好、练好跆拳道的基本技术。

（一）准备姿势（图22-2-1）

准备姿势也称实战姿势或预备姿势，是竞赛跆拳道比赛中双方开始时的基本站立姿势。准备姿势应便于进攻和防守反击以及步法的移动。

（二）推踢（图22-2-2）

以左势实战姿势开始。右脚蹬地屈膝提起，左脚以脚掌为轴向外旋转约90°，重心往前压，同时右脚迅速向前方直线推踢，力点在脚掌；推踢后屈膝收腿成左势实战姿势。

图 22-2-1　　　　　　　图 22-2-2

（三）前踢（图22-2-3）

以左势实战姿势开始。右脚蹬地屈膝提起，左脚以脚掌为轴向外旋转约90°；同时右腿伸膝、送髋、顶髋把小腿快速向前踢出，力达脚背；踢击目标后迅速收回成左势实战姿势。

（四）横踢（图22-2-4）

以左势实战姿势开始。右脚蹬地夹紧向前、向上提膝，左脚以脚掌为轴脚跟内旋；右膝关节抬至水平位置，小腿迅速向前踢出；击打目标后迅速收小腿，重心落下成左势实战姿势。

图22-2-3

图22-2-4

（五）后踢（图22-2-5）

以左势实战姿势开始。左脚以脚掌为轴内旋成脚跟正对对手，上身旋转，右膝向腹部靠近，大、小腿折叠，右腿用力向攻击目标直线踢出，重心前移落下成右势实战姿势。

图22-2-5

（六）侧踢（图22-2-6）

以左势实战姿势开始。右脚蹬地起腿，屈膝上提，左脚以脚掌为轴向外旋转180°，脚跟正对前方，右腿快速向右前上方直线踢出，力点在脚跟，放松收腿成左势实战姿势。

（七）下劈（图22-2-7）

以左势实战姿势开始。右脚蹬地，重心前移，右脚上举至头部上方时，迅速向前下方劈落，用脚后跟或脚掌击打目标后，放松落地成右势实战姿势。

图22-2-6　　　　　　　　　　　　图22-2-7

（八）后旋踢（图22-2-8）

以左势实战姿势开始。左脚以前脚掌为轴向外旋转90°，上身旋转，重心前移，屈膝收腿，右腿向右后方最高点伸出并用力向左屈膝击打，重心在原地旋转，身体继续转动，脚落于原来位置，恢复成左势实战姿势。

图22-2-8

（九）双飞踢（图22-2-9）

两人从闭势实战姿势开始。攻方居右先用右横踢攻击对方左肋部，随即左脚蹬地起跳，身体腾空右转，用左横踢迅速踢击对方胸部或腹部，左脚横踢目标后迅速前落成左势实战姿势。

图22-2-9

（十）旋风踢（图22-2-10）

以右势实战姿势开始。以右脚掌为转动轴，脚跟向前转动一周，左脚屈膝上提，随身体转至正对前方时，右脚蹬地跳起向右横踢，左、右脚依次落地。

图 22-2-10

二、跆拳道防守技术

（一）利用闪躲、贴近等方法进行防守

闪躲就是当对方进攻时通过脚步的移动，向左右两侧或向后闪躲，从而使对方的进攻落空。而贴近就是当对方进攻时快速上步与对方靠贴在一起，使对方由于距离过近而无法发挥出进攻的威力。如当乙方使用后腿劈腿技术进攻甲方时，甲向左侧或右侧移动身体，避开对方的劈腿进攻；再如当乙方前横踢进攻时，甲方可快速后撤一步或是立即上前一步，贴近乙方，使其不能用规则允许的踝关节以下的部位击打得分。

（二）利用格挡的方法进行防守

按照防守方向来划分，格挡的方法基本上有向上、向（左右）斜下、向（左右）斜上防守三种。一般来说，运动员采用格挡的方法是出于以下的原因：一是对方进攻速度较快，自己已来不及使用闪躲、贴近等方法时，下意识地用格挡进行防守；二是已预测到对方使用的技术，使用针对性的格挡是为了迅速做出反击动作，使格挡成为转化攻防的连接技术，为比赛得分创造条件。

第三节　跆拳道竞赛规则简介

一、比赛时间

跆拳道竞赛每场比赛为 3 局，每局比赛 2 分钟，局间休息 1 分钟。比赛时间和比赛局数也可根据实际情况做相应调整，由比赛技术代表决定调整为每局比赛 1 分钟或 1 分半钟，或调整为每场比赛设 2 局。

二、比赛开始和结束

每场比赛开始前，主裁判员给出"青"（Chung），"红"（Hong）的口令，示意双方运动员进入比赛区。双方运动员相向站立，听到主裁判员发出"立正"（Cha-ryeot）和"敬礼"（Kyeong-rye）的口令时互相敬礼。主裁判员发出"准备"（Joon-bi）和"开始"（Shi-jak）口令开始比赛。最后一局比赛结束后，主裁判员发出"立正"（Cha-ryeot）、"敬礼"（Kyeong-rye）口令时，运动员相互敬礼。主裁判员举起获胜方一侧的手臂，面向记录台宣判。

三、允许使用的技术

跆拳道竞赛规则允许使用的技术有拳的技术和脚的技术两种。拳的技术指紧握拳、使用直拳，用指关节部分击打的技术；脚的技术指使用踝关节以下部位进行击打的技术。

四、允许攻击的部位

跆拳道竞赛规则允许攻击的部位只有两个，一是头部，二是躯干。在对抗中，允许使用拳和脚的技术攻击被护具包裹的躯干部位（除脊柱之外）；拳的技术只允许击打电子护具包裹部位中灰色和蓝色或者灰色和红色部位；用拳击打电子护具灰色以上的任何部位，将视为犯规行为。只允许用脚的技术攻击锁骨以上的头部。

五、有效得分

使用有效拳的技术击打躯干部位得 1 分；使用有效踢击技术击打躯干部位得 2 分；使用有效旋转踢技术击打躯干部位得 3 分；使用有效踢击技术击打头部得 3 分；使用有效旋转踢技术击打头部得 4 分。被判罚 1 个"扣分"则给对方加 1 分。

六、计分和公布

在未使用电子头盔的情况下，边裁判员使用手动计分设备对击打头部技术予以确认。如果主裁判员认为一方运动员被踢击技术击中头部而站立不稳或被击倒，并开始读秒，但电子头盔未确认此次得分时，主裁判员应提出录像审议申请进行裁决。

七、犯规行为与判罚

下列犯规行为判罚"扣分"：越出边界线；倒地；回避或拖延比赛；抓或推对方运动员；为阻碍对方运动员进攻而提膝阻挡或踢对方运动员腿部，或提膝控腿超过 3 秒并无任何攻击技术以阻碍对方运动员的进攻，或有意图踢击对方腰部以下部位的行为；踢击对方腰部以下部位；"分开"口令后攻击对方运动员；用手攻击对方运动员头部；用膝部顶撞或攻击对方运动员；攻击倒地的运动员；运动员或教练员有不良言行。

八、犯规败

当一名运动员被判罚 10 个"扣分"时，主裁判员判其"犯规败"。当一名运动员操纵计分系统或拒绝服从主裁判员口令时，主裁判员判其"犯规败"。

九、加时赛和优势判定

3 局比赛结束后比分相同，进行第 4 局加时赛，时间为 1 分钟。先得分一方运动员或对方被判罚 2 个"扣分"时，得分一方获胜。

加时赛结束时双方均未得分，则第 4 局加时赛中电子护具感应击打次数多的一方获胜。如果击打次数相同，则前 3 局比赛中获胜局数多的一方获胜。上述条件仍相同时，整场 4 局比赛中被判罚"扣分"少的一方获胜。上述条件仍相同时，由临场裁判员进行优势判定。

思考题

1. 跆拳道有哪些锻炼价值？
2. 跆拳道的防守主要有哪些方法？

第二十三章　太极柔力球

章前导言

　　太极柔力球运动是一项新兴的、具有民族特色的体育运动项目。运动者手持一种特制的拍子，该拍子由一个拍柄和一个拍框组成，拍框内有一个能起缓冲作用、带风孔的橡胶软面，通过弧形引化的方法将球抛来抛去。它是通过二人对抛、单人独练、几个人互传或隔网竞技，以达到健身、娱乐、表演和竞技目的的一种运动项目。

　　重要提示：拍弧对应关系；基本技术；练习方法

第一节　太极柔力球概述

一、太极柔力球运动的发展

　　太极柔力球是一种新型运动项目，是由山西医科大学晋中学院（原晋中卫生学校）体育教师白榕先生于1991年发明，后经山西省体育界同仁李健康、张路、李小斌、成明铎、邢怀中、薛晓媛等组成创编组共同努力完善，于1992年正式向社会推出的，并将其命名为"太极柔力球"。这项运动的创编和推广，得到了全国总工会宣教部体育处领导的高度关注与大力支持。在领导的指导和协助下，创编组成员共同研讨、规范了技术动作，设计了多种娱乐方式和竞技比赛方法，制定了《太极柔力球竞技比赛规则》，完成了《太极柔力球》教材编写和教学录像带的制作。

　　太极柔力球问世后，先后于1992年参加了全国"名、特、优、新"体育产品展和北京国际体育用品博览会，并在1993年全国职工大众体育创编项目展示中，被评为"优秀创编项目"。1994年，太极柔力球运动通过国家教委全国中小学体育教学改革指导小组、全国高等学校体育教学指导委员会公共体育组的评审认定，被认定为"符合学生的身心发展特点"，"建议在大、中、小学校课外体育活动中开展此项运动。有条件的学校，可作为九年义务教育教材中民族传统体育部分的选用教材使用，待条件成熟后也可逐渐列为一项学校体育比赛项目"。1996年9月，第3届全国工人运动会将其纳入正式比赛项目。在此届工运会上，共有来自全国18个产业部委和19个省市区的37支代表队的281名运动员参加了角逐。截至1996年，全国性的太极柔力球项目的教练员、裁判员、学员培训班举办了多次，高质量、大规模的培训工作为太极柔力球运动的发展奠定了良好的基础。从此，该项目逐步走上了规范、健康的良性发展之路。

2000年3月至2006年末，太极柔力球的开展已覆盖全国半数以上省份，竞技比赛的技术、战术水平不断提升和完善，个人套路练习也不断推陈出新，特别是在全国中老年群体层面发展迅猛，参与人数不断增加。在此期间，先后组织的六次全国性大型比赛，使太极柔力球运动得到了进一步的普及与发展。

如今，经过20多年的不断研究完善，太极柔力球运动已逐步形成了一个较完整的运动项目体系。随着其不断发展，在欧洲、亚洲、大洋洲和美洲有20多个国家和地区也相继开展了这项运动，成立了相应的专业协会。特别是亚洲和欧洲开展的规模较大，2006年9月和2007年10月在日本大阪举办了两届国际比赛。欧洲的德国、法国、意大利、奥地利、荷兰等10国在青岛建立了培训基地，每年有大批的爱好者和有志于了解中国文化的学员来中国接受培训；2006年10月和2007年9月分别在德国和奥地利举办了两届欧洲太极柔力球锦标赛。2006年5月在北京成功举办了国际邀请赛。2007年6月在澳门举办了邀请赛，取得了圆满的成功。

2003年，北京市将太极柔力球项目列入中小学体育课选修教材。在山东、辽宁、黑龙江、中国台湾、中国香港、中国澳门等地，太极柔力球相继在小学和中学中得到了开展，并受到了教师和学生的一致好评。

目前，全国高校已有山西财经大学、香港浸会大学、北京体育大学、华中师范大学、武汉体育学院、东北林业大学、浙江工业大学、厦门大学、沈阳体育学院、河北信息工程学院、内蒙师范大学、湛江师范学院、江苏淮阴师范、深圳大学、武汉大学、华中科技大学、武汉理工大学、中南财经政法大学、武汉科技大学、华中农业大学、武汉电力职业学院、江汉大学等将此项运动列为必修课程或选修课程，这让我们看到了太极柔力球更加光辉美好的未来。

"太极柔力球是中华民族的智慧，也是世界人民的财富。"相信在大家的不懈努力下，太极柔力球一定会在不久的将来大放异彩，让这项民族文化和民族智慧孕育而生的体育项目为人类的健康文化事业作出应有的贡献。

二、太极柔力球的健身特点和意义

太极柔力球运动是将中国和谐、自然的养生之道，与西方优雅、竞争的体育观相融合，精心设计的全新运动形式。它刚柔并重、缓急有致、形神兼备，所谓"神不运则愚、气血不运则病"，参与其中可增进身心健康。太极柔力球是一种让自己身心得到愉悦和陶醉的运动，其最大的特点就是自由快乐，修身与养性寓于其中，能给人以舒畅顺达之美，既悦人又悦己，随心所欲，很多时候是即兴的发挥和创造。竞技比赛刚柔兼济，身心合一，速度力量的幻化，曲线弧形尽显其中；而套路表演则是乐章与身体的完美结合，和谐审美的体现。

太极柔力球运动是一种全身性的运动，它可以使颈、肩、腰、腿得到均衡全面的发展。弧线圆形动作的变化，随机多样，对提高中枢神经系统机能具有良好的作用。就青少年而言，通过太极柔力球运动的锻炼，可以使全身各组织器官系统得到有效刺激，促进生长发育，完善形态结构，提升心理和生理的适应性能力。近些年的研究表明，太极柔力球运动对提高青少年的反向思维、创造性意识、反应速度以及培养柔中带刚的特质具有显著性作用。

三、太极柔力球运动对身体三大部位的要求

（一）上 肢

在太极柔力球运动中，上肢主要是以肩关节为主的运动，肘关节、腕关节基本上是辅助配合肩关节的运动，不作为运动的主体部位。在做动作时，肘、腕要微屈，与肩关节一起形成一个弧形，并在运动中保持这个弧形，以使上肢屈肌群、伸肌群及整个肩关节和胸背处于放松状态，确保上体感觉轻松灵活，做动作轻灵敏捷、柔和自然、连贯完整。因此，在学习太极柔力球的技术过程中不论是徒手练习还是持拍练习，动态还是静态，都要注意对上肢的要求，让腕、肘、肩形成的弧形保持好，体现出圆滑自然的动作特点，逐步建立正确的动力定型；也要注意减少摔肘、压腕的错误动作，提高整体运动水平。

（二）下 肢

太极柔力球的基本动作：要求两腿开立，微屈，两脚前掌着地，脚跟微提，身体重心处于两脚之间，保持弹性，确保随时起动并向任何方向快速滑步移动，尽快地选择支撑点和旋转轴。太极柔力球运动中，旋转是采用较多的技术动作，所以应保持身体的中正，使重心平稳。在旋转时，支撑蹬转使身体平稳快速地转动，支撑脚与微屈张开的双臂形成一个倒三角，有效完成利于保持平衡稳定的加速旋转。如果支撑没有集中到一个点上，或没有足够的力量来控制身体的稳定，两臂不能保持平衡，使转动半径长度不变，这个圆是不可能顺利快速旋转的。所以在练习中，应加强腿部的力量训练，加大腿部的蹬转力量和单脚支撑的稳定性，熟悉徒手、持拍或负重状态下以任意一脚为支撑的正旋、反旋，提高下肢的稳定性和全身的协同配合能力，为整体技术的发展奠定坚实的基础。

（三）腰 腹

只有上肢和下肢的配合是远远不够的，打好太极柔力球的关键还在于上下相随的合力和整体的协调能力。腰是全身的总枢纽，它可以将上肢和下肢以及腰腹本身的力量聚合起来，使全身完整作用于发力方向。正确地使用腰腹与躯干之力，是打好太极柔力球的一个关键，也是衡量动作要领掌握正确与否，是体现太极柔力球特色的一个重要标志。腰腹的协调用力是贯穿于太极柔力球所有技术的一条主线，每个动作都要以腰腹的作用为基础。其他身体部位，如头、躯干、臀等部位，也应自然地配合上下肢和腰腹的整体动作。

第二节　太极柔力球的基本特点与要素

太极柔力球是太极化的球类体育项目，在运动理念和运动形式上无不体现太极思想和太极运动的内涵。所以，"太极"是这项运动的根本和生命。球拍在身体的带动下，与来球方向相向

运动，运动轨迹是弧线；通过弧形引化，将来球之力与身体旋转之力相结合，形成一个更大的浑圆完整之力，将球高质量、巧妙精准地送出。因为太极柔力球球拍控制球有一个相对较长的过程，在这个过程中，可以有目的地在划弧的不同阶段，选择向不同方向和角度出球，使对方难以判断，划弧所拥有的时间也给了练习者充分发挥技巧、运用智慧、创造美的空间。太极柔力球运动是应时代而生的球类体育项目，在竞技类比赛中，它保留着太极思想和太极运动中所有的神韵，同时又融入了羽毛球、网球、乒乓球等体育项目的竞赛形式，使太极柔力球比赛优雅美观、赏心悦目，突出了体育运动的竞技性、观赏性。在套路表演中，将民族传统的武术、舞蹈、杂技与现代的艺术体操、现代舞等项目有机结合，取其所长，兼容并蓄。表演动作圆润柔和、绵绵不断，形成了一种独具太极特色、人球和谐共舞的艺术表演形式，使这项民族性的高雅运动更贴近自然、贴近生活，成为大众艺术。

一、太极柔力球运动的四大特点

1. "柔"是太极柔力球的灵魂。有了"柔"才能化力克刚，御敌制胜。柔也是这项运动最大的特色和魅力所在。柔弱退让绝非无能懦弱的标志，而是聪明持久的象征。古语云："克刚易、克柔难"，"天下莫柔弱于水，而攻坚强者莫之能胜"，这些都生动地说明了"柔"的价值和意义。太极柔力球正是柔的体现，柔的精髓。

2. "圆"是太极柔力球化解力量和聚合力量的核心所在。它可以在最短时间内获得最长的距离和最大的速度，是产生力量的源泉，也是这项运动特有的标志。太极柔力球所有的技术动作都是以圆为核心，人体在打球时是动态的，在练习和比赛中我们要最大可能地使球拍控球的弧线过程保持在"一个圆心""一个半径""一个平面"的弧形曲线上，这样才能使动作既有力度也有美感。

3. "退"是太极柔力球每一个动作的前提。只有退的时机、方向、力量恰到好处，我们才可能顺利地完成技术动作，有了合理的后退我们才能蓄积更大的力量，才能获得更全面的观察视角，更加理性、巧妙、准确地向前，它是以退为进战略思想的开端和基础。我们在生活中经常会听到"退一步海阔天空"这样的处世之道；在道家行为思想中最重要的两句话是"退为道之动，弱为道之用"；我国的兵书《三十六计》指出：遇到强敌，主动撤退，寻找战机，以退为进，这是军事战略思想中的上上之策。太极柔力球运动正是这些思想的具体运用。

4. "整"是太极柔力球完整动作的要求的体现。太极柔力球从入球到出球是在一条连贯、柔顺的弧形曲线上完成的。球入球拍后，以两脚为支撑，双腿同时发力，使力集中于腰部带动躯干、手臂及手握的球拍和拍内的球，进行均匀加速或均匀减速的圆弧形运动。出球的快慢和力量大小都来自于腿和腰带动的全身合力，在此过程中，手臂的肌肉和关节并不单独发力，主要起到控制出球方向的作用。在练习中要特别强调"一个整力"，这是我们正确完成动作的关键。在完成每一个动作时都要周身协调、上下相随、浑圆一体、一气呵成，贯彻太极运动"一动全身皆动"的主导思想，打出太极柔力球特有的风格和韵味。

二、太极柔力球三大要素

1. "迎"：当球飞来时手持球拍，对向来球的方向，主动伸拍迎球。
2. "引"：在球快入球拍时，球拍顺球的运动方向和轨迹相向运动。

3."抛"：抛球过程是身体带动持拍臂和球拍尽最大可能稳定在一个同半径、同转轴、同平面的弧形曲线上进行均匀变速的圆弧运动。

b点到c点之间的连线为引球过程，当球拍与来球的速度接近时，使球从球拍的边框处柔和地切入球拍，并在"引"的过程中，通过流畅的弧线运动，尽可能多地将来球的力量引入抛球圆弧，使抛球过程获得更多的初速度，为抛球过程的开始奠定良好的基础。

c点到d点之间的连线为抛球过程，它是将身体的运动力与"引"球过程导入的来球之力合为一体，并将这个力在抛球过程的最初阶段作用于球拍和球，使它们沿抛球弧线旋转，在离心力和向心力的作用下，球与球拍合为一体。当球拍挥旋停止和减速时，在旋转惯性的作用下（物理上称为惯性离心力），使球克服了摩擦力和离心力从球拍引化方向的边缘沿着引化圆弧的切线方向飞出。

a点到b点之间的连线为迎球过程，球拍与来球是相对运动，这样获得了充分的入球时间和距离，也为引球过程做好了准备。

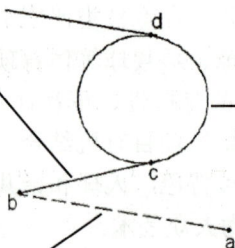

迎、引、抛作为弧形引化过程的三个阶段，既要准确表现各个环节的不同特点，又要在整体动作中融会贯通，连为一体。在抛球过程中，球拍的横截面应该始终处于抛球圆弧的切线上，使球保持在球拍的内侧。抛球过程的用力是在抛球的初始阶段完成的，球拍与球在抛球弧线中应当做加速或均匀减速运动。在抛球过程开始后，不得再出现第二次突然用力或改变原有弧线轨迹。在球出球拍的瞬间，出球点的拍框外缘应与出球方向保持一致。

三、太极柔力球运动中的拍弧对应关系

在"引化现象"表现为大小都是弧、大小都是圆的设定条件下，应特别注重拍弧之间的对应。

在弧形引化过程中，拍面中心点应始终处于圆弧切点位置，并要与弧形引化轨迹中的任意一点都相吻合。引化方向拍框边缘的正中点为引化先导点，一定要与其相对应的处于引化方向后侧的拍框边缘的正中点为对应点，通过拍面中心点C将上述两点连接后形成的连线A—B，与弧内圆心O与拍面中心点C的连线相垂直。球拍触球面在弧形引化轨迹中，应始终对准弧内圆心方向。最后出球阶段，球拍应沿着引化圆弧切线方向运行。出球瞬间，引化方向的拍框边缘应对向抛球方向。

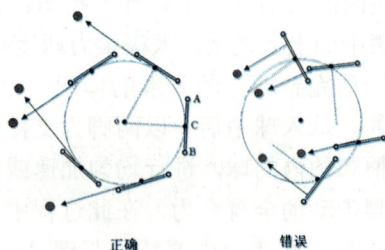

鉴于拍弧对应关系，在弧形引化过程中的任意一点上，当球拍面与引化圆弧产生较大角度并致使引化技术动作出现推、压、煽、抖、挑、扣等可见现象时，均应视为错误接抛球。

正确　　错误

以上理论阐述对这项运动的内容进行了一个初步的介绍，并对主要的技术过程进行了一些简单的分析。太极柔力球部分动作是以身体的横轴、纵轴、矢状轴为轴心进行的旋转运动，而大部分还是有支撑点无实体轴运动和复合轴运动，技术性很强。在学习过程中学会容易，学好有一定难度。要想提高技术水平，就必须正确理解基本理论，掌握科学的训练方法，加强各项

辅助练习，才能完成好每一项技术动作，打出刚柔并济的太极特色。

太极柔力球的运动方法和竞赛规则都是围绕上述的运动思想、技术原理、四大特点、三大要素和拍弧对应关系而设立的，这些也是太极柔力球运动的根本法则和基本理论，是初学者、教练员、裁判员与运动员需要深刻领会和掌握的要点。从理论上讲，在抛球过程中，圆心和半径不能突然改变，球拍与弧的对应关系不能发生错误。从视觉角度来讲，发生错误时，动作是非常明显的，也是容易判断的。但人体是在动态中完成动作的，人体的支撑点和动点随着动作的变化都在相对的变化之中，要使动作绝对精确也是不可能的。人不同于机器，我们不要机械性地理解太极柔力球的理论内涵，要从实际、直观和可操作的角度认识它，并在学练、比赛和裁判工作中尽最大努力规范动作，使每一个技术动作都能符合这项运动的基本理论。

第三节　太极柔力球的技术与练习方法

一、太极柔力球的基本技术

（一）持拍方法（以右手持拍为例）

掌握正确的持拍方法是最基本和最简单的技术，但也是最容易被忽略的和最重要的基本技术，因此，初学者必须注意。

持拍方法有正握和反握两种方法。

1. 正　握

正握是用拇指和食指第一指节的指腹部位，相对捏住拍把与拍面平行的两个宽面处，其余手指顺势扣握，拍把的尾部靠在手掌的小鱼际处，掌心要空出，以便球拍在手中自如运转。

2. 反　握

反手持拍也是用拇指和食指第一指节的指腹部位，相对捏握在拍把与拍面垂直的两个窄面处，其余手指顺势扣握，掌心空出，使球拍能灵活方便地应对各种复杂技术动作的要求。

3. 容易出现的错误

（1）虎口紧贴拍把，握拍过紧。

（2）持拍位置过后，拍把尾部贴住掌根。

（3）持拍臂紧张，肌肉僵硬。

（4）食指或拇指伸出，紧贴拍把。

（5）五指大把攥握球拍。

（二）基本站位（以右手持拍为例）

1. 动作方法

> 运动员右手持拍，正手握拍，接抛身体右侧的来球站位。面向对方，左脚在前，右脚在后，两脚自然开立，略宽于肩，两膝微屈略内扣，重心在两脚之间，脚跟略微提起，以前脚掌着地，髋关节放松，含胸收腹，上体略向前，平视前方，非持拍臂自然置于身体右前上方。

基本姿势正手位　　　基本姿势反手位

2. 容易出现的错误

（1）两脚呈"八"字形。

（2）两腿直立，弯腰，重心前倾。

（3）髋关节不放松。

（4）持拍臂无力下垂于体前。

（三）发球（以右手持拍为例）

发球是指比赛开始时把球抛向对手的动作。发球时，左脚在前，右脚在后，双脚自然开立，左手拿球，右手持拍，左手将球由身体的前方向后上方抛出，至少抛离手10厘米，在抛球的同时右手持拍向前迎球，球入拍后，采用高入低抛的弧形引化动作，将球抛出。发球时，必须有一只支撑脚不得移位和脱离地面，出球点不限，但必须符合接抛球的基本规定。发出的球分为高远球、平快球和网前球三种。

1. 发高远球

发出的球运行轨迹高而远，落点在对方场区底线附近的球，叫高远球。发球时，发球员将球引入球拍后，顺势做弧形引化动作，利用腿和腰的蹬转合力，并运用手臂继续挥摆的力量，将球向上方抛起，球出拍的瞬间出球点的拍框外缘要对向出球方向。

2. 发平快球

这是弧形较低、速度较快、具有一定攻击力的发球。出球时的挥摆动作要以向前用力为主，发出的平快球，从接近网口的高度直奔对方后场。发球时动作一定要规范，用力完整连贯，不能用肘或手腕在发球的后程突然加速、加力。

3. 发网前球

发网前球是指发球时用力柔和准确，发出的球，最好贴近球网而过，使球在过网之后，立即坠落，球的落点应在对方比赛场地的近网处。

4. 发球容易出现的错误

（1）挥拍后不做弧形引化，而是硬性将球推出。

（2）挥拍动作不以肩为轴，用大臂带小臂，而仅以手腕或小臂的挥动来发球，无弧形引化或引化动作不明显。

（3）球未明显抛出手10厘米以上就进入球拍。

（4）抛出的球高度或方向不合适，挥拍落空，使球掉落。

（5）发球时为了增加出球的速度，没有均匀加速而是在引化过程中突然加速，使引化中断；或为了改变球的落点，突然折向发力，造成引化中断。

（6）为增加发球威力，横向挥拍，将球推出球拍。

（7）为发高远球，没有使用全身合力，而是在最后手腕向上勾，挑球拍出球。

（8）发球时，在球出球拍的瞬间，球拍出球点的拍框外缘未与出球方向一致。

5. 发球错误动作的纠正方法

（1）加强专项辅助练习，严格规范每一个发球技术动作。

（2）自抛自接球，强化球入球拍时的角度和全身整体用力抛球出拍的过程，体会每个球出球拍时拍框与出球方向的正确位置。

（3）对墙或对网发球，进一步体会全身完整用力，杜绝肘、腕的单独发力。

（4）场地定位发球，培养运动员发球的方向性、准确性和攻击性。

（四）正手接抛球

1. 正手接抛高球

正手接抛高球是指接球队员以正握拍接抛身体右侧前上方来球的方法。

接抛球时，根据来球的方向、速度及时调整站位，将接球点置于身体右侧前上方，持拍臂以肩为轴，向右前方伸出迎球，当球触及球拍后，迅速顺势向后经右后上方、右后方、向右后下方做弧形引化，从身体的右前下方将球抛出。在球入球拍时应从球拍的侧框切入，并从入球点对面的侧框出拍，在球出球拍的瞬间，出球点的球拍侧框应与出球方向保持一致，不要让拍头对向出球方向，注意身体要正，腿和腰要带上力量。

2. 正手接抛低球

正手接抛低球是指接球队员以正握拍接抛身体右侧前下方来球的方法。

接球队员正握拍，接抛球时，根据来球的方向、速度及时调整站位，将接球点置于身体右侧前下方，持拍臂以肩为轴，向右前下方伸出迎球，当球触及球拍后，迅速顺势向右侧后45°方向做弧形引化，经右前上方将球抛出。在弧形引化过程中动作要连贯，入球时全身协调拉上力量，在球出球拍的瞬间，球拍的侧框对向出球方向。

3. 正手接抛球容易出现的错误

（1）挥拍时不以肩关节为轴，而以肘关节为轴，使弧形引化过程中拍头位置太低，容易使球滚落。

（2）接球时，没有提前伸拍迎球，而是等球飞行到右后方才接球，因此没有办法做引化动作或引化动作太小，造成球与球拍间的硬性碰撞。

（3）接抛球过程中，没有弧形引化或弧形引化不明显，出现折向发力的动作；或前半段的弧形引化动作尚可，但到了后半段就变成了用拍面来引导，形成弧形引化中断或折向发力的动作。

（4）接球时，引球不及时，使球失控滑落。

（5）在球入球拍后，向后的引化幅度太大，方向不正确，抛球过程不能保持在同一个半径的圆弧上，使得球拍无法沿圆弧切线出球，而用手腕将球推抖出拍，造成二次发力犯规。

（6）在出球的后半段为使打出的球有力，手臂紧张加力，使引化圆弧的半径改变，从而改变了弧线方向，使球折向出拍，造成犯规。

（7）在完成动作时手握球拍太紧，没有根据弧线位置推捻手中的球拍，致使出球时，出球点的拍框没有对向出球方向，违反了拍弧对应关系造成犯规。

（8）入球和出球都在球拍上部的拍头部，造成球在拍内折反，在球出球拍时也容易造成折向发力犯规。

4. 正手接抛球错误动作的纠正方法

（1）加强徒手和持空拍的辅助训练，特别要注意球拍入球角和出球角的控制，运动弧线一定要连贯，从入球到出球一气呵成。在空拍动作顺畅自然以后再持球做练习。

（2）持球练习时要先慢柔，使动作放松，不要急于加速使力，等动作正确定型后再逐渐加快速度。

（3）在做正手接抛球时，要重视全身的整体协调用力，为手臂的挥旋创造条件，力要从腿、腰而发，带动手臂旋转。如果只用上肢和手臂力量，极容易造成掉球失误和动作犯规。

正手接抛球是使用最多的基本技术，学会容易学好难，尤其是正手接抛低球，是一项较难掌握的动作技术，因此我们要有足够的耐心。找准手臂挥旋的圆心和半径，上下协调配合才是掌握好这一技术的关键。

（五）反手接抛球（含反手反推）

1. 反手正握接抛高球

接球队员以正握拍方法，在身体左侧按逆时针方向完成弧形引化动作即为反手正握接抛高球。

接抛球时，根据来球的速度和落点及时调整站位，将接球点置于身体左侧前上方，持拍臂以肩为轴，手臂外旋，拇指在下，其余四指在上，向左前上方伸出迎球，球拍的边框对着来球。当球触及球拍后，双脚蹬转，使力集中在腰部，由腰带动持拍臂向左侧后下方做弧形引化后，将球由左前下方向前抛出。

2. 反手正握接抛低球

接球队员以正握拍方法，在身体左侧按顺时针方向完成弧形引化动作即为反手正握接抛低球。

根据来球的方向、速度及时调整站位，将接球点置于身体左侧前下方，持拍臂以肩为轴，向左侧前下方伸出迎球，持拍手拇指在上，其余四指在下，当球触及球拍后，使全身的力集中在腰部，以腰带动持拍臂向左后上方做弧形引化后，将球由左前上方向前抛出。

3. 反手接抛球容易出现的错误

在反手侧，动作的协调性、灵活性、稳定性相对正手侧有一定差距，是我们打球中较弱的一侧，也是对方攻击的要点，如果在我们的训练中对它的重要性认识不足，就容易形成防守和进攻的漏洞。

（1）由于球在身体的反手侧，球拍入球准备不足，往往不能主动伸拍迎球而是等球，拍框没有对向来球方向，容易造成撞击违例。

（2）做引化动作时，上下肢力量脱节，不用腿、腰发力，这样造成引化后程出球无力，最后只用手臂的肘、腕发力，造成二次发力和折向发力。

4. 反手接抛球错误动作的纠正方法

（1）加强辅助训练，尤其是反手接入球阶段，早判断早作准备，早伸拍迎球，给引化球留出空间和时间。

（2）多进行自抛自接辅助训练，在伸拍迎球时，握拍的手指相对放松，让球拍的侧框对向来球方向，使球切入球拍，在自己练习定型后再进行对练，逐渐形成正确的技术动作。

（3）应当加强反手侧的防守和由防转攻的技术训练，使反手侧的动作更加纯熟、规范，这样使我们的弱点不弱，从而打乱对方的进攻战术，为自己的有效进攻创造条件。

（六）体前平弧球

体前平弧球是指接球队员在体前采用水平弧形引化方法的接抛球技术。体前平弧球可用正握拍，也可用反握拍。由于它的引化动作是有支撑点无实体轴的运动，因此虽然动作缺少力量，但是变化非常丰富。

1. 正拍右拉球（反拍同此）

接球队员正握拍，将接球点置于体前偏左侧，小臂外旋，向左前下方伸拍迎球，球拍的侧框对向来球方向，拍面要与地面垂直，拍头对向地面。当球入球拍后，迅速在体前向右侧做水平弧形引化，并将球在身体右侧择向抛出。

2. 正拍左拉球（反拍同此）

接球队员正握拍，将接球点置于体前偏右侧，小臂内旋，向右前下方伸拍迎球，球拍侧框对向来球方向，拍面要与地面垂直，拍头对向地面。当球入球拍后，迅速在体前向左侧做水平弧形引化，并将球在身体左侧择向抛出。

3. 体前平弧球容易出现的错误

（1）出球时，不是用球拍的侧框对着出球方向，沿着球拍的边框出球，而是拍面对向出球方向，将球推出球拍。

（2）腿部僵硬，接抛球过程中没有身体重心的变化，单靠手臂和手腕用力。

（3）入球时没有拉上力量，在最后出球时球无力出拍，只得用手腕力量抖球出拍。

（4）在最后的择向出球时，不是以身体的整体用力带动球拍划弧并选择出球方向，而是靠手腕的拨、挑控制出球方向。

4. 体前平弧球错误动作的纠正方法

（1）多进行体前摆动训练，并且使摆动拉上力量，使手在摆动过程中的任意一点都能感觉到球向外走的离心力，并控制自如。

（2）反复进行持拍不带球做体前平拉的技术动作。一定注意腿和腰的蹬转用力和出球时拍框要对向出球方向的强化训练，杜绝在最后出球阶段手臂和手腕单独发力，形成正确的动力定型后再带球进行对抛对练。

体前平弧球在场上变化多，进攻效果好，落点精确，是前场常用的小球技术，但如果训练不规范也是很容易违例的动作，所以我们在训练中一定要精益求精，在动作标准的前提下再追求动作的变化、速度和球的落点。

（七）背后接抛球

在实战中背后接抛球是常用而且效果较好的隐蔽动作，接抛球时可采用原地、上步或撤步的接抛球动作。

接抛球点在身体的右侧，持拍臂在引球入拍后，左右脚同时蹬转，以身体的纵轴为中心，向右后方垂直转动90°，持拍臂围绕身体顺势做弧形引化，使球经体后至身体左侧抛出。做引化动作时，拍头应微微翘起，以免球失控脱落。

（八）腋下接抛球

接球队员正握球拍，接抛球时将接球点置于身体左侧，持拍臂在引球入拍的同时，右脚向左前跨半步，身体向左转体约 90°，侧对进攻方向，左臂屈肘上抬，引球入拍后，顺势向左后方引化，经身后使球由身体左腋下抛出，注意出球时头部要向前，眼看出球方向。

（九）腾空右侧旋球

正手站位，当球向身体的右侧飞来时，右手持拍向右前下方伸拍迎球，同时滑步调整站位，当球入球拍后，左脚侧蹬，右脚支撑起跳，或双脚同时向右后上方蹬转身体，在空中旋转，带动手臂和球拍及拍中的球，由身体右前下方，经体后向上从身体的左上方再向前划一个完整的弧线，当球拍旋转到最高点时，使球沿这个弧线的切线方向甩出球拍，出球点的拍框外缘要对向出球方向。这个动作要注意的是，在起跳时，不是单纯的上跳，而是向上跳的同时，使身体获得在空中旋转的力量。

（十）腾空左侧旋球

反手站位，当球向身体的左侧下方飞来时，右手持拍向左前下方伸拍迎球，同时滑步调整站位。当球入球拍后，右脚侧蹬支撑地面，以左脚支撑起跳，使身体在空中旋转，带动手臂、球拍及拍中的球，由身体的左前下方经体后向上，到身体的右上方，再向前划出一个完整的弧线，在这个弧线的最高点处，使球沿着这个弧线的切线方向甩出，出球点的拍框外缘一定要对向出球方向。这个动作如果要腾空完成，也是要在起跳时蹬旋身体，使身体获得足够的旋转力量和速度，从而产生更大的惯性，使出球的速度更快。在旋转过程中，头要领先身体的旋转，提前观察对方的防守情况，将球有目的地攻入对方场地空当。

（十一）正手高点球

正手基本站位，当球向身体右侧飞来时，通过滑步调整，使身体处于适当的位置，右手持拍向右侧前下方伸拍迎球，同时双脚蹬地，使身体原地向上展开，或以左脚向上起跳。在起跳的同时，持拍臂以肩为轴，球拍带球，从右前下向右后、向上、再向前划一个完整的弧线，在引化圆弧旋转到最高点时，将球沿弧线的切线方向，向前下甩出。这项技术的特点是进攻点高，视野开阔，攻点准确。要注意在入球时加大持拍臂的旋转初速度，拉出力量，使动作连贯完整，一气呵成。

（十二）腾空水平旋球

正手基本站位，当球快速向身体的右侧上方飞来时，可以在腾空水平旋高点对进攻球进行拦截，并顺势反击。技术动作为：双脚迅速蹬地，使身体跳起，在空中完成围绕身体纵轴的水平旋转，在旋转的同时右臂持拍向右侧上方迎球，球入球拍后，以身体的旋转力量带动手臂、球拍及拍中的球，使球从身体的左侧甩出。旋转时拍头向上，球拍的持球面对向身体的纵轴，出球时，要注意球甩出球拍的瞬间拍框的外缘要对向出球方向，落地后要迅速恢复基本站位。

二、太极柔力球的专项辅助练习方法

（一）徒手辅助练习

1. 马步抱圆

两脚开立与肩宽，上体中正屈下肢，降低重心两臂伸，腕肘微屈，前抱圆，手臂和肩带的肌群都处于自然放松状态，两臂之间就像抱着一个大气球，既不能太紧，也不能过松。所有技术动作中，手臂的微屈抱圆是要贯彻始终的。抱圆的开合与幅度的大小应与身体的左右转动相一致，并要不断地加以巩固定型，为掌握正确的技术动作打好基础。

2. 太极云手

云手动作与太极拳套路的云手要求和动作路线完全相同，练习时一定要注意动作的完整连贯性。上下动作要协调一致，以意导体，以腰带动躯干与手臂，动作要轻缓柔和，画出的圆要对称饱满，全身一动无有不动，细心体会太极运动整体协调运力的感觉。

3. 抱圆挥转

双臂体前抱圆，以肩关节为轴向前挥旋和向后挥旋，在挥旋时，手臂的腕、肘形成的屈曲抱圆状不能打开，并要保持手臂挥旋的完整性。

4. 双手上抱圆蹬转

双臂上举，向上抱圆，两手掌心相对于身体的纵轴，围绕身体的纵轴，在左右脚的蹬转和腿、腰的整体带动下，使身体向左和向右做180°的旋转。要注意的是：身体蹬转时要保持正直，不要偏离了身体的纵轴，两手臂向上抱圆，保持弧形屈曲状态。

5. 双手下抱圆蹬转

双臂向下，围绕身体的纵轴抱圆，以身体的纵轴为中心做180°的蹬转，体会太极用力时全身上下相随、连绵不断，力发于腿而主宰于腰的整体运动理念。在做动作时同样要注意身体保持中正，手臂微屈抱圆。

6. 上抱圆原地水平左右360°旋转

在做好上抱圆蹬转练习后，保持原手形和身体姿态，以右脚为支撑，身体先向左旋转，蓄积力量，然后左脚蹬地，使身体向右水平旋转360°回位；左旋同样，身体先向右旋转，以左脚支撑，右脚蹬地，使身体向左水平旋转360°回位。依靠这样的练习可以使运动者掌握接抛球时的旋转技术。熟练掌握原地旋转后，可以进行滑步后的左右旋转练习，不断地提高实用技巧。

7. 手臂"∞"字挥旋

这项练习是将正手的高球和低球及反手的高球、低球所运行的线路连接起来设计的运动姿态，它对掌握最基本的接抛球技术有很好的辅助作用。在练习时，首先要注意画"∞"字形的两个圆是在身体的两侧完成的。在挥旋时，正手高球线路和反手高球线路画"∞"字形时，在正手侧时手心对向身体的横轴，以小拇指的外侧为先导画圆，到反手侧时要转换为手背对向身体的横轴，以小拇指的外侧为先导画圆。正手低球和反手低球线路连续画"∞"字形时，是以大拇指的外侧为先导，在身体的两侧画圆，同样在正手侧以手心对向横轴方向，在反手侧以手背对向横轴方向。画"∞"字时全身要上下协调，以腰带臂，连贯流畅。

（二）持球辅助练习

1. 左右弧形摆动

弧形摆动是球不离开拍面，持拍在体前做连续弧形摆动，体会圆弧运动时球拍与球之间离心力和向心力的对应感觉。动作要领是：两脚平行开立，略宽于肩，两膝弯曲，重心在两脚之间，上体中正，髋关节放松，注意力集中。右手正握拍，将球放入球拍，然后向左做弧形摆动，摆动到左侧与肩同高时，再反向右做弧形摆动，至身体右侧与肩同高的位置。摆动要均匀连贯，双目随球而动，另一只手要随着动作自然摆动。弧形摆动到两侧时，拍头应朝前，拍面与地面垂直，摆动的弧线要对称饱满，动作要放松柔和。

2. 左、右抛接迎引

前面做的"左右弧形摆动"是球不离开拍面的一种练习，为了进一步地熟悉球性，进行左右摆动时，可将球沿球拍的左侧边框向上抛出，然后顺势以左侧拍框向上迎球，将球由切线角度柔和地引入球拍，然后继续摆动到右侧，做同样的抛接迎引。通过这个动作掌握和体会主动伸拍迎球，并顺势引化来球的技术要领以及球沿着切线出拍和切线入拍的特殊感觉。

3. 迎引球练习

左手持球，右手持拍，左手将球向上抛起，右手持拍，主动伸拍向上迎球，使球拍的边框对向来球，根据球的下落速度顺势向下引拍，使球柔和地切入球拍，并向下、向左上方在体前划弧，连续反复地进行，重点体会球切入球拍时的技术要领，即切入角度与速度。

4. 迎、引、抛练习

这是一项自我进行的辅助练习，它能够完整地体会到弧形引化中迎球、引球、抛球的全过程。练习时，身体自然站立，左手持球，右手持拍，左手将球由身体的左侧向身体的右上方抛出，右手持拍在体前向右侧上方伸拍迎球，根据球的下落速度迅速引拍，使球柔和地切入球拍，然后带球经体前向左划弧，在弧线画至左侧上方时，将球沿弧线的切线方向抛出，左手将抛出的球接住，如此循环进行。要掌握体会球入拍和出拍时的技术要领。变换握拍方法即可练习正手与反手接抛球技术。

5. 正、反握迎引抛练习

身体自然站立，右手持拍，在体前进行弧形摆动抛球和接球练习，掌握正握拍和反握拍的转换。右手正握球拍带球经体前下方向左侧弧形摆动，在摆至左侧上方时将球抛出，球出球拍后，迅速捻转手中的球拍成反握拍，然后迅速迎球入拍经体前向右弧形摆动，在摆至右侧上方时将球抛出，手中的球拍再迅速捻转为正手握拍迎球。反复进行这样的练习，对正确运用正反手握拍方法有很好的效果。

6. 持球左右水平旋转

这项练习主要是掌握身体的旋转以及球拍对球离心力的控制，要求人、拍、球融为一体，旋转圆润自然，协调完整，熟练掌握将为学习太极柔力球的高级技术打下良好的基础。练习时，左手拿球，右手持拍，左手将球向右抛入右手的球拍后，身体以右脚为支撑，顺势带球向右水平旋转360°后回位。向左旋时，左手由内向左抛球，右手持拍向左上方迎球入拍，以左脚为支撑，右脚蹬地，使身体向左水平旋转360°后回位。在练习时，一定要保持球在球拍上的离心力，旋转时要固定转动轴，即身体纵轴，保持动作的沉稳和平衡。

在熟练地完成以上动作以后，就可以进行移动后腾空旋转的各种练习。在做这些练习时，一定要控制好转动轴和圆心的位置，旋转时固定半径和转动轴，这样才能使圆平稳、快速地旋转。徒手练习时，半径就是手心到身体旋转中心的垂直距离，持拍时就是拍面的中心点到身体旋转中心的垂直距离，这个距离在旋转时一定要保持，不能随意地屈伸手臂而使半径改变。进行旋转时，圆心应相对控制在身体的纵轴、横轴和矢状轴之上。在实际运用中，很多动作都是有支撑点无实体轴运动和复合轴运动，这就对运动能力提出了更高的要求。无论是进行徒手练习还是持拍练习，都要注意对圆心和半径的确定和控制，加强对全身肌肉和关节的协调训练，不断提高专项素质。个别动作，如体前平拉球，是一种有支撑点无实体轴的运动，转动中心在体外，半径是拍面的中心点到体外转动中心之间的距离，这样的动作更需要在辅助练习中强化训练，才能形成正确的动力定型。

第四节　太极柔力球的战术打法与战术原则

一、太极柔力球的战术打法

太极柔力球的战术打法近似于羽毛球、网球等运动项目，而太极柔力球球拍与球的接触有相对较长的时间过程，这就为身法真假虚实的变化、随机地进行方向变化和力度大小变化以及有目的地寻找落点提供了可能性，使太极柔力球的战术打法有了更多的选择。

太极柔力球技术改变了一般球类直接硬性碰撞的通常技法，以弧形引化、柔化刚发为其主要特点，要求身、心、球融为一体，在运用身体和器械的同时，充分发挥人的主观能动性和创造性，最大限度地提高技术的技巧性、准确性和时效性，给对方造成判断上的失误，尽可能地降低对方的技术和战术质量，从而为战胜对方创造条件。太极柔力球的训练中，在掌握了一定的基本技术以后，应加强战术意识的培养和战术运用的训练，从而逐步提高太极柔力球运动的整体水平。

二、太极柔力球的常用战术

1. 压后场战术：遇到技术不够熟练、后场还击能力差、回球路线和落点盲目性大的对手时，一般采用这种战术，通过压对方于后场底线附近造成对方被动，然后伺机进攻得分。另外，在对付后退步伐较慢、反击能力较差的对手时，可以重复压后场底线或重复攻后场直线，适时突击对角线，往往能取得很好的效果。

2. 放前攻后战术：在对付移动步伐较慢、网前应变能力不强的对手时，先以吊放网前小球，打乱对方的阵脚，然后突然攻击对方的后场底线。

3. 打四方球结合突击战术：这种战术用来对付体力差、步伐慢的对手较为有效。它以快速、准确的落点攻击对方场区的四个角落，调动对方前后左右奔跑，并在对方来不及回位时，向其空当部位进攻。

4. 攻后吊前战术：先用长线高点进攻球压攻对手的后场，然后突然利用旋转时的速度变化或隐蔽技术手段将球吊在网前。

5. 真假变换战术：要充分利用弧形引化过程中的时间，用身体的假动作、眼神等，调动对方，真真假假，虚虚实实，让对方捉摸不定，疲于应付，然后伺机攻其不备而得分。

6. 追身球：人的裆部到头部之间是正反手接抛都感到困难的部位，是防守中的弱点，用追身球直指对方胸前，可使对方接抛困难，或直接造成失误。

三、太极柔力球的双打战术

1. 攻人战术：在双打中，集中力量攻击对方两队员中较弱的一个，尽量使对方的长处得不到发挥，从而使弱点更充分地暴露出来。

2. 攻间隙战术：对方分边站位时，将球尽可能地攻到两人之间的空隙区，造成对方争夺回击或犹豫不决而漏接失误，这是对付配合较弱对手的有效战术。

3. 拉开掩护：双打中，己方一人接抛球时，另一人积极跑位，拉开掩护，用准备接球进攻的行动，吸引对方防守队员，为接球手进攻创造机会。

以上介绍的是一些赛场的普通战术打法。技术是战术的基础，战术是技术的灵魂，二者相辅相成，在运用战术时要注意技术的合理性，如求快时不可撞击或省略引化，求慢时不可停顿或持球引化，追求方向时不可折向，追求杀伤威力时不可二次发力。一个战术的运用，往往能为下一个战术创造机会。赛场情况千变万化，战术运用也应灵活多变，不断有所创新和发展，这样才能将太极柔力球打活，打出特色，打出品味。

四、太极柔力球的战术原则

1. 知己知彼，百战不殆。首先要有自知之明，同时也应了解对方，掌握对方的身体情况和技战术特点，针对场上可能出现的情况，设计出多种可行对策。做好赛前准备，比赛中掌握主动权，控制场上局面，根据情况调整战术。

2. 以己之长，克敌之短。比赛中要攻防结合，打吊结合，精心做好攻防动作的衔接和组合，讲究攻防的一体性和进攻的连续性。

3. 双打中要发挥两个球员的技战术优势，正确选位，合理分工，默契配合，形成最佳攻防体系；在规则允许的范围内，运筹谋划，大胆创造。

4. 太极柔力球总的战术原则是以柔克刚、后发制人。所以，在训练和比赛中要着重强调松柔，从柔入手打智慧、打技巧、打准确，避免力取蛮干。在实战中强调虚实的把握，刚中有柔、柔中寓刚、以柔克刚，最后达到刚柔相济、忽刚忽柔、亦刚亦柔的高级境界，巧妙地控制场上的节奏和进退分寸，从而赢得比赛的胜利。以平和的心态对待比赛，处理好每一个球，减少自身失误和违例，这样才能更好地掌握场上的主动权。太极柔力球的比赛更多的是双方心理素质的抗衡，如果在比赛之中没有争斗之心，把对手当朋友，心态平和安详，心、意、形相通，球就会随心所欲，变化多端。这样，通过比赛，既交流了情感，切磋了技艺，也愉悦了身心：你乐、我乐、大家乐；比赛精彩纷呈，又和平惬意；美观大方、赏心悦目的动作让对方、观众和自己折服。当然有比赛就会有胜负，在此强调的是比赛心态的重要性。

思考题

1. 应该怎样理解太极柔力球的拍弧对应关系？
2. 太极柔力球的战术原则是什么？

第二十四章 冰雪运动

章前导言

　　冬季运动项目通常分为冰上运动和滑雪运动两大类。冰上运动包括速度滑冰、花样滑冰、冰球等；滑雪运动包括越野滑雪、高山滑雪、跳台滑雪等。自北京和张家口成功申办冬奥会之后，冰雪运动在中国的发展可谓突飞猛进。运用掌握的一两项冰雪运动技能参加冬季体育运动，不仅能锻炼身体，而且能锻炼不怕严寒的坚强意志，提高身体的抗寒能力。

　　重要提示：滑冰运动；滑雪运动

第一节　滑冰运动

一、滑冰运动简介

　　滑冰是一项比较古老的运动，人类的冰上活动最早可追溯到远古新石器时期。西方国家的滑冰运动起源于西欧和北欧。1572年，苏格兰人发明了第一双"全铁制冰刀"，这是现代冰刀的起始标志。

　　最早的速滑比赛出现于1676年，是在荷兰的运河上举行的。比赛的形式是从一个城镇滑到另一个城镇，后来逐渐由长途滑行比赛变为环城赛。由于在城市中进行直线滑行比赛不便于群众观看，于是冰场逐渐演变为"U"形跑道，而距离也由最初的160～200米逐渐演变为现在的封闭式椭圆形400米标准跑道。

　　第一次国际速度滑冰比赛于1885年在德国的汉堡举行，以后类似的比赛在挪威的奥斯陆和德国的汉堡又多次举行。1892年7月，在荷兰鹿特丹北部的斯海弗宁恩召开了国际滑冰代表大会。大会讨论了对世界纪录的承认、速滑跑道的长度及规格、比赛规则、比赛项目和距离及审定业余运动员资格的规章等方面的问题，并决定从1893年起每年举行一次欧洲和世界男子速

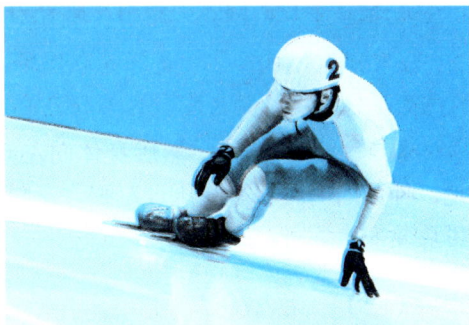

滑锦标赛。大会选举产生了国际滑冰联盟的领导机构，从而奠定了速度滑冰竞赛的坚实基础。

二、冰上基础练习

（一）熟悉冰性练习

1. 穿冰鞋做冰上站立或踏步

站立时用两冰刀支撑，两脚平行与肩同宽，两腿微屈，上体稍前倾，两臂自然下垂；身体重心左右移动，同时抬脚，反复练习。在这个动作的基础上，可做向前提膝的踏步练习。

2. 冰上移动重心和蹲起

冰上站立姿势，使两冰刀平行，身体重心交替落在左、右腿上，或用两腿控制冰刀以免前后滑动，做蹲起练习。

3. 两脚成"八"字站立，做向前的外"八"字走

在站立姿势的基础上，两冰刀成外"八"字，重心放在左腿上，随之右脚向前迈一小步，重心落在右腿上，然后左脚向上迈一小步，体重随之落在左腿上，反复练习上述动作。

（二）滑行练习

1. 单蹬双滑

右脚用内刃蹬冰，将重心移到向前滑进的左腿上，右脚蹬冰后迅速与左脚并拢成两脚正刃滑进。左右脚交替进行练习。

2. 单蹬单滑过渡到直道滑行

由外"八"字站立开始，右脚内刃蹬冰，左脚正刃向前滑出，将重心压在滑行脚上惯性滑进，反复交替练习，逐渐过渡到直道滑行。

3. 单蹬弯道

在任意半径的圆弧上做用左脚外刃支撑，右脚内刃蹬冰，身体内倾的单蹬单滑弯道练习。

（三）弯道模仿

从基本姿势开始，然后身体向左倾，同时右大腿抬起，右脚离地，此时左腿开始伸展蹬地，伸展的同时将右腿压过左腿，左腿伸直时右脚着地，然后收回左腿成开始姿势。这个动作可反复多次练习。

（四）停止法

1. 内"八"字停止法

停止时，上体稍前倾，两腿微屈，两膝内扣，上体后坐，重心向下降，用两冰刀内刃压冰刀，脚跟逐渐分开，成内"八"字。

2. 内外刃停止法

两脚并拢，两冰刀平行向左（右）转体90°，同时后坐，上体前倾，身体向左（右）倾

倒，用右冰刀内刃和左冰刀外刃（或相反），逐渐用力压切冰面。

第二节　滑雪运动

一、滑雪运动简介

滑雪运动是借助滑雪板或其他器具在雪地上行进的各种滑行运动。它包括实用滑雪、竞技滑雪、旅游滑雪和探险滑雪。

人类的雪上活动已有几千年的历史。据考证，滑雪起源于数千年前的北欧。在挪威首都奥斯陆的一所滑雪博物馆中，陈列着自古以来大量的雪板和滑雪用具。最引人注目的是博物馆的入口处摆放着一幅大型照片，照片向人们展示了至今约 4000 年前雕刻在岩洞石壁上一位滑雪者的姿势。该雕刻被发现于挪威北部某岛屿上的一个岩洞中。博物馆内陈列的物品中还有挪威著名探险家南森独自去南极探险时使用的滑雪板、雪橇和其他滑雪用具。

最初的滑雪是被作为人们劳动生产和生活的一种方式及手段，以后又被作为交通工具应用于战争。随着社会的发展和进步，滑雪技术及器械逐步得到演化、改进和提高，最终演变为现代竞技体育项目。

二、雪上基础练习

（一）缓坡上的滑行

1. 雪上行走

穿上雪鞋、固定好雪板后，首先应该进行雪上行走的练习。

雪上行走时上体直立稍前倾，重心适当前移。雪板底不离雪面，边支撑、边滑边走，用雪杖支撑时不是双杖同时推进，而是依次用如同摆臂动作相仿的雪杖支撑推动。杖尖支撑雪面的位置应是在平行于对侧脚的后跟部位，向前迈脚时重心要随之前移。

2. 推进滑行

推进滑行既可在平地也可在缓坡上进行。推进滑行时双板平行稍分开，稍屈膝，用双雪杖同时支撑前进。保持微屈膝，上体前倾，双雪杖同时向前摆动，雪杖尖在体前方着雪。膝与上体加大前倾，双臂用力向后用雪杖支撑。

雪杖充分后撑，肘臂伸直，重心下降，保持滑行姿势滑进。收雪杖时重心升起，准备第二次撑杖。

3. 蹬冰式滑行

通过前两项的练习，对雪上行动有了一定的了解和感受后，可以学习一种常用的滑雪基础技术，即蹬冰式滑行技术。上体稍前倾，膝关节微屈，双板平行与肩同宽，两臂自然弯曲，杖尖在身体侧后方。左侧板与前进方向成45°角，大腿用力向侧后方蹬出。左脚蹬伸结束后，雪板抬离雪面，重心落在右侧腿上向前方滑行，同时将左脚收回。右侧脚蹬伸时，动作与左侧脚相同。

（二）登　坡

登坡是指滑雪者穿着雪板登上山坡的技术动作，应根据技术水平、雪质、坡度的大小和滑雪者自身情况的不同而采用不同的登坡方法。

1. 双板平行登坡（阶梯式登坡）

双板平行登坡可适用于各种坡面，登坡者侧对垂直落下线，一边用雪杖协助一边蹬坡。双板平行登坡可直登坡也可斜登坡。登坡时，向上迈出的板步幅不要太大。迈动时保持双板平行，重心随之向上移动，可用雪杖协助支撑。用山上侧板外刃刻住雪面后，重心全部移到山上侧腿上。接着山下侧腿向山上侧腿靠拢，并用内刃刻住雪面。山下侧板内刃刻住雪面后，再进行第二步的登行。

2. "八"字形登坡

"八"字形登坡一般用于缓坡、中坡，登坡者面对登坡方向，垂直向上登行。面对山坡，用两板内刃刻住雪面，身体前倾，向前上方依次迈出雪板。步子不宜过大，防止板尾交叉。迈出侧雪板时雪杖协助支撑，可用手握住雪杖握把的头，手脚及重心配合一致。在向上登坡时重要的是板内刃刻住雪面和重心的移动。

（三）原地变向

原地变向是指滑雪者在平地或坡面上处于静止状态时改变方向。初学者只有掌握了原地改变方向之后，才能比较自如地进行各种练习。原地改变方向的方法很多，这里主要介绍一下板尾、板尖依次移动改变方向。

板尖展开变向和板尾展开变向运用于较平坦的雪面。这两种变向方法很相近，这两种变向方法也被称为原地踏步变向。无论板尖展开变向还是板尾展开变向都要注意雪杖的位置，板尖展开变向时雪杖支撑位置应在体后，而板尾展开变向时雪杖支撑位置应在体前。雪板展开距离不宜过大，应随着对雪板的适应逐渐加大展开的距离。在展开雪板时，体重要明显地放在支撑腿上，重心的移动要快。

（四）停止法

掌握停止方法对保证自己或是他人的安全、增强对雪板的控制能力、学习其他技术动作都是有益的。停止的方法实际上是通过增大雪板与雪的摩擦力来对速度进行控制，直至停止。减速或停止是使雪板与前进方向成一定的角度或完全横对前进方向的同时，通过增大立刃的程度来加大摩擦力来完成。

下面介绍一种非常简单的犁式停止法。在滑降中使雪板呈犁式状态，重心稍后移，形成稍后坐姿势的同时两板板尾蹬开，加大立刃，两板内刃逐渐加大刮雪力量。逐渐加大板尾向外侧的立刃和蹬出力量，直至停止。

思考题

1. 如何进行冰上基础练习？
2. 如何进行雪上基础练习？

第二十五章　体育舞蹈

章前导言

　　体育舞蹈是以男女为伴的一种步行式双人舞，是一种艺术性高、技巧性强的竞技性项目。体育舞蹈也被称为国际标准交谊舞，分两个项群，10 个舞种，每个舞种均有各自舞曲、舞步及风格，据各舞种的乐曲和动作要求，组编成各自的成套动作。体育舞蹈比赛根据音乐节奏配合、身体基本姿势、舞蹈动作、旋律的掌握以及对音乐的理解、舞步等方面评定运动员的成绩。

　　重要提示：分类；基本舞步；华尔兹

第一节　体育舞蹈概述

一、体育舞蹈的发展概况

　　1924 年，英国皇家舞蹈教师协会对当时社交舞的一部分内容进行了整理，将 7 种舞的舞姿、舞步和跳法加以系统化、规范化。从此，人们将规范化的华尔兹、探戈、维也纳华尔兹、狐步、快步舞、伦巴和布鲁斯称为"国际标准舞"。第二次世界大战后，英国皇家舞蹈教师协会对拉丁舞部分的内容进行了充实和调整。1964 年，国际标准舞又增加了新的表演和比赛项目——团体舞。从此，摩登舞、拉丁舞、团体舞，被称为"现代国际标准舞"。每年在国际上都有不同地区、各种级别、不同规模的国标舞赛事，其中最有影响的是每年在英国黑池和德国斯图加特举办的体育舞蹈大赛，犹如体育舞蹈的"奥运会"和"奥斯卡评选"，引起体育舞蹈选手和爱好者的格外关注。1995 年 4 月，国际奥委会给予国际标准舞以准承认资格，将其列为表演项目，称为体育舞蹈。

　　20 世纪 80 年代，体育舞蹈传入我国并得到迅速发展。1986 年，文化部宣布成立了中国国际标准舞学会，并于次年举办了第 1 届全国国际标准舞大赛，就是后来的"荷花杯"赛。2002 年，中国业余竞技舞协会

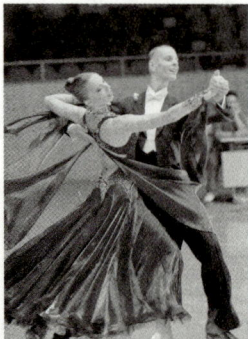

和中国体育舞蹈协会合并为中国体育舞蹈联合会，在国际体育舞蹈联合会主席鲁道夫·鲍曼的主持下，我国成为国际体育舞蹈联合会会员国之一，这就标志着我国体育舞蹈事业已经与国际接轨，进入了一个新的发展阶段。通过参加不同层次的比赛，我国体育舞蹈事业获得进一步发展，从中涌现出了许多国际、国内的优秀选手。

二、体育舞蹈的分类与着装

体育舞蹈按风格和技术结构，可分为摩登舞和拉丁舞两大类。按竞赛项目可分成三类，即摩登舞、拉丁舞和团体舞。摩登舞包括华尔兹、探戈、狐步、快步和维也纳华尔兹 5 种。拉丁舞包括桑巴、恰恰、伦巴、斗牛舞和牛仔舞 5 种。不同舞系在着装上也有各自的特点。

（一）摩登舞

摩登舞具有端庄、含蓄、稳重、典雅的风格。舞步流畅，轻柔洒脱，舞姿优美，起伏有序，音乐节奏清晰，舞蹈富于技巧性，是老少皆宜的舞系。在服装方面也相当考究，男士着西服或礼服（燕尾服），女士宜穿晚礼服或露背长裙，显示出庄重、高贵的气质及身材线条的优美。舞鞋也较讲究，男士一般穿黑色或与服装同色的软底跟缚带皮鞋，鞋底用牛皮毛面向外反做，要求轻软、合脚；女士的舞鞋要求鞋面色彩与衣裙协调，样式为高跟皮鞋，鞋跟的高度为 5～8 厘米，鞋底用牛皮反做，鞋面还可镶加亮饰。

（二）拉丁舞

拉丁舞具有热情、奔放、浪漫的风格特点。舞蹈动作豪放粗犷，速度多变，手势和脚步内容丰富，充满激情，音乐节奏鲜明强烈，尤为中青年人所喜爱。其服饰着重展示人体的曲线美，且带有拉美风格。男士下着体现人体线条的高腰筒裤或萝卜裤，上着适合于选手风格的长袖、坎袖衫。女士穿露背或露腿的短裙或长裙，以展示背、腰、臀、胯、腿部动作的优美线条，增强风格性。拉丁舞鞋的鞋跟均比摩登舞鞋的鞋跟稍高，女鞋为系带的凉鞋，鞋上可加亮饰，以使脚部动作更醒目。

（三）团体舞

团体舞是摩登舞或拉丁舞的混合舞，由 8 对选手组成，借助音乐的引导，5 种舞蹈在变化莫测的队形变动中编制出丰富多彩的图案，团体舞将音乐、舞姿、队形、图案和选手们的和谐配合融为一体，达到了视、听的完美统一，使体育舞蹈的风格特点得到了更为鲜明的表现。

需要指出的是，同一系列的舞种除在风格和内容上有其共同特点外，每个舞种在步法、节奏、技术处理以及风格上都有自己的独特之处。

第二节　体育舞蹈的基本技术

一、身体姿势及持握姿势

（一）站立姿势

男女舞伴双足并合，脚尖并对前方，相对平行而立，双方将自己的右脚尖对准对方的双脚中线，间距 15 厘米；女伴偏向男伴左旁 1/3，做到肩平、背直、腰挺、膝松弛，胸向后倾弯。

（二）持握姿势（以闭式姿势为例）

持握姿势是体育舞蹈中最主要的舞姿，许多优美的步法都是从该舞姿发展形成的。闭式舞姿要求男女舞伴相对站立，两者正面身体构成封闭状态。女伴身体向男伴右侧约偏 1/3，男女腰部右侧轻贴，上身均向后倾。男伴左臂向左侧屈肘举起，高度稍超肩部，左手轻握女伴右手的拇指与其余四指之间。男伴右手环抱着女伴左胛骨下方，五指并拢，手掌呈空心，轻轻平贴在女伴的左臂上；女伴左手五指并拢，轻放在男伴的右肩上。

（三）半外式姿势

在闭式舞姿的基础上，男女舞伴上身均向外闪开大部分，面向前方，目光通过相握的手向同一方向远视，但男方腰部、女方腰部与闭式舞姿一样，仍然轻贴，不宜距离过大。

（四）摩登舞手的握式姿势

男伴左臂向左侧举起，左手略高于肩，上前臂约成 90°，呈"V"字形；左手与腕部要保持平直，手指要自然并拢，大拇指和食指分开，轻握女伴右手。

（五）拉丁舞手的握式姿势

男伴左手握着女伴的右手，大拇指垂直压着女性的手心，食指和中指捏着女伴的手背；在一次"脱步"后，拉女伴回来时，将无名指和小指压着女伴的手腕。

摩登舞手的握式姿势　　　　　　　拉丁舞手的握式姿势

二、基本舞步

所有的体育舞蹈都由不同的舞步组成，通过改变舞步的速度、方向、性质，以不同的方式和节奏组合，便产生了不同的舞种。为了让初学者便于掌握，以下介绍几种常见的基本舞步。

（一）常　步

常步也称为散步、走步，可分为前进步和后退步两种。前进时先用脚掌触地、过渡到脚跟擦地向前，着地后过渡到脚趾，身体重心随之移到前腿上；后退时动作相反，先用脚掌触地，然后用脚尖擦地，脚趾着地后再过渡到脚跟，重心随之移到后腿。

（二）横　步

横步分左横步和右横步两种。左脚用全脚掌向左迈一步，距离约同肩宽，右脚用前脚掌向左脚并拢，重心随之移到刚刚并拢的右腿；向右侧横步，动作相反。

（三）并　步

并步可分为向前、向后、向侧三种并步。以前并步为例，左脚向前迈一步，右脚用脚前掌在左脚侧点地，身体重心仍在左腿上。

（四）摇摆步

摇摆步有左右和前后摇摆两种。左脚向前一步，重心前移，然后重心移向后再向前移、再向后移是前后摇摆；向左再向右，再左移、再右移是左右摇摆。

三、华尔兹

华尔兹舞的风格是动作如行云流水般顺畅，像云霞般光辉，潇洒自如，典雅大方，被誉为"舞中皇后"。华尔兹舞曲的节奏是3/4拍，每分钟28～30小节，每小节有3拍。

（一）基本动作练习

1. 升降练习（图25-2-1）

此动作练习主要是为了体会踝、膝部的屈伸，加强脚及身体的控制能力，加强身体升降的稳定性。

2. 手臂前后摆动的升降练习（图 25-2-2）

随着膝、踝的屈伸，身体、手臂前后摆转，掌握升降摆转的延伸动作。

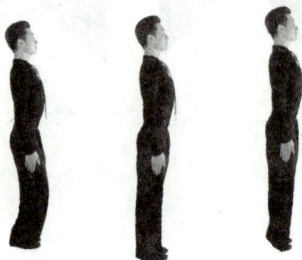

图 25-2-1   图 25-2-2

（二）握抱姿势

1. 闭式舞姿（图 25-2-3）

男女舞伴相对站立，双脚并拢，脚尖对齐、正对前方。女士偏向男士右侧的 1/3，男女伴的右脚尖对准对方的双脚中线。男女伴的头都向左转，目光从男女伴右肩方向看出。女士从臀部以上向后上方打开，男士左手与女士右手掌心相握，虎口向上，前臂与大臂的夹角为 135°，高度与女士右耳相平。男士右手五指并拢，轻轻置于女士左肩胛骨下端。女士左手四指并拢，虎口放在男士右臂三角肌处。

2. 开式舞姿

在闭式舞姿的基础上，男女舞伴的上身各向外打开 25°，头面向手的方向，目光从手的方向向远延展，男士与女士的右髋部仍相靠不能打开。

（三）基本步法

1. 左脚并换步（图 25-2-4）

（1）男士左脚前进；女士右脚后退。

（2）男士右脚经过左脚向侧步稍前；女士左脚经右脚向侧步稍后。

（3）男士左脚并右脚；女士右脚并左脚。

图 25-2-3   图 25-2-4

2. 右脚并换步

（1）男士右脚前进；女士左脚后退。

（2）男士左脚经过右脚向侧步稍前；女士右脚经左脚向侧步稍后。

（3）男士右脚并左脚；女士左脚并右脚。

3. 左转步（图 25-2-5）

共六步。节奏为 1、2、3、1、2、3。

（1）男士左脚前进，开始左转；女士右脚后退，开始左转。

（2）男士经右脚向侧横步，1 ～ 2 转 1/4 周；女士左脚向侧横步 1 ～ 2 转 3/8 周。

（3）男士左脚并右脚 2 ～ 3 转 1/8 周；女士右脚并左脚身体完成转动。

（4）男士右脚后退，继续向左转；女士左脚前进，继续向左转。

（5）男士左脚向侧横步，4 ～ 5 转 3/8 周身体稍转；女士右脚向侧横步，4 ～ 5 转 1/4 周。

（6）男士右脚并左脚，身体完成转动；女士左脚并右脚 5 ～ 6 转 1/8 周。

图 25-2-5

4. 右转步

共六步。节奏为 1、2、3、1、2、3。

（1）男士右脚前进，开始右转；女士左脚后退，开始右转。

（2）男士经左脚向侧横步，1 ～ 2 转 1/4 周；女士右脚向侧横步 1 ～ 2 转 3/8 周。

（3）男士右脚并左脚 2 ～ 3 转 1/8 周；女士左脚并右脚身体完成转动。

（4）男士左脚后退，继续向右转；女士右脚前进，继续向右转。

（5）男士右脚向侧横步，4 ～ 5 转 3/8 周身体稍转；女士左脚向侧横步，4 ～ 5 转 1/4 周。

（6）男士左脚并右脚，身体完成转动；女士右脚并左脚 5 ～ 6 转 1/8 周。

5. 侧行追步（图 25-2-6）

侧行追步有 4 步，3 拍走 4 步。节奏为 1、2、&、3。由开式舞姿开始。

（1）男士右脚前进并交叉于反身动作及侧行位置；着地时先脚跟后脚掌；女士交叉于反身动作位置，着地时先脚跟后脚掌，开始左转。

（2）男士左脚横步，着地时用脚掌；女士右脚横步，着地时用脚掌，1 ～ 2 转 1/8 周。

（3）男士左脚并与右脚，着地时用脚掌；女士左脚并与右脚，着地时用脚掌，2 ～ 3 转 1/8 周，身体稍转。

（4）男士右脚横步稍后，着地时先脚掌后脚跟；女士右脚横步稍后，着地时先脚掌后脚跟。

图 25-2-6

6. "V" 字步（图 25-2-7）

（1）男士左脚前进；女士右脚后退。

（2）男士右脚向斜内侧前进；女士左脚斜退。

（3）男士左脚在侧行位置交叉于右脚后；女士右脚在侧行位置交叉于左脚后。

7. 外侧右转步（图 25-2-8）

节奏为 1、2、&、3。由侧位开始。

（1）男士右脚前进并交叉于反身动作及侧行位置；女士左脚前进并交叉于反身动作及侧行位置。

（2）男士左脚向侧；女士右脚向侧。

（3）男士右脚在侧行位置交叉于左脚后；女士左脚并右脚。

（4）男士左脚向侧且稍前进；女士右脚向侧并稍后退。

图 25-2-7　　　　　　　　　　　图 25-2-8

8. 右旋转步（图 25-2-9）

右旋转步有 6 步，节奏为 1、2、3、1、2、3。

（1）男士右脚前进开始右转；女士左脚后退开始右转。

（2）男士左脚向侧横步 1～2 转 1/4 周；女士右脚向侧横步 1～2 转 3/8 周，身体稍转。

（3）男士右脚并于左脚 2～3 转 1/8 周；女士左脚并于右脚，身体稍转。

（4）男士左脚后退，左脚保持在反身动作位置中（轴转）右转 1/2 周过渡到跟，掌转；女士右脚前进（轴转）右转 1/2 周，跟脚。

（5）男士右脚前进继续右转跟掌；女士左脚后退，并向左侧继续右转跟掌。

（6）男士左脚横步稍后 5～6 转 3/8 周，掌跟；女士右脚经左脚斜进 5～6 转 3/8 周，掌跟。

图 25-2-9

9. 跨蹾步（图 25-2-10）

（1）男士左脚前进开始左转，着地时先脚掌后脚跟；女士右脚后退开始左转，着地时先脚掌后脚跟。

（2）男士右脚横步 1 ～ 2 转 1/4 周，着地时用脚掌；女士左脚横步 1 ～ 2 转 1/4 周，着地时用脚掌。

（3）男士左脚并于右脚，不置重量，2 ～ 3 转 1/8 周（掌跟中心在右脚）；女士右脚并于左脚，不置重量，2 ～ 3 转 1/8 周（掌跟中心在左脚）。

10. 后叉形步（图 25-2-11）

（1）男士反身动作位置中左脚后退；女士在反身位置及外侧中右脚前进。

（2）男士右脚斜退；女士左脚向侧。

（3）男士侧行位置中，左脚交叉于右脚后；女士侧行位置中，右脚交叉于左脚后。

图 25-2-10　　　　　　　　　　　　　　　　图 25-2-11

第三节　体育舞蹈竞赛规则简介

一、裁判组组成

裁判组通常设裁判长一名，裁判员若干名。场上裁判人数必须为单数。全国性、国际性大赛设裁判员 7 ～ 11 名。裁判姓名用英文字母 A、B、C、D……代表，在裁判评分夹上表示出来。

二、评判要素

评判主要涉及以下六大要素。其中，前三项主要指选手的技艺品质，后三项是选手的艺术魅力。在第一、二次预赛中，裁判着重于前三条要素的评判，在半决赛时，着重于后三条要素的评判；在决赛中，应全面地评价选手各项要素的完成情况。

1. 基本技术：裁判主要从足部动作、身体姿态、动作的平衡稳定和移动这几个方面进行评判。

2. 音乐表现力：裁判可从选手对音乐节奏和风格的理解及动作的表现力上对选手表现

进行打分。

3. 舞蹈风格：从各种不同舞种之间的风格和韵味上的细微差别，以及个人不同的风格特点展现来进行评判。

4. 动作编排：可从动作的新颖性、流畅性，动作体现舞种基本风韵的情况，动作与音乐的配合程度，动作本身具有的技术难度性，以及编排的章法和场地利用情况等多方面因素来进行评判。

5. 临场表现：应从选手在赛场上的应变能力、竞技状态的表现情况和临场自我控制发挥能力等方面进行打分。

6. 赛场效果：可从舞者的风度、气质、仪表及出入场时的总体形象等方面进行打分。

三、对选手的规定

选手不应在同类舞场中交换舞伴；应准时入场，违者按弃权论处；编组后不能随意改变组别；摩登舞比赛必须男女交手跳舞，拉丁舞比赛中不许做托举上肩、跪腿等动作。

四、比赛场地

赛场的地面应平整、光滑。比赛场地长 23 米，宽 15 米，标准舞及拉丁舞中的桑巴舞、斗牛舞按逆时针方向运行，交换舞程线时应过中心线。

五、比赛服装

比赛服装规定：摩登舞男选手穿燕尾服，女选手穿不过脚踝的长裙；拉丁舞服装应具拉美风格，男、女选手服装必须搭配协调，男选手穿紧身裤或萝卜裤，女选手穿露背短裙；专业选手背号为黑底白字，业余选手背号为白底黑字。

六、比赛仪容

男选手发型可留分头，前不掩耳，后不过领，不能留长发长须；女选手为短发或长发盘髻，可加头饰，不可披长发。

七、计分规则

体育舞蹈的计分方法以顺位法为依据，即决赛时裁判给选手评判名次时通过顺位排列的方法计算单项和全能名次。

（一）单项舞顺位规则

1. 在各位次上领先获得过半数裁判判定的选手便获得该顺位的名次。

2. 在同一顺位上有两对以上选手获过半数判定，则按数值的多少决定名次，多者名次列前。

3. 在同一顺位上出现相等数时，则将顺位数相加，用括号表示，积数少者名次列前。

4. 在第一顺位上所有选手未获过半数判定，则降下位计算，直至出现过半数判定为止。

（二）全能顺位规则

1. 将总分顺位表的单项名次数相加，按合计数的大小，排列选手名次，数小的名次列前。

2. 如果名次合计数相等，则看获得的顺位次数多少，多的名次列前。

3. 如果合计数、顺位数都相等，则看顺位积数多少，少的名次列前。

4. 如果合计数、顺位数、顺位积数都相等，则需将相等者的各单项名次顺位全部列出，重新计算。如又相等，则可加赛或用其他方法解决。

思考题

体育舞蹈可以分为哪些种类？

第二十六章　健　美

章前导言

　　健美和健身是两个不同的概念。健身是健美的初级阶段，往往追求综合素质的体现，不光要使肌肉发达，而且要求整体的线条美。而健美，不仅要达到健身的目的，还需要以极大的毅力来进行训练，以使身体各肌肉群的肌肉饱满、形状美观，肌肉线条清晰，全身匀称，运动员的肩、背、腹、腿等各个部位肌肉的围度也是审美的参考依据。

　　重要提示：锻炼价值；锻炼方法

第一节　健美概述

一、健美运动的起源与发展

　　2000 多年前，古代奥林匹克运动会上，希腊人全身涂上橄榄油，进行裸体角逐，以显示其身体的健美。近代健美运动于 19 世纪末在欧洲兴起，由德国的体育家尤金·山道首创，并于 1901 年 9 月 4 日在英国举办了第 1 次健美比赛。山道对健美运动的发展起到了很大的推动作用，被人称为"健美运动的鼻祖"。1949 年，加拿大人本·韦德兄弟创建了国际健美协会。国际健美协会每年定期举办洲际、世界业余和职业健美比赛。

二、健美运动的锻炼价值

　　健美运动的一个突出作用是可以有效地锻炼全身肌肉、增长力量。健美训练中经常使用各种各样的杠铃、哑铃等负重器具，这样能够使肌肉得到强烈的刺激，从而使肌纤维增粗，肌肉中的毛细血管网增多，肌肉的生理横断面增大，使肌肉变得丰满、结实而发达。下图是人体的主要肌肉部位图。

　　此外，健美运动还能对心血管系统、呼吸系统和消化系统等各内脏器官的功能产生良好的影响；能改善体形体态，使全身各部位的比例匀称、协调，使肌肉具有优美的线条；能调节心理活动，陶冶美好情操，培养顽强的意志品质。

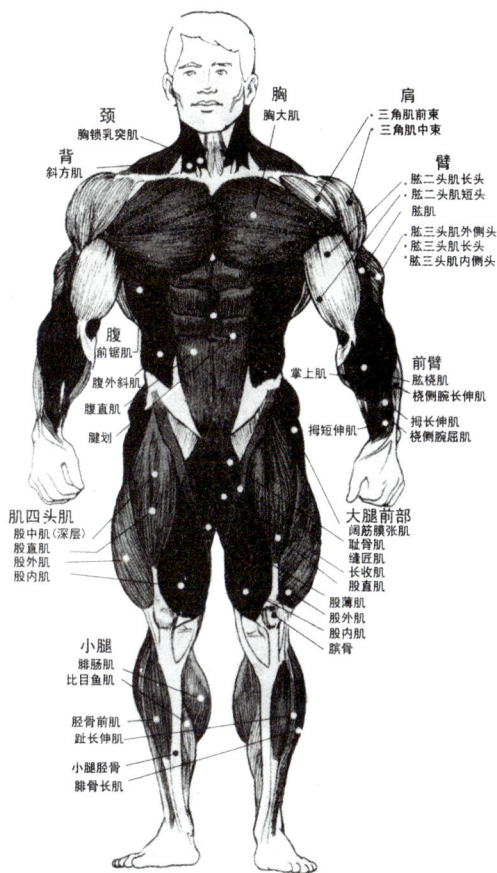

颈 胸锁乳突肌
背 斜方肌
胸 胸大肌
肩 三角肌前束 三角肌中束
臂 肱二头肌长头 肱二头肌短头 肱肌 肱三头肌外侧头 肱三头肌长头 肱三头肌内侧头
腹 前锯肌 腹外斜肌 腹直肌 腱划
掌上肌
前臂 肱桡肌 桡侧腕长伸肌 拇长伸肌 桡侧腕屈肌
拇短伸肌
大腿前部 阔筋膜张肌 耻骨肌 缝匠肌 长收肌 股薄肌 股外肌 股内肌 髌骨
肌四头肌 股中肌(深层) 股直肌 股外肌 股内肌
小腿 腓肠肌 比目鱼肌
胫骨前肌 趾长伸肌
小腿胫骨 腓骨长肌

人体肌肉的解剖前视图

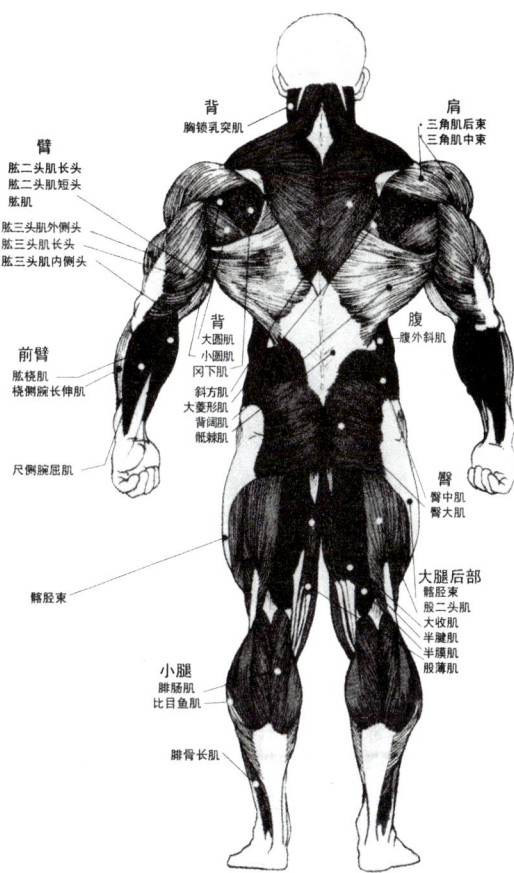

背 胸锁乳突肌
肩 三角肌后束 三角肌中束
臂 肱二头肌长头 肱二头肌短头 肱肌 肱三头肌外侧头 肱三头肌长头 肱三头肌内侧头
腹 腹外斜肌
背 大圆肌 小圆肌 冈下肌 斜方肌 大菱形肌 背阔肌 骶棘肌
前臂 肱桡肌 桡侧腕长伸肌 尺侧腕屈肌
髂胫束
臀 臀中肌 臀大肌
大腿后部 髂胫束 股二头肌 大收肌 半腱肌 半膜肌 股薄肌
小腿 腓肠肌 比目鱼肌
腓骨长肌

人体肌肉的解剖后视图

第二节　健美锻炼方法

针对人体不同部位的健美运动，其方法均有所不同。

一、腿部肌群

双腿是人体的基座，承担着整个身体的重量，如两腿无力，将会给日常生活和工作带来不便，更谈不上健美。人的衰老从腿开始。两腿无力，行走活动减少，会导致心肺功能下降，所以应重视腿部肌群的锻炼。

（一）股四头肌、臀大肌

1. 负重深蹲（图 26-2-1）

在动作过程中，应始终抬头、挺胸、紧腰，使杠铃垂直上升，意念集中在股四头肌、臀大肌上。

2. 跨举（图 26-2-2）

下蹲和起立时，腰背要挺直，两臂伸直，不得屈臂和耸肩。起立时应完全靠腿部力量。屈膝下蹲时，不可突然下蹲，应以股四头肌、臀大肌的力量控制杠铃缓缓下降，意念集中在股四头肌、臀大肌上。

图 26-2-1　　　　　　　　　　图 26-2-2

（二）股二头肌

1. 俯卧腿弯举（图 26-2-3）

做俯卧腿弯举时，腹部要始终紧贴凳面，臀部不能撅起，意念集中在股二头肌上。

2. 立姿腿弯举（图 26-2-4）

动作不可太快，待股二头肌极力收缩后，稍停，再缓缓放下。意念始终集中在股二头肌上。

图 26-2-3　　　　　　　　　图 26-2-4

（三）小腿肌群

1. 立姿提踵（图 26-2-5）

做动作时，要保持重心稳定，下降时，脚跟要低于垫木面。意念集中在小腿肌群上。

2. 坐姿提踵（图 26-2-6）

在动作过程中，杠铃横杠的位置要正对脚跟，脚跟下降时，要低于垫木面。意念集中在小腿肌群上。

图 26-2-5　　　　　　　　　图 26-2-6

二、胸部肌群

胸部肌群包括位于胸前皮下的胸大肌、位于胸廓上部前外侧胸大肌深层的胸小肌和位于胸廓外侧面的前锯肌。在锻炼胸肌时，需要采用不同的动作从不同的角度来对胸肌进行不同的刺激，才能使胸部肌肉练得既发达又有线条。

（一）杠铃平卧推举（图26-2-7）

要求上推路线要垂直。意念集中在胸大肌上。

（二）仰卧飞鸟（图26-2-8）

要求肩、肘、腕始终在同一垂面内。意念集中在胸大肌和三角肌前束上。

图 26-2-7　　　　　　　　　图 26-2-8

三、背部肌群

背部肌群主要由上背部斜方肌、中背部背阔肌和下背部骶棘肌三部分组成。强壮发达的背部肌肉，使上体成"V"字形，并能使腰背挺直，塑造良好的体形。

（一）直立耸肩（图26-2-9）

在动作过程中，两臂不得上提杠铃，臂部和两手仅起固定杠铃的作用。耸肩时，不得弯腰、弯背。意念始终集中在斜方肌上。

（二）单杠引体向上（图 26-2-10）

在动作过程中，身体不能摆动，向上拉时不能用蹬腿力量，拉得越高越好。意念始终集中在背阔肌上。

图 26-2-9 图 26-2-10

四、肩部三角肌

肩部是否健美，主要看三角肌发达与否。三角肌位于肩部皮下，呈三角形，底向上，尖向下，从前后外侧包裹着肩关节，它的最前部和最后部的肌纤维呈梭形，而中部肌纤维呈多羽状，这种结构使三角肌具有较大力量。

（一）颈前推举（图 26-2-11）

要求上体保持正直，不得借助腰、腿力量。意念集中在三角肌前束上。

（二）颈后推举（图 26-2-12）

要求两肘始终保持外展，杠铃垂直向上推。意念集中在三角肌后束上。

图 26-2-11 图 26-2-12

五、臂部肌群

臂部肌群分上臂肌和前臂肌。上臂肌主要是肱肌、肱二头肌和肱三头肌。前臂肌主要是旋前圆肌、屈手肌、伸手肌、手肌。

（一）上臂肌群

1. 杠铃弯举（图 26-2-13）

弯臂时，上体切忌前后摆动。意念集中在肱肌、肱二头肌上。

2. 反握引体向上（图 26-2-14）

在上拉过程中，不得借助腰、腹的振摆来做动作。意念集中在肱二头肌上。

图 26-2-13   图 26-2-14

（二）前臂肌群

反握腕弯举（图 26-2-15）

手腕向上弯曲时，要尽量收缩前臂肌。意念集中在前臂屈肌群上。

图 26-2-15

六、腹部肌群

腹部肌群由腹直肌、腹外斜肌、腹内斜肌构成。

（一）单杠悬垂举腿（图 26-2-16）

做动作时不得借助身体摆动的助力。意念集中在下腹部。

（二）仰卧起坐（图 26-2-17）

做上体前屈时动作要慢，不得后仰助力。意念集中在腹直肌上。

图 26-2-16　　　　　　　　　　　　　　　　　图 26-2-17

第三节　健美运动欣赏

　　一场健美比赛，是展示运动员完美体形的过程，也是人体艺术美的表演舞台。在比赛中，观众和裁判员不仅要欣赏健美运动员的肌肉、体形、线条，还要对健美运动员展示完美体格的各种艺术造型进行评判。

　　评分标准：比赛分为规定动作和自选动作两部分。

　　评分标准依次是：肌肉、平衡、匀称、线条、造型。

　　规定动作（图 26-3-1）：要求根据规定的技术动作规格，充分展现重点部位的肌肉，并显示其他各部位的肌肉群。

　　男子自选动作：能运用控制肌肉的能力，展示肌肉块；整套动作的过渡、衔接合理，并以艺术造型的表演技能来配合音乐节奏，体现出完美的表演水平。

　　女子自选动作：能运用控制肌肉的能力，展示各部位肌肉块，并以艺术造型的表演技能，运用体操、芭蕾和舞蹈的手势和步法配合音乐旋律，使整套动作的过渡、衔接和音乐节奏协调一致，体现出完美的表演技能。

前展肱二头肌　　　　　　前展背阔肌　　　　　　侧展胸部

后展肱二头肌　　　后展背阔肌　　　侧展肱三头肌　　　前展腹部和大腿

图 26-3-1

思考题

1. 如何进行健美运动？
2. 应该从哪些方面来欣赏健美运动？

第二十七章 形体塑身

章前导言

　　形体塑身运动包含很多种形式。总的来说，它能够使肌肉、骨骼、关节匀称、和谐地发展，改善不良的身体姿势，塑造优美的体态，消除多余的脂肪，还可以缓解人的精神压力，其中一些运动形式还具有娱乐功能。

　　重要提示：瑜伽；形体训练；普拉提；健美操；啦啦操

第一节　瑜　伽

一、瑜伽的起源与发展

　　瑜伽是"yoga"的译音，含义是"轭"，指用农具轭将两头牛连在一起耕地，"驾驭牛马"之意。两头牛用轭连接起来耕种，就要步调一致，和谐统一，不然就无法干活，因此它还有"连接、结合、和谐"之意，后引申为"连接、拓展灵性的方法"，即把人的注意力集中起来加以引导、运用和实施。

　　初期的瑜伽行者都是苦修者，常年在冰雪覆盖的喜马拉雅山脚下向大自然挑战。要想长寿而健康地活下去，就必须面对疾病、死亡、肉体、灵魂及人与宇宙的关系，他们仔细观察动物，看它们如何适应自然的生活，如何有效地呼吸、摄取食物、排泄、休息、睡眠以及克服疾病，并结合人类的身体结构进行模仿练习，以增强人体各系统的功能，这就是最初的瑜伽体位法。

　　同时，他们解析精神如何左右健康，探索出控制心理的手段，追求使身体、心灵和自然和谐统一的方法，从而开发人体潜能、智慧和灵性，这便是瑜伽静坐冥想法的缘起。

　　开始时，瑜伽行者的修行地点局限于喜马拉雅山的洞穴和茂密森林的中心地带，后扩展到寺院、乡间小舍。当瑜伽的修持者在深沉的静坐中进入最深层次时，就会获得个体意识与宇宙意识的结合，唤醒内在沉睡的能量，得到开悟和最大愉悦，这就使瑜伽具备了强大的生命力与吸引力，逐步在印度普通人中间流传开来。

　　瑜伽的发展历史分为以下几个时期。

1. 原始时期：公元前 2500—3000 年，是一种印度宗教的形式。

2. 吠陀时期：瑜伽最初的概念出现。

3. 前经典时期：成为修行的方式。

4. 经典时期：重要的瑜伽经典出现。

5. 后经典时期：现代瑜伽蓬勃发展时期。

二、瑜伽的价值

1. 瑜伽能加速新陈代谢，去除体内废物，从内及外进行形体修复、调理养颜；培养优雅气质、轻盈体态；能增强身体力量和肌体弹性，使身体四肢均衡发展；能预防和治疗各种与身心相关的疾病；能调节身心系统，改善血液环境，促进内分泌平衡，使内在充满能量。

2. 瑜伽能消除烦恼，减压养心，释放身心，使全身舒畅，心绪平静，冷静思考，达到修身养性的目的。

3. 瑜伽能提高免疫力，增加血液循环，修复受损组织，使身体组织得到充分的营养。

4. 瑜伽能集中注意力。

三、瑜伽的主要派别

（一）古典瑜伽

瑜伽经过几千年的发展演变，已经衍生出很多派别。正统的印度"古典瑜伽"包括智瑜伽、业瑜伽、哈他瑜伽、王瑜伽、昆达利尼瑜伽五大体系。不同的瑜伽派别理论有很大差别。智瑜伽提倡培养知识理念；业瑜伽倡导内心修行，引导更加完善的行为；信仰瑜伽是将前者综合并衍生发展而来的；哈他瑜伽包括精神体系和肌体体系；王瑜伽更偏于意念和调息；昆达利尼瑜伽着重能量的唤醒与提升。这些不同体系理论的瑜伽，对于修习者来说都是通往精神世界的工具。

（二）密宗瑜伽

国外称怛特罗瑜伽，也称咒乘、持明乘、密乘、果乘、金刚乘。它是公元 7—12 世纪之后印度大乘佛教的部分派别与婆罗门教相结合的产物。

（三）阿斯汤嘎瑜伽

帕坦伽利《瑜伽经》里的八支行法，被阿斯汤嘎瑜伽奉为核心体系，是最古老的瑜伽练习体系。阿斯汤嘎瑜伽是一项严格的练习。世界流行的练习方式是由印度瑜伽师创立的。它能够均衡地锻炼身体的力量、柔韧度和耐力。

（四）艾扬格瑜伽

95 岁的艾扬格大师是艾扬格瑜伽的创立者。艾扬格瑜伽被公认为最讲究体位练习方法，它可以协调身体平衡，对疾病治疗效果很好，适合身体较硬的人、患者及术后、产后恢复的人。

四、瑜伽的修炼方法

1."处"：指气息吸入后，气息在胸腹之内所到达的范围；气息吐出以后，气息在宇宙中达到什么地方。

2."时"：指呼吸的时间。要求在呼气吐气过程中，一定要保持速度适中、间隔和节奏合宜。

3."数"：指呼吸的次数。要求出气、入气一定要徐缓而轻长，切忌短促、粗急。

4."专注一境"：指调心的问题，在呼吸时，要将意念专注在某一点上，不能分散。

5.摄心：指抑制各种感觉感官，使感官的活动完全置于心的控制之下。

6.凝神：是使心专注于身体内的一处，如肚脐、鼻尖、舌端等；也可以专注于外界的一种对象，如月亮、神像等。

7.入定：亦称静虑，是使专注一处的心与所专注的对象相统一，使主客观相融合。

8.三摩地：就是真正达到了心与其专注的对象冥合为一。三摩地又分为两种："有想三摩地"和"无想三摩地"。前者，指达到三摩地后，仍然带有一定思虑情感的状态。后者，指心的一切变化和作用都已经断灭，完全达到与专注对象合一的状态，即瑜伽的最高境界。

第二节　形体训练

形体训练是指通过各种身体练习以改善形体的状态，提高人体对良好形态的控制能力和表现能力，是以增进健康、增强体质、塑造形体、培养气质为目的的身体基础练习。它通过多种多样的练习方法和手段，塑造体形，培养正确、优美的姿态和动作，增强体质，促进人体形态更加完美。形体训练集健身、健美、健心为一体，其本质是"内化"道德情操，"外化"行为气质。形体训练是一种综合性的人体美的训练，它是健身操教

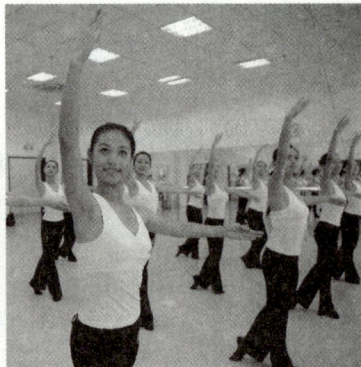

学中必不可少的基本教学内容。

一、形体训练的起源与发展

形体训练起源于芭蕾、舞蹈、体操的基本功训练。形体训练的内容有：基本站立姿势，手位脚位练习，脚步动作舞蹈组合练习以及把杆垫上一系列基本功的练习。形体训练主要练习人的基本姿势，即训练正确的立、坐、卧和走、跑及头面部的姿态和表现。

二、形体训练的锻炼价值

（一）神经功能

经常参加形体训练能使神经活动能力得到相应的提高。进行形体训练时，脑和脊髓及周围神经要建立迅速而准确的应答式反应，而脑又要随时纠正错误动作，储存精细动作的信息。形体训练正是经过这种经常、反复不断的刺激，来提高人的理解能力、思维能力和记忆能力，从而使大脑更加聪明的。经常参加形体训练，可以加强肌体神经系统的功能和大脑的工作能力，使之更加健康和聪明。

（二）心血管功能

形体训练主要由运动系统即骨骼与肌肉运动参与完成。形体训练会使心肌纤维增粗，心房、心室壁增厚，心脏体积增大，血容量增多，从而增加了心脏的力量。由于心肌力量的增加，每搏射出的血量增多，心跳的次数相应减少，在平时较为安静的状态下，心脏能够得到较长时间的休息，从而减轻心脏的工作负担，使心脏青春永驻。

（三）矫正形体

形体训练的首要目的是改变我们自身形体的不足，并预防随着时间的流逝或女性生育后其生理形体难以避免的衰老。

三、形体练习的内容

（一）身体各部位正确的感知觉练习

正确的感知觉是形成和保持优美形体的必要条件之一，包括头颈、躯干、上肢、下肢感知觉和站立基本姿态。通过身体各部位的感知觉练习，可以体会保持正确身体姿态所必需的肌肉感觉，提高身体的自控能力，是形体练习中不可缺少的锻炼内容。

（二）基本形态练习

基本形态是指先天形态和后天塑造的最基本的身体姿态。其练习内容包括基本方向与基本部位练习、扶把姿态练习、离把徒手姿态练习和表现力练习。在基本姿态和基本部位练习中，将方向的认知，对脚与手的基本部位，进行了规范的要求；在扶把练习中，练习的内容是根据普通大学生的身体条件编排的，并提出了规范性的要求；离把徒手姿态练习，包括各种基本步法和手臂动作，强调了举手投足的优美性，内容丰富；表现力练习着重培养人的优美体态和以肢体动作以及面部表情表现情绪、情感的能力，该部分是形体练习中最主要的练习内容之一。

（三）基本素质练习

基本素质是形体姿态控制和保持的必要条件，该部分筛选了柔韧、力量、协调三项素质，并对其锻炼方法进行了归类介绍。

四、形体训练的评价

（一）形体美

形体美主要是指人体的外形美、身体匀称、比例和谐，表现为发育匀称（身高、体重、胸围、臀围、肩宽、大腿围等各种围度比例恰当），骨骼坚强，肌肉发达、肤色健康等。一般认为关节粗大突出是不美的，O形腿、X形腿、鸡胸等都是不美的。人的体型可以通过改善营养结构、形体练习以及各种力量和耐力项目的锻炼而发生变化，这是因为人的运动器官具有不同程度的可塑性。经过长期的锻炼，骨骼、关节、肌肉和韧带可以发生一定的适应性的形变，特别是肌肉的变化，可以使人外部形状发生变化，影响人的体形。人体各项形态指标受遗传和环境影响的比例不一致，如身高、坐高、头宽、腿长、臂长等指标受遗传影响较大，而胸围、大小腿围等受遗传影响较小。人的形体美一般应满足以下要求。

1. 均 衡

所谓均衡是指各部分要达到恰当的比例关系，而这种比例关系应符合他（她）的同族、同类、同年龄人的基本特征。

2. 对 称

人的对称是指左右对称，即从正面看和从后面看达到左右两侧的平衡发展。肩线、髋线、眉线保持水平位置。

3. 对 比

人的体形美要取得对比的关系效果，首先要达到性别对比效果，要取得性别的自然特征，其次要注意躯干与肢体部位、上肢与下肢的对比，最后是身体各部位的色泽的对比，如毛发与皮肤、眼白与瞳孔等。

4. 曲 线

人的体形美还要取得曲线美的感官效果，即做到轮廓流畅、鲜明、简洁、线条起伏、对比起伏恰到好处，并具有性别特征，女子的曲线纤细连贯、平滑流畅；男子的曲线粗犷刚劲，肌肉垒块分明。女子的曲线要显示出柔润之美，男子的曲线要显示出力量之美。

（二）姿态美

姿态美是指姿态动作的美，是身体各部分的配合而呈现出来的外部形态的美，具有造型性因素。姿态动作美基于体形美，但它比体形美有更深刻的意义。人体的姿态、动作、行为大多是后天形成的，可以通过形体练习培养正确的动作姿态，做到坐要端正、站要直、走要自然，各种动作舒展大方。

1. 站 姿

站立应做到挺、直、高。挺，就是在站立时身体各部位要尽量舒展，挺胸抬头，下颌微回收，颈要直，髋、膝部不要弯曲。直，就是站立时脊柱尽量与地面垂直。高，就是站立时身体重心要尽量提高，两腿不宜分得过开。

（1）靠墙站立法

身体背靠着墙，让后脑勺、肩胛骨、臀部、脚后跟都能与墙面呈点的接触。

（2）俯卧支撑法

先让身体面朝下俯卧，然后用手肘和脚前掌支撑起身体，使身体除小臂、手肘部和脚前掌与地面接触外，身体的其他部位都离开地面并与地面平行，肩放松，胸不往里含，和地面平行，腰背也如此，要有支撑住身体的力度，保持身体平直的紧张度。保持，无法坚持时恢复俯卧姿势，然后不断地做三到五次。

2. 坐 姿

坐要端正、舒展、大方。

3. 走 姿

走路用腰力，要有韵律感。走路时腰部松懈，会有吃重的感觉，不美观；拖着脚走路，更显得难看。走路的优美姿态应以胸带动肩轴摆，提髋提膝小腿迈，跟落掌接趾推送，双眼平视背放松。走路的美感产生于下肢的频繁运动与上体稳定之间所形成的对比和谐以及身体的平衡对称。

（1）练习平衡感

将一本书或者是一个小垫子放在头顶上，视线落在前方4米左右的地方，手可以叉腰也可以自然下垂前后摆动，坚持走一段距离，休息一下再反复练习。

（2）修正线条

在地上放一条宽5厘米左右的带子，迈出去的脚只能让脚跟内侧碰到带子。

4. 手 势

将两手手心相对、合掌于胸前，开始想象"有一粒种子埋在土中"；接着，双手手心微开，想象幼芽萌发出来了，以手尖表示嫩芽；接下来，手指微开，想象花蕾开始绽放了，脸上同时要露出笑容；然后，将意念传达到指尖，让花开放三分；再然后，想象花开了五分，开了七分，同时脸上的笑容也随之越来越灿烂；最后，将手指打到最开，但手掌间还是要合拢，感觉花儿已全然盛开，笑容也最灿烂。做这个练习，一定要慢慢地做，用心去体会，有意识地支配手的动作，达到对手势的自如运用。

第三节　普拉提

普拉提是"pilates"的音译，是一种舒缓全身肌肉及提高人体躯干控制能力的运动。普拉提运动融入了西方注重肌肉和机能练习的"刚"，如腰、腹、背、胸等部位肌肉能力的练习，以及东方强调身心统一的"柔"，不局限场地，不拘泥动作，加上伸张肌肉、腹式呼吸，使身心能获得适当协调的有氧运动。普拉提运动与其他有氧运动最大的不同就是，它是静态的，讲究呼吸协调，可以边运动边听柔和的音乐来进入冥想境界。

一、起源与发展

约瑟·普拉提（Joseph H. Pilates）于1880年出生于德国，童年时体弱多病，患有佝偻、哮喘以及风湿病，为了克服这些疾病，他曾经进行健美、体操等各种运动，并研习东西方不同类型的运动方法。普拉提曾利用不同的简单器械为病患者进行康复练习，他和医学专业人员一起进行研究，创造了一种独一无二的康复疗法。1923年，约瑟·普拉提将这种练习方法带到了美国。在20世纪30年代，很多著名的舞蹈教练都信奉普拉提的练习方法。舞蹈演员都会因为演出而使身体受这样或那样的伤，这些伤往往使身体需要经过一个很长的时间才能痊愈，而普拉提独特的练习方法却能够通过提供必要的辅助使受伤的身体尽快复原。因此，美国舞蹈协会很快普遍地接受了普拉提，普拉提开始在身体复原的治疗中流行。20世纪90年代，很多理疗师将普拉提运用于理疗的各个领域，其中包括外科、治疗慢性疼痛等。在复原系统中，一些普拉提的练习是从普拉提的基础垫上运动而来的。

二、锻炼价值

（一）增强肌肉力量，修塑美化形体

普拉提强调静止中的控制过程，使练习者在增强肌肉力量的同时不加大肌肉体积。普拉提的轻器械练习就是遵循着小重量多次数的方式，令肌肉充满弹性而又不会加大围度。它的运动强度不是特别大，但它讲究控制、拉伸、呼吸，对腰、腹、臀等女性重点部位的塑造有着很好的帮助，这个修塑提醒的作用更适合女性在现实生活中对形体美的要求。

（二）改善肢体柔韧性，纠正不良姿势

普拉提可以使身体增强力量，拥有一个平滑、柔软、匀称的身体，苗条的双腿和平滑的腹部。普拉提能够让练习者更多地认识和感受自己，让动作轻缓优雅。普拉提可以改善身体的柔韧性，增强身体的敏捷度，并提高行动的有效性。普拉提甚至可以改善因长期姿势不良而造成的背部疼痛。

（三）发展核心力量，均衡发展肌肉

普拉提让身体产生一个强壮的核心，或者可以说是身体的中心，而这个核心的构成部分就是深层的腹部肌肉连同离脊柱最近的肌肉。这个很强的中心力量，使躯干、骨盆和肩带成为一个稳定的整体。普拉提能够照顾到全身的所有部位，甚至包括踝关节和足部，没有一组肌肉会产生练习不足或过度练习的情况，人体所有的肌肉组织都能够达到平衡并得到充分锻炼。

三、基本动作

（一）单腿划圈

练习方法：平躺于垫上，双臂放于体侧，一腿上举，另一腿伸直或弯曲放于地上，腹部收紧，腰背部紧贴地面，吸气时，上腿划圈，呼气时，回到起点停住，一个方向做 10～12 次，然后换反方向绕环 10～12 次。练习时，腿绕环的幅度不要太大，保持臀部平衡，髋关节不动。

健身效果：锻炼的是腹肌及大腿肌群。

（二）单腿伸展

练习方法：仰卧，上体抬起，肩膀离地，左腿伸直，右腿弯曲，右手抱住脚踝，左手抱膝，呼吸一次交换腿，重复上述动作，左右两侧各交换 10～12 次。练习时，上体不要放松，上背部离地。

健身效果：锻炼的是腹肌及大腿肌群。

（三）侧卧抬腿

练习方法：侧卧，头、肩、髋在一条直线上，双腿稍向前收，左腿于右腿后屈膝脚尖点地，脚后跟抬起，右脚勾脚外悬，向上抬起与髋同高同时呼气，还原时，吸气，然后换腿重复上述练习，左右两侧各做 10～12 次。练习时，肩膀放松，上体不要松懈。

健身效果：此动作锻炼的是大腿的内侧肌群。

（四）身体控制

练习方法：双臂肘撑、跪立，然后双腿向后伸出双脚脚尖着地，身体挺直成一直线，保持此姿势控制 10 秒，自然呼吸。做此动作时，要有控制，呼吸自然不要屏气。

健身效果：此动作锻炼的是腹肌及腰、背部肌肉。

（五）仰卧挺髋

练习方法：仰卧，双手放于体侧，双腿屈膝 90°，双腿分开与肩同宽，然后呼气时，髋向上挺起至最高点，停顿 2 秒，再吸气，动作还原，做 10～12 次。练习时，动作要缓慢，要有控制。

　　健身效果：此动作锻炼的是臀大肌、大腿后群肌肉。

（六）单腿上伸

　　练习方法：双臂肘撑、跪立，左腿膝关节朝下屈膝脚尖向上，呼气时，左腿沿脚尖方向上伸，吸气时，动作还原，左右腿各做 10 ～ 12 次。动作要缓慢，要有控制，使脚尖尽量保持向上。

　　健身效果：此动作锻炼的是臀大肌下缘和大腿后侧肌群。

四、练习提示

　　1. 集中注意力：抛开一切烦恼，集中注意力，做动作时，细细"聆听"身体的感受。

　　2. 身体要准确控制：动作要准确到位，达到所需的动作幅度和力度，保证锻炼效果。

　　3. 动作流畅连续：动作要保持连续性，速度要均匀。动作舒展流畅，无须多余动作出现。

　　4. 冥想：随着轻松而富有节奏的音乐，躺在地板上静静冥想，仔细感觉身体各个部位的变化。想象时可以有意识地唤起肌肉的功效，建立思想能够控制身体的运动理念。

　　5. 持久力：要学会有意识地收缩需要练习的肌肉，保持长时间的肌肉紧张；缓慢而有节奏的运动，能像深层按摩一样，帮助重新放松绷紧的肌肉，改善内在的力量。

　　6. 普拉提这项运动方式，在很大程度上都要依靠关节的柔韧性来进行，所以，运动系统有损伤或疾病，如关节炎、肌肉拉伤、韧带受损等最好暂时不要练习。

　　7. 可以根据自己的身体情况和锻炼的目的，合理安排练习的次数。

第四节　健美操

一、健美操的起源与发展

　　健美操最早是由美国太空总署的医生库帕博士为宇航员设计的体能训练内容。20 世纪 80 年代初风靡世界。1985 年，美国正式举办了一年一度的健美操锦标赛，并确定了竞赛项目和规则，使健美操发展成为竞技性运动项目。

　　健美操在欧洲的开展也很普及。法国练习者达 400 多万人，俄罗斯把健美操列入学校教学大纲。健美操在亚洲的发展同样风起云涌。健美操于 20 世纪 70 年代末、80 年代初传入我国，我国把武术、民间舞蹈与欧美健美操融为一体，并

创造了具有中国特色的徒手健美操和持轻器械健美操。1992 年，我国健美操协会成立，随着健美操运动的发展，许许多多的人选择了健美操作为自己的主要健身方式。

二、健美操的锻炼价值

健美操以有氧运动为基础，以健、力、美为特征，融体操、舞蹈、音乐于一体，通过徒手、手持轻器械和用专门器械的操作练习，可以达到健身、健美和健心的目的，具有竞技性、娱乐性和观赏性。

（一）增进健康美

健康美指不但拥有健康的身体，还要拥有健康的心理状态。健身健美操作为一项有氧运动，可以提高人的心肺功能，增强肌肉力量和身体的协调性和平衡性。通过健美操锻炼可以让人得到一种积极健康的生活理念、良好的自我感觉，在生活中充满自信、活力与朝气。

（二）塑造形体美

良好的身体姿态是形成一个人气质风度的重要因素。通过长期的健美操练习，对骨骼、肌肉、关节匀称和谐发展起到积极作用。健美操运动能有效地消耗体内多余的脂肪，维持人体吸收与消耗的平衡，从而达到塑造完美体型的效果，并可以使人保持良好的心态。

（三）愉悦身心

健美操是集表演、观赏、参与于一体的运动项目。音乐具有活泼奔放、张扬个性的特点，能够起到缓解压力和疲劳的作用。

三、健美操的分类

健美操内容丰富，形式多样，种类繁多，按照不同的目的和任务可将健美操分为健身健美操和竞技健美操两大类（图 27-4-1）。

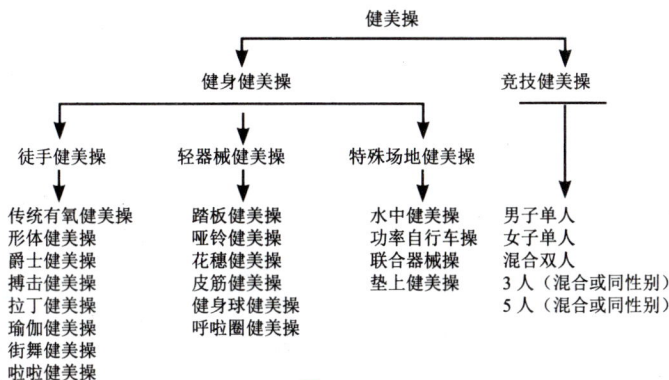

图 27-4-1

四、健美操的基本动作

健美操的基本动作是由上肢动作、躯干动作和下肢动作组成。这里我们重点讲一下健美操的基本手型和基本步法。

（一）基本手型（图27-4-2）

并掌　　　　　开掌　　　　　花掌　　　　　立掌　　　　　拳

图 27-4-2

（二）基本步法

下肢动作是健美操练习的重要组成部分。基本步法是健美操动作中的最小单位，通过基本步法的练习，可以提高练习者的协调性、节奏感和韵律感。根据人体运动时对地面的冲力大小，健美操的基本步法分为低冲击力步法、高冲击力步法和无冲击力步法三种。

1. 低冲击力步法

低冲击力步法包括4大类：踏步类、点地类、迈步类、跳步类。

（1）踏步类：踏步的主要基本步法有踏步（图27-4-3）、走步（图27-4-4）、一字步（图27-4-5）、"V"字步（图27-4-6）和漫步（图27-4-7）。

图 27-4-3　　　　　图 27-4-4　　　　　　　　　图 27-4-5

图 27-4-6　　　　　　　　　图 27-4-7

（2）点地类：点地的基本步法主要有脚跟点地、脚尖向前或向侧点地（图27-4-8）。

（3）迈步类：迈步的基本步法主要有并步（图27-4-9）、迈步屈腿（图27-4-10）、迈步吸腿、迈步踢腿（图 27-4-11）和交叉步（图 27-4-12）。

图 27-4-8　　　　　图 27-4-9　　　　　图 27-4-10

图 27-4-11　　　　　　　　图 27-4-12

（4）抬腿类：抬腿的基本步法主要有吸腿（图 27-4-13）、踢腿（图 27-4-14）、弹踢（图 27-4-15）和后屈腿（图 27-4-16）等。

图 27-4-13　　　　图 27-4-14　　　　图 27-4-15　　　　图 27-4-16

2. 高冲击力步法

高冲击力步法包括 4 大类：迈步起跳、双脚起跳、单脚起跳、后踢腿跑。

（1）迈步起跳的基本步法有：并步跳（图 27-4-17）、迈步吸腿跳（图 27-4-18）和迈步后屈腿跳（图 27-4-19）。

图 27-4-17　　　　　　图 27-4-18　　　　　　图 27-4-19

（2）双脚起跳的基本步法有：并立纵跳（图 27-4-20）、开合跳（图 27-4-21）、小马跳（图 27-4-22）和弓步跳（图 27-4-23）。

（3）单脚起跳的基本步法有：钟摆跳（图 27-4-24）和踢腿跳（图 27-4-25）。

图 27-4-20 图 27-4-21

图 27-4-22　　　图 27-4-23　　　　　图 27-4-24　　　　　图 27-4-25

（4）后踢腿跑如图 27-4-26 所示。

3. 无冲击力步法

无冲击力步法是指双脚不离开地面的动作。它包括双膝弹动（图 27-4-27）、半蹲（图 27-4-28）、弓步（图 27-4-29）和提踵（图 27-4-30）。

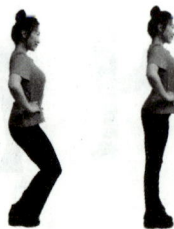

图 27-4-26　　　　　图 27-4-27　　　　　图 27-4-28

图 27-4-29　　　　　图 27-4-30

五、健美操比赛欣赏

健美操是在音乐的伴奏下，通过完成不同类型的动作来展示健康、力量和美的艺术性运动项目。比赛中，运动员、音乐、成套动作的艺术性与创造

性，以及动作的完成情况是人们欣赏健美操的重要内容。但对于竞技健美操来说，还需要有特定的难度动作，这是竞技健美操区别于健身健美操的重要标志，也是竞技健美操追求"更快、更高、更强"的魅力所在。

（一）人体美

对于健美操比赛来说，审美对象是运动的人。赛场上运动员匀称的体形、健康的肤色和得体的服装，以及展示健美操力量、灵巧、平衡、柔韧等素质的能力和引起观众共鸣的感染力，无一不体现了人体的美，这是审美和欣赏健美操比赛的最重要的因素。

（二）音 乐

音乐是健美操的灵魂，是健美操艺术性创造的动力。独特而完整的音乐可以使动作富有生命力，能渲染气氛和调动观众的情绪，使比赛产生强烈的艺术冲击力。

（三）艺术性与创造性

艺术性与创造性是指成套动作。音乐的选择要有新意，动作与音乐要相吻合，运动员的表现要与动作、音乐的风格相一致；难度动作要敢于创新；成套动作的编排要新颖、美观，风格要独特，素材要多样化；动作的连接要合理、巧妙；队形变换要自然、清晰、流畅，并且要充分利用场地；运动员配合要默契，相互间要有交流。

（四）动作的完成情况

一套完美的健美操动作，除需要有表演者、音乐、艺术性及创造性等因素外，成套动作的完成情况是给观赏者留下美好印象的又一重要因素。完成情况包括身体姿势正确，技术规范，动作有力而富有弹性；完成动作准确到位；集体动作整齐划一，动作幅度大小一致。

（五）难度动作

竞技健美操中的难度动作是区别于健身健美操的重要标志。竞技健美操中的难度动作共包括4类，即俯卧撑类、支撑类、腾空跳跃类、柔韧类。在一套动作中，难度动作数量应限制为12个。

六、健美操竞赛规则简介

（一）健身健美操比赛

健身健美操分为规定动作比赛与自选动作比赛。规定动作比赛主要强调动作的准确性、熟练性、动作整齐一致性及精神面貌和团队精神。自选动作比赛在完成方面与规定动作比赛的要求相仿，不同之处在于编排及其创意。成套编排突出艺术性与安全性。不鼓励在成套动作中出现竞技健美操的难度动作，如果出现将不予加分，并对出现的错误进行扣分，可见健身健美操比赛强调的是其健身性。

（二）竞技健美操比赛

竞技健美操比赛包括女子单人、男子单人、混合双人、三人、集体五人共计 5 个比赛项目，其中三人与五人没有性别的规定。按照规则的要求，音乐伴奏下的成套健美操动作由操化动作、难度动作、过渡与连接动作、托举动作（混双/三人/五人）和动力性配合/团队协作（混双/三人/五人）组成。其中，操化动作组合是指以健美操基本步伐与手臂动作结合的形式，伴随音乐，创造出动感的、有节奏的、连续的包含高低不同强度的一连串动作。成套动作中各要素的使用必须要均衡。所有动作必须要展示出清晰、准确的身体形态。成套动作应达到高强度的运动水平。

（三）数字规则

健美操规则的部分数字化体现了评分的量化标准，量化标准保证了裁判评分的客观性与公正性。

1. 比赛场地：赛台高 80～140 厘米，后面有背景遮挡。赛台不得小于 14 米×14 米。竞赛地板必须是 12 米×12 米，并清楚地标出 10 米×10 米的成年组各项目比赛场地（在年龄组某些项目比赛中使用 7 米×7 米）。标记带是场地的一部分。

2. 成套时间：所有成套动作的完成时间都为 1 分 20 秒，有加减 5 秒的宽容度（不包括提示音）。

3. 难度规定：难度动作包括动力性力量动作、静力性力量动作、跳与跃类动作、平衡与柔韧类动作，难度分值从 0.1 到 1.0 不等。女单男单项目成套动作中最多允许做 10 个难度动作。混双、三人或五人项目中成套动作中最多允许做 9 个难度动作。对于所有项目，成套动作中 9 或 10 个不同根命组难度动作必须源于规则中的难度表，难度表中任选 3 个组别，每个组别至少一个。

4. 拖延出场：运动员被叫后 20 秒内未出场，被扣 0.5 分；60 秒未出场，由裁判长取消其参赛资格。

5. 得分：艺术分、完成分与难度分相加为总分。从总分中减去难度裁判、视线裁判与裁判长减分为最后得分。

第五节　啦啦操

一、啦啦操的起源与发展

最初的啦啦队要追溯到 19 世纪 80 年代的美国大学校园，当时的形式是在大学里的橄榄球赛上，一位领队站在一大群人前面，领导他们为自己的球队呐喊助威。不过，当时的啦啦队是由男生组成的。第一次世界大战后，美式橄榄球改变了纯男生的啦啦队结构，女生开始加入了啦啦队的行列。进入 70 年代，啦啦队除了为传统的橄榄球和篮球比赛加油，也开始支持学校的所有运动。1978 年春天，哥伦比亚广播公司通过电视第一次向全美国转播学校啦啦队赛事。从此，啦啦队开始作为一项严肃的运动被人们认可。作为美国最受关注的运动，NFL 算是第一个将专业啦啦队引入体育竞技的。1954 年，巴尔的摩小马队成为 NFL 联盟中首个拥有啦啦队的职业体育队，随后 NFL 各支球队开始招募专属的啦啦队。2002 年，啦啦操被引入我国。

二、啦啦操的锻炼价值

（一）有益于身体素质发展

啦啦操对于人的速度力量、柔韧、速度耐力、弹跳和平衡以及协调各方面的素质都有很高的要求，能全面增强人体各方面的身体素质。同时，它对动作姿态的控制能力、立腰立背的力量锻炼以及腿部支撑人体的各种协调能力都有很好的促进作用。

（二）有益于身体形态改变

长期参加啦啦操锻炼能够从一定程度上有利于参与者的身体形态改善。长期参加啦啦操锻炼者的腰围平均减少 3.8 厘米，大腿围平均减少 1.5 厘米，臀围平均减少 2.4 厘米；青少年长期参加啦啦操可以控制体重，促进身体的生长发育；成年人长期参加锻炼，可以促进身体各项机能的良好发展，并且保持健美的体形。

（三）有益于心理健康

啦啦操表演可以通过从头到尾的跳动、脸部的微笑表情来感染观众，活跃现场氛围。啦啦操能有效地减少受众抑郁、沮丧等消极心态，提高受众的心理素质。啦啦操运动不仅可以强化人的意志品质，提高心理承受能力，消除倦怠，还有利于保持心态健康的持久性。学习啦啦操可以获得不少多维度的美感，提升人们的审美情趣，美化人们的心灵。

（四）提高合作意识和团队凝聚力

啦啦操是一个团队项目，可以培养学生们的团队意识，增强大家相互协作的能力，提高学生的责任心和责任感，增进队员之间的信任感，培养队员们的服从意识和克服一切困难、完成任务的坚强意志等。

三、世界著名啦啦队

（一）乌克兰"红狐"啦啦队

乌克兰"红狐"啦啦队组建于 2001 年，队员全部是从事过体操、芭蕾舞专业运动的漂亮姑娘。至今在不到 10 年的时间里，"红狐"已经荣获无数荣耀，成为全球各项顶级赛事的御用啦啦队，并且是奥运会历史上首支由奥委会官方指定的啦啦队。

（二）韩国"红魔"啦啦队

红魔啦啦队是韩国国家男子足球队的啦啦队。每当大赛来临之时，红魔啦啦队就会爆发令人震撼的力量，给予该球队强力支持。

（三）NBA 啦啦队

NBA赛事期间除了场上的球星风范之外，比赛间隙啦啦队女郎的性感表演也是非常惹人关注的。

四、啦啦操常用的几种手型

啦啦操中的手型有多种，是从芭蕾舞、现代舞、迪斯科、武术中吸收和发展而来的。手型是手臂动作的延伸和表现，运用得好，会使啦啦操动作更加丰富多彩，生动活泼，更具有感染力。

1. 并拢式：五指伸直，相互并拢。大拇指微屈，指关节贴于食指旁。
2. 分开式：五指用力伸直，充分张开。
3. 芭蕾手式：五指微屈，后三指并拢、稍内收，拇指内扣。
4. 拳式：握拳，拇指在外，指关节弯曲，紧贴于食指和中指。
5. 立掌式：五指伸直，手掌用力上翘。
6. 西班牙舞手式：五指用力，小指、无名指、中指自掌指关节处依次屈，拇指稍内扣。

五、啦啦操的 32 个基本手位（图 27-5-1）

上 M（up M）　　　下 M（hands on hip）　　　W（muscle man）　　　高 V（high V）

倒V（low V）

T（T）

斜线（diagonal）

短T（half T）

前X（front X）

高X（high X）

低X（low X）

屈臂X（bend X）

上A（up A）

下A（down A）

加油（applauding）

上H（touch down）

下H（low touch down）

小h（little H）

L（L）

倒L（low L）

K（K）

小弓箭（bow）

高冲拳（high punch）

侧下冲拳
（low side punch）

斜下冲拳
（low cross punch）

斜上冲拳（up cross punch）

短剑（half dagger）

侧上冲拳（high side punch）

X（X）

图 27-5-1

思考题

1. 瑜伽有什么锻炼价值？
2. 形体训练效果的评价分为哪几个方面？
3. 普拉提有什么锻炼价值？
4. 如何欣赏健美操比赛？
5. 啦啦操的基本手位有哪些？

第二十八章　户外运动

章前导言

　　户外运动是一门新兴的体育运动，以健身、冒险和挑战极限等为目的。通过科学的教学和实践，学生可以全面了解户外运动知识，掌握户外生存技能，树立全新的学习和休闲观念。目前，户外运动已成为当代大学生的运动新时尚。

　　重要提示：定向越野；拓展训练；攀岩；野外生存

第一节　定向越野

　　19世纪末20世纪初，欧洲北部斯堪的纳维亚半岛广阔而崎岖不平的土地上覆盖着一望无际的森林，散布着无数的湖泊、城镇，村庄稀疏散落，人们的交通主要是依靠那些隐现在林中湖畔的弯弯曲曲的小路。在这样的地理环境中生活，要比别的地方更需要地图和指北针。正因为如此，那些最经常地在斯堪的纳维亚半岛山林中行动的军队，便成了开展定向运动的先驱。如果不具备在山林地辨别方向、选择道路和越野行进的能力，就不能完成保卫国家的重任。1918年，瑞典一位名叫吉兰特的童子军领袖组织了一次叫作"寻宝游戏"的活动，引起参加者的极大兴趣，这便是定向运动的雏形。由于这个活动的组织方法简便，不仅对提高野外判定方向的能力及学习使用地图有好处，还能够培养和锻炼人的勇敢顽强精神，提高人的智力和体力水平。

一、定向越野的起源与发展

　　定向运动起源于瑞典。最初只是一项军事体育活动。"定向"这两个字在1886年首次使用，意思是：在地图和指南针的帮助下，越过不被人所知的地带。真正的定向比赛于1895年在瑞典斯德哥尔摩和挪威奥斯陆的军营区举行，标志着定向运动作为一种体育比赛项目的诞生。距今已有百年历史。

　　20世纪初，定向运动作为一种体育项目在北欧开展起来。到20世纪30年代已在芬兰、挪威、瑞典、丹麦立足。1932年举行了第一次世界定向运动比赛。1961年国际定向联合会（IOF）在丹麦哥本哈根成立，现有成员国63个。国际定联是世界定向运动的行政

实体，是国际体育联合会总会之一。定向运动也是国际承认的奥林匹克体育项目。

定向运动在中国按国际标准正式作为一项体育活动开展训练和比赛是在 1983 年。

二、定向越野的锻炼价值

1. 定向运动是一项非常健康的智慧型体育项目，是智力与体力并重的运动，不仅能强健体魄，而且能培养学生独立分析、解决问题的能力和良好的逻辑思维能力。

2. 定向运动是一项家庭体育项目，能够使家庭成员回归自然，放松身心，自我娱乐，融恰关系，增加乐趣。它也是一项精英人才体育项目，富于挑战性，能使全身心得到锻炼和发展。

3. 定向运动还有助于在世界范围内建立起强大的社交网络，培养团队合作意识。

三、著名赛事

1. O-Ringen瑞典 5 日：世界最大规模的定向运动赛事/旅游节，每年 7 月吸引世界各国 20000 名定向运动员相聚瑞典。

2. 世界定向越野锦标赛：最权威的传统定向比赛，每隔一年举行一次。

3. Jukola：世界最大的定向接力赛，每年 6 月有 2000 多个队在芬兰白昼地区持续比赛 24 小时。

4. Tio-mila：世界最刺激的夜间定向接力赛，每年 4 月末在瑞典举行。

四、定向越野的装备

（一）号码布

号码布一般不超过 24×20 厘米，号码数字的高不小于 12 厘米，字迹要清晰，字体要端正。

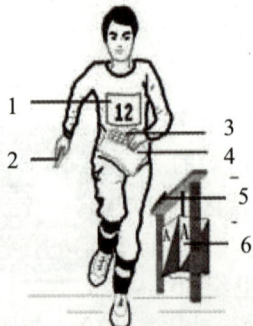

1 号码布　2 指北针　3 检查卡片
4 地图　5 点签　6 检查点

（二）指北针

当今世界上已出现的指北针类型主要有：简单式、液池式、透明式、照准式、电子式。国际上的定向越野比赛常使用由透明有机玻璃材料制作的指北针。

（三）检查卡片

检查卡片主要用于判定运动员的成绩。它是用厚纸片制成，分为主卡和副卡两部分。主卡由运动员在比赛中携带，

并按顺序将每个检查点的点签图案印在空格中，到达终点时交裁判人员验证。副卡在出发前交工作人员留底和公布成绩时使用。检查卡片的尺寸一般为 21 厘米×10 厘米。

（四）地　图

国际定联专门为国际的定向越野比赛制定了《国际定向运动图制图规范》，对国际定向越野图的最基本的要求是：比例尺通常为 1∶1.5 万或 1∶2 万，当需要时也可采用 1∶1 万或 1∶2.5 万；等高距通常为 5 米，当需要时也可采用 2 米至 10 米，但在一幅图上不得使用两种等高距。

（五）检查点标志

检查点标志由三面标志旗连接组成。每面正方形小旗，沿对角线分开，左上为白色，右下为红色，旗的尺寸为 30 厘米×30 厘米，可以用硬纸壳、胶合板、金属板、布等材料制作，标志旗通常要编上代号。悬挂标志旗的方法有两种：有桩式和无桩式。悬挂高度一般从标志旗上端计算，距地面 80～120 厘米。

（六）点　签

最常见的点签样式有印章式和钳式。

五、定向越野的技巧

（一）标定地图

标定地图就是为了使越野图的方位与现地的方向相一致。这是使用越野图的最重要的前提。

1. 概略标定。
2. 利用磁北线（MN线）标定。
3. 利用直长地物标定。
4. 利用明显地形点标定地图。

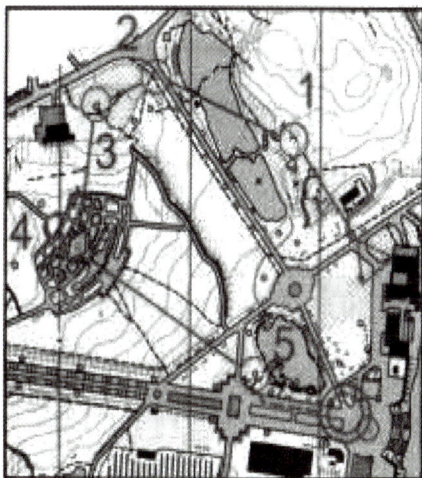

（二）对照地形

对照地形一般应先标定地图，然后根据不同的需要采用不同的对照方法。

（三）确定站立点

1. 当自己所处位置是在明显地形点上时，只要从图上找出该地形点、站立点即可确定。

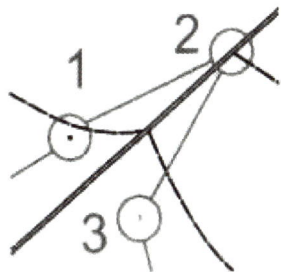

2. 利用位置关系确定。

3. 利用"交会法"确定。

4. 90°法。

5. 截线法。

6. 连线法。

7. 后方交会法。

8. 磁方位角交会法。

9. 记忆法。

10. 拇指辅行法。

11. 借线法。

12. 借点法。

13. 导线法。

六、定向越野的比赛规则简介

（一）犯 规

有下列行为之一者即为犯规，应取消比赛资格。

1. 有意妨碍他人比赛（包括犯有同一性质的其他任何不良言行）者。

2. 蓄意损坏点标、点签和其他比赛设施者。

3. 比赛中搭乘交通工具行进者。

4. 未通过全部检查点，而又伪造点签图案者。

（二）违 例

有下列行为之一者被视为违例，应给予警告。裁判人员将根据违例的性质和程度，采取从降低成绩直至取消比赛资格的处罚。

1. 在出发区越位（提前）取图和抢先出发者。

2. 接受别人的帮助，如指路、寻找点标、使用点签者。

3. 为别人提供帮助，如指路、寻找点标、使用点签者。

4. 为从对手的技术中获利，故意在比赛中与对手同路或跟进者。

5. 故意不按比赛规定顺序行进者。

6. 不按规定位置佩戴号码布者。

7. 有其他违反比赛规则行为者。

（三）成绩无效

有下述情况之一者，比赛成绩将被判为无效。

1. 有证据表明在比赛前勘察过路线者。

2. 未通过全部检查点，即检查卡片上点签图案不全者。

3. 点签图案模糊不清，确实无法辨认者。

4. 在检查卡片上不按规定位置使用点签者。

5. 在比赛结束（指终点关闭）前不交回检查卡片者。

6. 超过比赛规定的终点关闭时间（检查点一般也在同一时间撤收）而尚未返回会场者。如确系迷失方向，应向附近任意一条大路或原检查点位置靠拢，等候工作人员的处置。

7. 有意无意地造成国家或他人的重大经济损失和破坏自然风景者。由此带来的一切后果，责任由肇事人承担。

（四）特殊情况

在定向越野比赛中，某些特殊的情况是可能出现的。

1. 检查点被无关人员拿走或遭自然破坏。

2. 检查点的位置与图上的位置不符。

3. 比赛中出现个人或团体的成绩完全相等。

对于这类问题，通常应在比赛前的准备阶段由筹备组长领导各委员仔细地研究、确定处置办法，形成文字，由技术委员在制定《比赛规程》时列入。如果这些问题是出现在比赛的过程中，则应由裁判长决定处置办法。当某个领导小组成员对裁判长的决定有异议时，应经比赛领导小组组长同意，召集全体成员，以举手表决的方式另行选择处置办法，但必须获得四分之三以上的票数通过。对于在比赛后提交到领导小组的诉讼，原则上也应按此办法处理。

第二节　拓展训练

拓展训练，字面意思为船要离港召集船员的旗语，后来被人们解释为：一艘小船在暴风雨来临之际抛锚起航，驶向未知的旅程，去迎接一次次没有未来的挑战。二战时，大西洋上有很多船只由于受到攻击而沉没，大批船员落水，由于海水冰冷，又远离大陆，绝大多数船员不幸牺牲，但仍有极少数的人历经磨难得以生还。这些生还下来的人不是人们想象的那样都是些身体强壮的小伙子，而大多数是些年老体弱的人。经过一段时间的调查研究，专家们终于了解到这些人之所以能活下来，关键在于这些人有良好的心理素质。当时有个德国人库尔特·汉恩提议，利用一些自然条件和人工设施，让那些年轻的海员做一些具有心理挑战的活动和项目，以提高他们的心理素质。后其好友劳伦斯在1942年成立了一所阿德伯威海上训练学校，以年轻海员为训练对象，这是拓展训练最早的雏形。

一、拓展训练的起源与发展

拓展训练源于第二次世界大战，战后在英国出现了一种叫作Outward Bound的管理培训，这种训练利用户外活动的形式，模拟真实管理情境，对管理者和企业家进行心理和管理两方面的培训。1946年，Outward Bound信托基金会（Outward Bound Trust）在英国成立，1962年曾在戈登思陶恩任教的美国人乔什·曼纳（Josh L Miner）在美国成立科罗拉多OB学校，并于1963年正式从OB信托基金会获得许可证书，成为真正将拓展训练推广开来的人。将拓展训练在学校教育推广开来的是美国一所高中的校长皮赫，至今，在全世界28个国家和地区共成立了48所以OUTWARD-BOUND统一命名的拓展训练学校。1970年，中国香港成立了香港外展训练学校。1994年，刘力创办了中国内地第一所专业体验式培训机构——北京拓展训练学校，并命名为拓展训练，是唯一合法使用"拓展训练"的认证机构。

二、拓展训练的锻炼价值

（一）个　人

通过拓展训练，能够改善个体的身体机能，强健体魄，使个体认识自身的潜能，增强自信心，克服心理惰性，完善性格结构，磨炼战胜困难的意志。通过团队合作，使个体更能认识到群体的作用，增进团体意识，和谐人际关系，启发想象力与创造性，提高解决问题的能力。

（二）团　体

通过团队协作能使员工进一步明确和认同组织目标；能挖掘员工的内在能量，使之聚合，并在工作中全部释放出来；能增强组织的凝聚力，树立相互配合、相互支持的团队精神和整体意识。改善人际关系，形成积极向上的组织氛围，使组织在面对各种变革与挑战时更为从容有序。

三、拓展训练的主要项目

（一）雷区取水

在一个直径5米的深潭中间有一盆水，你要在仅用一根绳子、不接触水面的情况下取到全体队员的救命宝物（图28-2-1）。

（二）无敌风火轮

全体团队成员只凭借报纸、剪刀、胶带，走完一段不容易的路程（图28-2-2）。

图 28-2-1

图 28-2-2

（三）信任背摔

实施队员两手反交叉握拢弯曲贴紧自胸前，两脚并拢，全身绷紧成一体；后倒时，头部前屈，身体不能弯曲，两手不得向外打开。保护队员两腿成弓步且相互抵紧，两手搭于对方肩上，掌心向上，上体和头部尽量后仰，当实施队员倒落时，全身协力将实施队员平稳接住（图 28-2-3）。

（四）空中断桥

参训队员爬越 9 米高的断桥立柱，站立于断桥桥面之上，两臂自然平伸，保持身体平衡，移步至桥面一侧边缘，以后脚的蹬力，使身体向前跃出，跨过断桥落于桥面另一侧，平稳走到终点（图 28-2-4）。

图 28-2-3

图 28-2-4

（五）孤岛求生

将队员分成三组，安置于三个已规定的岛上（珍珠岛、瞎子岛、哑巴岛），各组队员扮演各自岛上的角色，在规定的时间内完成规定任务（图 28-2-5）。

（六）有轨电车

全组队员双脚分别站在两块木板上，双手抓住系于木板上的绳子，向指定的方向行进（图 28-2-6）。

图 28-2-5　　　　　　　　　　　　　图 28-2-6

（七）毕业墙（求生墙）

团队在没有任何器材的情况下共同努力翻越 4 米高的墙壁（图 28-2-7）。

（八）生死电网

面对高压电网，参加者必须同心协力，尽量避免伤亡，以最小的代价换取最大的胜利（图 28-2-8）。

图 28-2-7　　　　　　　　　　　　　图 28-2-8

第三节　攀　岩

一、攀岩的起源和发展

攀岩运动是从登山运动中衍生出来的竞技运动项目。20 世纪 50 年代起源于苏联，是作为军队中一项军事训练项目而存在的。1947 年，苏联首先成立了攀岩委员会。1948 年，苏联在国内举办了首届攀岩锦标赛，这也是世界上第一次攀岩比赛。从那以后，攀岩运动开始在欧洲盛行。1974 年，攀岩运动被列入世界比赛项目。进入 80 年代，以难度攀登的现代竞技攀登比赛开始兴起并引起广泛的兴趣，1985 年在意大利举行了第一次难度攀登比赛。1988 年 6 月，国际竞技攀登比赛在美国举行。1989 年，首届世界杯攀岩赛分阶段在法国、英国、西班牙、意大利、保

加利亚和苏联举行。运动员参加各地比赛，最后累计总成绩，进行排名。此后，世界杯攀登比赛每年举行一次。1987年，中国登山协会派出8名教练和队员去日本长野系统学习攀岩，回国后，于当年10月在北京怀柔大水峪水库自然岩壁举办了第1届全国攀岩比赛。1990年在怀柔国家登山队训练基地的人工场地上第一次举办了攀岩比赛。1993年，攀岩比赛被国家体委列入正式比赛项目，此后每年都举行一次全国锦标赛。

二、攀岩的锻炼价值

1. 攀岩能达到锻炼身体、提高身体素质的功效，而且比一般的运动锻炼效果更好，攀登时不用工具，仅靠手脚和身体的平衡向上运动，手和手臂要根据支点的不同，采用各种用力方法，如抓、握、挂、抠、撑、推、压等，能锻炼身体力量及平衡能力，对心血管系统的改善有相当重要的作用，同时通过热量调节作用与新陈代谢促进血液循环，并对智力和体力具有调节作用。

2. 攀岩能锻炼人们勇敢、顽强和坚韧不拔的意志，培养良好的思想品德和体育意识、团队合作意识，提高人体对环境的适应能力和对突发事件的应变能力，培养强烈的责任心、自信心和自强能力，在运动中寻找到了自身的价值所在。因此，可以说，攀岩运动既陶冶了情操又锻炼了身体，使人在惊险中得到了美的享受。

三、著名赛事

（一）世界杯分站赛

世界杯分站赛是世界上最大规模的攀岩赛事，每年举行一次，但每年每种形式的世界杯赛（难度、攀石和速度）最多可批准10站。每站世界杯赛应包括难度赛、攀石赛和速度赛三种比赛的其中一种或几种；比赛应包括男子和女子两个组别，参赛运动员必须满17周岁。比赛通常在周末举行，如果比赛只设一种形式，则赛程最长为2天；如果比赛设有两种形式（如难度和速度），赛程最长为3天；如果比赛设三种形式（如难度、攀石和速度），则赛程最长为4天。运动员参加在各地举行的比赛，然后根据每站比赛的得分进行年度总排名，总成绩最好者即为世界杯得主。

（二）世界攀岩锦标赛

世界攀岩锦标赛是世界上最具竞争力的攀岩赛事，每两年（奇数年）举行一次。每届世界攀岩锦标赛都包括男子和女子两个组别的难度赛、速度赛及攀石赛项目，参赛运动员必须满16周岁。世界攀岩锦标赛通常在周末举行，最长赛程为5天。

四、著名运动员

（一）Chris Sharma

Chris Sharma，美国著名攀岩者。他在 20 岁时就完成了"Realization"5.15a 的路线，这在当时被认为是无法突破的极限。他的一个招牌动作是，在抱石仰角很多极难的动态中，只使用一个脚点，被誉为有史以来最好的攀岩者之一。

（二）Adam Ondra

Adam Ondra，攀岩界的天才人物之一。从小的时候，他父母便带他接触攀岩。Adam Ondra 4 岁在斯洛文尼亚完成了他的岩石处子秀；7 岁开始领攀，领攀的第一条线路是克罗地亚的 6a 线路；到年底，又完成了 6c+ 的线路；8 岁他完成了一些难度为 7b+ 的线路；9 岁完成了 7c+ 的线路；10 岁完成了 8a 的线路；11 岁完成了 8a+ 的线路，并完成了 8b+ 的线路；12 岁完成了 8C 的线路；13 岁完成了 Siurana8b+ 的线路，并完成了他的第 2 条 8C+ 线路；14 岁在斯洛文尼亚完成了他攀岩生涯中的第 1 条 9a/5.14d 路线。Adam Ondra 小小年纪已经逼近世界最高攀岩水平。

五、主要装备

1. 个人装备指的是安全带、下降器、安全铁锁、绳套、安全头盔、攀岩鞋、镁粉和粉袋等。

2. 攀登装备指的是绳子、铁锁、绳套、岩石锥、岩石锤、岩石楔（CHOCK），有时还要准备悬挂式帐篷。

六、攀岩的基本要领

1. 抓，用手抓住岩石的凸起部分。

2. 抠，用手抠住岩石的棱角、缝隙和边缘。

3. 拉，在抓住前上方牢固支点的前提下，小臂贴于岩壁，抠住石缝隙或其他地形，以手臂和小臂使身体向上或向左右移动。

4. 推，利用侧面、下面的岩体或物体、以手臂的力量使身体移动。

5. 张，将手伸进缝隙里，用手掌或手指屈曲张开，以此抓住岩石的缝隙作为支点，移动身体。

6. 蹬，用前脚掌内侧或脚趾的蹬力把身体支撑起来，减轻上肢的负担。

7. 跨，利用自身的柔韧性，避开难点，以寻求有利的支撑点。

8.挂，用脚尖或脚跟挂住岩石，维持身体平衡使身体移动。

9.踏，利用脚前部下踏较大的支点，减轻上肢的负担，移动身体。

七、攀岩的基本方法

三点固定法是攀岩的基本方法。

（一）身体姿势

攀登岩石峭壁时身体要自然放松，以3个支点稳定身体重心，而重心要随攀登动作的转换移动。

（二）脚的动作

两腿外旋，大脚趾内侧贴近岩面，两腿微屈，以脚踩支点维持身体重心，膝部不要接触岩石面。

（三）手脚配合

运用上肢力量攀登时，往往是上肢引体，下肢蹬压抬腿而移动身体。上肢要以手指和手腕、手臂力量为主，再配合以脚腕、脚趾以及腿部的力量，使身体重心随着用力方向的不同而协调地移动。

八、攀岩的练习技巧

（一）出手越晚越好

正确的做法是尽可能地做"向上腾跃"的动作，即试着让身体尽可能向上伸展，直至到达最高点时再松开手。

（二）拍墙和拍点

从拍墙开始，循序渐进地练习，跳着让自己拍到尽可能高的地方，拍到后再定新的目标。

（三）练习完整的动作

进行动态动作时，要调用全部的肌肉，当能够抓住目标手点时，在手上微微发力，即使时间很短，也能够协调到抓点的肌肉。

（四）用脚推

试着把重量尽可能多地放在支撑脚上，尽量选择足够软的鞋子。

（五）好好利用弹簧动作

每次做动态动作之前，应该先做垂直方向的运动，先上后下，类似弹簧进行延伸和压缩。

第四节　野外生存

一、项目概述

野外生存，是指在孤立无援、断水断粮的危难时刻，克服各种困难，保证有生力量生存的方法，主要包括防护和求生两个方面。防护，即运用有效的方便手段，防止战斗毁伤和意外伤患；求生，即运用多种方便的手段和技能，维持生命和救治生命，在战场上，摆脱敌人的追击和搜捕。野外生存，困难较大，要求有足够的耐心、坚强的意志和自理能力，尽可能地保存自己，减少损伤，以保证任务的顺利完成。为适应战时恶劣的生存环境，平时应选择相应条件、环境有针对性地进行训练。

二、必带装备

1. 帐篷：北方或少雨的地方可以准备一个单层帐篷，可以抵挡小雨 2 ～ 3 个小时。在雨季要选择双层帐篷，一般可以抵挡小雨 7 ～ 8 个小时。

2. 睡袋：野外露营必备之物，有羽绒、腈纶棉、线织几种，根据天气选择。

3. 防潮垫：耐磨层有单层和双层之分，有平直面和蛋巢面、有可充气垫，根据你的要求选择。

4. 炉具：在炉具的选择上有瓦斯炉和汽化炉、酒精炉等，在禁止野外用火的地方非常有用。

5. 桶锅：一种专门为登山露营而设计的套锅，大、中、小三锅子套在一起，还附有小碗、汤匙及小茶杯。

6. 水袋（壶）：野外活动不可或缺的装备，毕竟营地离水源地总有一段距离。

7. 营灯、手电筒：夜行、夜宿都需要、必备，也可以选择头灯，非常方便。

8. 燃料：如果你不想把炉具当摆设，记住带着它吧；打火机、防潮火柴也要带着。

9. 食粮：野餐罐头、面包、方便面、饼干，必备；也可以带些大米、肉串、烤肉、零食等等。

10. 刀：开路、切割都离不开它，去比较荒野的地方最好带砍刀，平时带一把多用途的瑞士军刀。

11. 铁锹：可选择带斧头两用锹。搭建帐篷、平整土地要比你徒手快上百倍，斧头可以砍些朽木枯树。

12. 急救药品：如遇意外事件，至少自己可以先急救处理一下，不要让伤害加大。

13. 附属装备：指南针、地图、眼镜、浮水衣、防蚊液、橡皮艇、冰桶、滤水器、望远镜、烤肉架等。

14. 背包：一般野营 2 ～ 3 天准备一只 50 ～ 70 升的背包足矣。一定要选择好一点牌子的、结实，舒适。

三、基本生存方法

（一）野外生存技巧之取水

1. 找水源的首选之地是山谷底部地区。高山地区取水，应沿着岩石裂缝去找，干涸河床沙石地带往往会挖到泉眼。

2. 在海岸边，应在最高水线以上挖坑，很可能有一层约 5 厘米的沉滤水浮在密度较大的海水层上。

3. 饮用凹地积水处的水时，必须做到先消毒、沉淀后煮沸饮用。

4. 收集雨水：在地上挖个洞，铺上一层塑料，四周用黏土围住，可以有效地收集雨水。

5. 凝结水：在一段树叶浓密的嫩枝上套一只塑料袋，叶面蒸腾作用会产生凝结水。

6. 跟踪动物、鸟类、昆虫或人类可以找到水源。

7. 植物中取水：竹类等中空植物的节间常存有水；藤本植物往往有可饮用的汁液，棕榈类、仙人掌类植物的果实和茎干都含有丰富的水分。

8. 日光蒸馏器：在干旱沙漠地区利用下述方法能较好地收集到水。在相对潮湿的地面挖一个大约宽 90 厘米、深 45 厘米的坑，坑底部中央放一集水器，坑面悬一条拉成弧形的塑料膜。光能升高坑内潮湿土壤和空气的温度，蒸发产生水汽，水汽与塑料膜接触遇冷凝结成水珠，下滑至器皿中。

（二）野外生存技巧之生火

1. 使用凸镜：强烈的阳光通过凸镜聚集后可以产生足够的热量点燃火种。放大镜、望远镜或照相机凸镜都可以代替凸镜为您服务。

2. 电池生火：用导线连接车辆、手电筒或收音机中电池的正负极时发出的火花可用来点火。

3. 钻木取火：用一块坚硬的纺锤状木头在一块软木底座上摩擦钻孔，起初会落下细碎的木屑，尔后摩擦处会变热。为便于钻木，往往将硬的纺锤状木头缠在自制木弓上，加快转动速度，可引燃火种。

4. 枪弹引火：先将子弹的弹丸拔出来，倒出 2/3 的发射药，撒在干燥易燃的枯草或纸上，把弹壳空出来的地方塞上纸和干草，然后推弹壳入膛，用枪口贴近撒了发射药的引火物射击，即可引燃引火物取火。

5. 击石取火：找一块坚硬的石头，作"火石"，用小刀的背或小片钢铁向下敲击"火石"，使火花落到引物上。当引火物开始冒烟时，缓缓地吹或扇，使其燃起明火。

（三）野外生存技巧之睡袋

睡睡袋是有技巧的。不会"睡"的人即使用高寒睡袋（零下35℃）在一般低温下（零下5℃）也会感到寒冷，那么怎样才能睡得更暖些呢？在使用睡袋时，有很多外在因素影响睡袋的性能，要注意的是睡袋本身并不发热，它只是有效地将体温流失减低，下面的条件会帮助你睡得更暖些。

1. 在选择营地时，不要选择谷底，那里是冷空气的聚集地，也要尽量避开承受强风的山脊或山凹。一张好的防潮垫能有效地将睡袋与冰冷潮湿地面分开，充气式效果更佳。在雪地上需用两张普通防潮垫。

2. 保温棉在受潮后会黏结而失去弹性，保温能力下降。如睡袋连续使用多天，最好能在太阳下晾晒。经常清洗睡袋可使保温棉保持弹性。

3. 一些较松软的衣物可兼作加厚睡衣用。将人与睡袋之间的空隙填满，也可使睡袋的保暖性加强。

4. 人体就是睡袋的热量来源，如临睡前先做一小段热身运动或喝一杯热饮，会将体温略微提高并有助于缩短睡袋的变暖时间。

（四）野外生存技巧之野外求救

1. 放烟火：燃放烟火是最常见的求救方法。白天用烟，即在燃火上放一些橡胶片、生树叶、苔藓、蕨类植物等，可以生成燃烟，以便通知外界。夜晚用火应在开阔地上，向可能的居民区方向点 3 堆明火，用火光传达求救信号。

2. 光信号：白天用镜子借助阳光，向可能的居民区或空中的救援飞机发射间断的光信号，光信号可传 16 千米之远。方法是将一只手指瞄准应传达的地方，另一只手持反光镜调整反射的阳光，并逐渐将反射光瞄准指向即可。夜晚用手电筒，向求救方向不间断的发射求救信号。国际通用的求救信号是 SOS，即三长三短，不断地循环。

3. 现代求救方法：随着时代的发展，各种现代求救设备逐渐普及，如信标机、无线电通讯机、卫星电话等设备，如果有条件可以逐步配备这些现代设备。

思考题

1. 定向越野有哪些锻炼价值？
2. 拓展训练对个人和团体有哪些锻炼价值？
3. 简述攀岩的基本方法。
4. 野外生存的基本方法有哪些？

第二十九章　休闲运动

章前导言

　　休闲运动是在现代社会快节奏的工作和生活环境下，人们利用闲暇时间，以身体活动为基础进行的一种娱乐、健身过程。本章介绍两种具有较强休闲属性的体育运动：轮滑和荷球。

　　重要提示：轮滑；荷球

第一节　轮　滑

一、轮滑的起源和发展

　　产生于公元 1100 年的溜冰鞋是将骨头装在长皮靴脚掌上帮助猎人在冬天进行打猎的。苏格兰人 Dutchman 于公元 1700 年爆炸性地创造了第一对溜冰鞋，在这一年，在爱丁堡组成了第一个溜冰俱乐部。第一款直排轮滑鞋的出现在公元 1760 年。1819 年，M. Peitibled 于法国发明专利中记载了第一双单排滑轮，由 2～3 个轮子组成一直线。1823 年，Robert John 设计了一双溜冰鞋，称它为"rolito"。1863 年，美国人詹姆士发明了第一双双排溜冰鞋。1892 年，国际轮滑联盟在瑞士成立。1924 年 4 月 1 日，英、法、德、瑞士 4 国代表在瑞士蒙特勒成立国际轮滑联合会。1926 年举办了有 6 个国家参加的第 1 届欧洲轮滑锦标赛。直到 1980 年，产生了第一双单排轮滑鞋。1994 年，Rollerblade Inc 把 ABT 简易刹车系统带入市场。1992 年，双排轮滑组别的轮滑球项目出现在奥运会舞台上，这也是唯一在奥运会上出现的轮滑项目。1995 年，ESPN 第 1 届极限运动把特技单排轮滑运动（Aggressive In-line Skate）推向了全世界。

二、轮滑的锻炼价值

　　1. 轮滑是一项全身性运动，它能促进心脑血管系统和呼吸系统机能的改善和代谢作用的加强，能增强臂、腿、腰、腹等各处肌肉的力量和身体各个关节的灵活性，特别是对人提高平衡能力有很大的帮助和协调。同时，轮滑也是一项健康的有氧运动，它的最大氧气消耗量是跑步的 90%，可以达到强化心血管和燃烧脂肪的效果，因而能改善体形，减肥塑身。

2. 轮滑运动本身不会产生任何污染，倡导了健康的环保理念，是一项时尚的健康运动，并且有着较强的安全性。直排轮鞋运动对关节所造成的冲击力较跑步对关节的冲击力低约 50%。采用聚氨酯制成的轮子的弹性对关节冲击很小，戴上头盔和护具，摔倒后受伤的危险性很小。

3. 尽管轮滑是相对危险系数较低的一项极限运动，但极限轮滑仍是一项非常具有挑战与刺激的运动。

三、代表人物

（一）西市绅悟

1998 年，9 岁的西木绅悟初次滑轮滑，他擅长阿克塞尔跳，曾成功完成过阿克塞尔三周跳，此跳跃是花样轮滑界的顶级难度跳跃。西木绅悟获得过 2010 广州亚运会男子花样轮滑冠军、2010 世锦赛第 7 名以及 2011 年世界花样轮滑锦标赛第 3 名。

（二）KSJ

Kim Sung jin，中文名为金成镇，1990 年 8 月 22 日出生于韩国。2000 年开始接触轮滑，2002 年开始接触平地花式轮滑，多次获得世界冠军，是世界自由式轮滑爱好者心中的超级偶像，自由式轮滑里程碑式人物。

四、国际项目分类

（一）花　样

花样轮滑来自花样滑冰，是亚洲运动会的正式比赛项目。它是指运动员穿着脚底装有 4 个并排轮子的轮滑鞋，靠自身力量在木质地板上滑行，表演预先以技术动作为基础编排的节目，由裁判组评估打分、排出名次。

（二）自由式

自由式中最有代表性的就是 Slalom，即平地花式（简称平花）。平地花式和花式都是自由式轮滑的子项目。

休闲轮滑就是俗称的刷街。FSK 是一种由多种轮滑形式混合而衍生出的一种特殊的轮滑形式。野街就是在刷街的过程中融入速降、花式跳跃等其他轮滑形式，场地 FSK 主要就是在一定的场地内进行花式刹停、花式旋转等，当然也有其他的轮滑形式融汇进去。

（三）速　降

速降是一种相对较刺激的、类似速滑的轮滑形式。一般选择在比较陡峭的公路或山路进行。速降轮滑（Down Hill Roller Skating），分为两个组别，双排轮滑组别和单排轮滑组别，还有衍生项目障碍速降和速降轮滑衣。

（四）轮滑球

轮滑球被誉为轮滑项目的最高境界。轮滑球是一项不直接接触球的运动，双排轮滑球赛使用的是真正的圆球，而单排轮滑球赛使用的是球饼。

（五）Jam skating

Jam skating 也叫轮舞，是双排轮滑结合Locking popping、Hiphop Breaking、Free style 等舞种，成为一种新兴的潮流街头文化在美国发展。

（六）Roller Derby

比赛场地为圆形溜冰场，两队分别派 5 名队员上场，其中 3 名拦截队员，1 名策应队员，1 名得分前锋。第一声哨声响起，拦截队员和策应队员迅速滑出；第二声哨声再响，位于队伍最后方的前锋奋力滑行，只要超过对方策应队员即可成为领先前锋。超过对方队员越多，得分越高。每两分钟为一次堵塞，每次堵塞后计算前锋得分。

（七）速　度

以单排、双排轮滑鞋为比赛工具的竞赛项目，分场地跑道比赛和公路比赛两种。世界锦标赛场地跑道正式比赛为：300 米计时赛、500 米淘汰赛、1000 米、5000 米、10000 米积分赛、20000 米积分赛；公路比赛包括女子 21000 米半程马拉松赛、男子 42000 米马拉松赛。

（八）极　限

极限轮滑也叫特技轮滑，可以选用直排或双排极限轮滑鞋，主要分为FSK 和专业场地，专业场地分道具赛和半管（U 形池）。

五、轮滑装备

（一）双排轮滑鞋

双排轮滑鞋主要由上鞋、轴架、轴承与轮子 4 大部件组成。所有部件均通过轴架连接成一体。双排轮滑的主要项目是花样轮滑、速滑、轮滑球与自由滑。

（二）单排轮滑鞋

单排轮滑鞋由上鞋、刀架、轮子、轴承、穿钉、底钉构成。

（三）护　具

轮滑护具包括头盔、护掌、护肘和护膝。

双排轮滑鞋　　　　　　　　　直排轮滑鞋　　　　　　　　　头　盔

六、轮滑练习

（一）准备活动

原地错步；原地高抬腿；平行行走。

（二）基础姿势

标准速滑基础姿势简称"静蹲姿势"。姿势要领：两脚平行且两脚尖向前，两脚打开约一拳宽；膝盖弯曲下蹲，大腿与小腿角度为110°～120°，小腿与地面角度为60°～70°，膝盖之间的距离与脚保持同宽；弯腰，俯身，抬头向前，脊椎自然弯曲不僵直，保持背与地面平行，头抬起，目视前方7～10米处地面；双臂自然背后。

（三）重心转移

静蹲姿势预备。首先，在保持身体原地不动的基础上，向身体的一侧横向蹬出该侧的腿，蹬出的腿要蹬直，此时一定要保持身体的重心完全放在没有蹬出去的那条腿上，且上身的姿势仍保持静蹲姿势不变。然后，在上身保持静蹲姿势不变的情况下，向蹬出的腿的方向平行移动（切记两脚仍在原地保持不动），上身移动至蹬出的腿的上方，刚才的支撑腿就是现在的蹬出腿，在平移的过程中，从头至臀的轴线要始终保持朝向正前方，以静蹲姿势平移过去。

（四）直线滑行

静蹲姿势准备。首先，将身体重心转移至一条腿上，另一条腿用脚内侧向斜后方蹬地，蹬地后迅速收回至静蹲姿势自由滑行，在此过程中，上身应始终保持静蹲姿势，不能变。接着，重心转移至另一侧，换用另一条腿蹬地，左右如此往复练习，要领同上。

（五）弯道滑行

平行转弯；弯道夹角。

（六）停止法

在向前滑行中，先将重心完全放在一条腿上，该腿膝盖弯曲，同时把另一条腿横放在支撑脚后，让两脚脚尖角度为90°，然后，后面的脚轻拖地面，减缓滑行速度，直到停止滑行。在此过程中，重心始终放在前面的腿上，上身始终保持正直，后腿的膝盖朝向要和后脚脚尖的朝向一致，两膝盖不可紧挨。

（七）刹车技巧

1. 初级基础法。
2. 中级刹车技术之 Advanced Runouts。
3. 高级 T-stop。

第二节　荷　球

一、荷球运动的起源与发展

1902 年，荷兰中学体育教师尼可·布鲁克修森（Nico Broekhuysen）发明了荷球运动，至今已有 100 多年的历史。他的发明灵感来源于一次在瑞典小镇 Naas 参与夏季课程时，想到学校男、女生由于性别的差别无法同场竞技，基于男女两性之间互相尊重与彼此合作的理念，为了男女平等合作以达到共同目标的实践情境，从篮球和足球中设计出一项游戏，被称为"Korfball"（考夫球）的球类运动，荷兰语中为"篮球"的意思，中文译称为"合球""荷兰式篮球"，在我国大陆称之为"荷球"。

1903 年，在荷兰成立了世界上第一个荷球运动协会，并于 1923 年举行了第一场国际荷球比赛。1933 年 6 月 11 日，国际荷球联合总会（IKF）在比利时的安特卫普省成立。荷球曾经在 1920 年和 1928 年的奥林匹克运动会上成为表演项目。1978 年举办了第 1 届世界荷球锦标赛，此后每隔四年举办一届。1984 年，在英国伦敦举行的世界运动会上，荷球被列为正式比赛项目。1985 年，荷球被列入世界认可的运动项目中。1993 年，国际荷联（IKF）被国际奥委会正式承认，并被国际体育总会（GAISF）、国际奥委会单项体育联合会协会（ARISF）、国际体育大会协会（IWGA）接纳为会员。至今，国际荷联成员已遍及欧洲、美洲、亚洲、非洲、大洋洲。1995 年，首次在非欧国家的印度举办了世界荷球锦标赛。这些都表明了荷球运动的国际化进程越来越快，影响日益扩大。

短短一个世纪的时间，荷球已经由一项校园游戏活动，演变成为一项兼具竞技性与休闲性的国际化体育运动项目。荷球运动不仅可以在室内进行，还可以在很多种环境中进行，比如：水上、沙滩、足球场及空旷地（图 29-2-1～图 29-2-3）。

图 29-2-1　荷球比赛

图 29-2-2　水上荷球

图 29-2-3　沙滩荷球

二、场地与器材

（一）场　地

标准荷球比赛场地长 40 米，宽 20 米，以中线分成两个半场。若因环境限制或特殊需求，场地可依长宽比 2：1 来增减。篮柱分立于两半场中央轴线，距离底线 6.67 米（1/3 半场长）处（图 29-2-4）。自由传球区呈圆形（图 29-2-5），执行自由传球时只允许执行球员单脚接触罚球点，其他球员须站立在阴影区域以外。罚球区呈椭圆形（图 29-2-6），执行罚球时只允许执行球员站进罚球点，其他队员站在阴影区域以外。

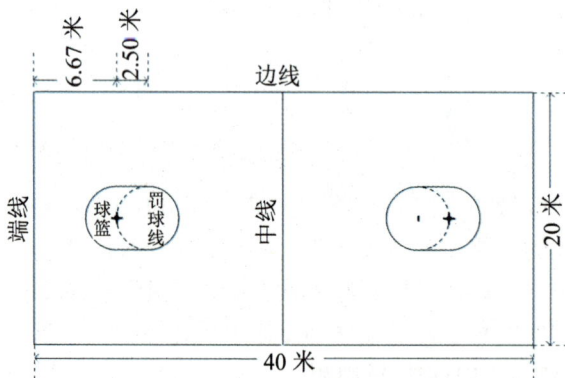

图 29-2-4　荷球场地

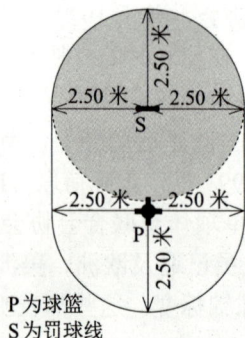

P 为球篮
S 为罚球线

图 29-2-5　自由传球区域

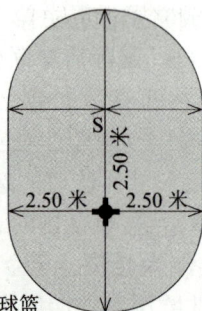

P 为球篮
S 为罚球线

图 29-2-6　罚球区域

（二）器　材

1. 球　柱

球柱外径为 4.5 ～ 8 厘米，须垂直固定在场地或放置于场地平面上，两支球柱分别位于球场两区两边线中央、距离两端端线 1/6 距离的位置。

2. 球　筐

球筐固定装在球柱顶端，必须朝向球场中央，上缘必须离地 3.5 米。球筐为无底之圆筒形，高 23.5 ～ 25 厘米，上缘内径 39 ～ 41 厘米，下缘内径 40 ～ 42 厘米，上缘宽度为 2 ～ 3 厘米。球筐用藤条编成或以合成材料制成，两边的球筐必须形状相似，为单色且与背景形成清楚对比。

3. 球

荷球是由国际荷球总会认可的五号圆球。球的圆周为 68 ～ 70.5 厘米，重量应介于 445 ～ 475 克之间。球应充气至规定气压，即使球从约 1.8 米高的地方垂直掉落比赛场地时，球的反弹高度应为 1.1 ～ 1.3 米（图 29-2-7）。

图 29-2-7　荷　球

三、基本技术

（一）移　动

移动是荷球队员在比赛中为了改变位置、方向、速度和争取高度所采用的各种脚部动作的统称。进攻时运用移动可以摆脱防守去接球，占据有利位置，牵制对手和掩护同伴达到进攻的目的；防守时可以抢占有利位置，防止对手摆脱和及时抢断球，破坏对方的进攻意图。

（二）传接球

传接球技术是荷球比赛中进攻队员之间有目的地转移球的方法，是进攻队员在场上相互联系和组织进攻的纽带，是实现战术配合的手段。在荷球比赛中，主要是以单手传球和双手接球为主。

（三）投　篮

投篮是进攻队员为将球投向球篮而采取的各种专门动作的总称。投篮是荷球运动的主要进攻技术，是唯一的得分手段。投篮技术动作较多，常用的投篮手法主要有双手远投、V 投、切入低手投篮、切入高手投篮和罚点球。

（四）帮　助

在荷球比赛中，由于规则限制不能运球和在合法位置投球的要求，无论是切入投球还是 V 投等都需要同伴的帮助，也就是助攻。如何进行帮助，帮助的有效性是战术运用的关键，也是球队获胜的重要因素。

（五）自由传球

荷球比赛时依犯规情节的轻重判罚自由球、罚球、警告或退场，绝大部分的犯规皆在犯规的地点判罚自由传球。在靠近篮柱地点的自由传球，往往成为得分的关键。因此，在训练过程中，主攻队员与帮助队员通过眼神、编号、命名和暗号等方式制订一些配合。一般常用的自由传球配合分为主攻投篮配合、侧面帮助队员投球的配合、篮下卡位队员投球的配合。

（六）防守技术

1. 抢　断

抢断是在观察球路并趁对手在没有准备或来不及接球的状况之下，从侧面将球拦截的一种行为。抢断球分为横断球和纵断球。可参考篮球中的抢断技术。

2. 卡　位

卡位是队员为了获取有利的位置争抢篮下球而采用的一项技术。卡位球员称为抢篮下球者（rebounder）。进攻时，运用卡位抢到反弹球可以形成第二次进攻。防守时，运用卡位可以保护反弹球，打断对手的进攻。卡位时，双臂张开，腿半蹲，沉腰，全力将进攻方挡在自己背后，密切注视球的反弹方向和进攻队员的动向。

3. 接取反弹球

接取反弹球就是类似篮球运动中抢篮板球的意思。由于荷球的篮筐没有篮板，并且很高，它的命中率很低。因此，接取反弹球成为荷球比赛胜败的关键因素。在训练中，要加强对卡位队员的训练和重视。

四、了解规则

（一）时　间

正式比赛为上、下半场各 30 分钟，中场休息至多 10 分钟。暂停指比赛中不算入比赛时间内的中断时段，每次持续 60 秒。每一球队每场比赛允许使用两次暂停。

（二）得　分

当球在攻区自上而下完全穿过球筐，或者在确定可自上空向下完全穿越球筐，但球被防守队球员从下反拨出球筐，此时应判得分。投中己方球筐计对方得 1 分。

（三）换　边

每得两分后（如 2∶0、1∶1、3∶1 时）球员即改变攻守角色，进攻球员成为防守球员，而防守球员成为进攻球员，球员以交换场区的方式改变角色。中场休息后，球员的角色不变，但必须交换进攻方向。

（四）开　球

比赛开始时由竞赛规程规定的先攻队伍先开球。下半场开始时由后攻球队开球。每次得分后由对方球队开球。由攻区球员在进攻区接近球场中线的位置执行开球。

（五）违规行为

违反规则可分为防守方违规及进攻方违规，又分为轻微违规和严重违规。当防守方或进攻方发生轻微违规时都是判罚重发球。当防守方发生严重违规时判罚自由传球，进攻方发生严重犯规时则判罚罚球。

1. 比赛中禁止以下行为

腿或脚触球；以拳头击球；双脚以外身体任一部分着地时持球、接球或拍球；带球走；单打独斗；将球直接递给同队的另一球员；延误比赛；击打、拿走或抢夺对手手中的球；推人、抱人或阻碍对手；过度封阻对手。

2. 带球走、过度封阻对手、防守位置、紧密切过（切断）

（1）带球走

下列三种情况下允许控球时改变位置：球员站立接球；球员在跑动或跳跃中接球，并在传球或投篮前停下；球员在跑动或跳跃中接球，并在停下前传球或投篮。在上述三种情况下，不允许球员于足部第三次着地时仍然持球。

（2）过度封阻对手

封阻对方异性球员掷球；封阻已经被另一球员防守的对方球员；越区比赛；处于防守位置时投球；自守区或执行自由传球或重发球时，直接得分；没有个人对手时投球；摇动篮柱，影响投篮；跳跃、奔跑或为了迅速移位而用手握住篮柱；违反自由传球或罚球的规定；以危险的方式比赛；封阻执行重发球的球员。

（3）防守位置

防守队员只有同时符合以下情况时，防守队员才处于防守位置：他（她）必须比进攻球员更接近球柱；距离进攻球员一臂长距离，且可以碰到对手胸部位置；他（她）必须面向球员且试图封阻球。

（4）紧密切过（切断）

切断是发生在原先已处于防守位置的防守球员，因其对手从另一名进攻球员的身旁切过，导致他因碰撞或可能碰撞另一名进攻球员而被迫放弃其防守位置。切断亦是当防守球员在一手臂长距离范围内封阻对手时，因其对手从另一名进攻球员的身旁切过，导致他因碰撞或可能碰撞另一名进攻球员而被迫放弃于一手臂长距离范围内封阻对手。切断本身并非违规，切断后立刻投球才是违规。

思考题

1. 轮滑分为哪些项目？
2. 荷球的基本技术有哪些？

附　录　《国家学生体质健康标准》简介

附录一　《国家学生体质健康标准》的实施说明

一、说　明

《国家学生体质健康标准》从身体形态、身体机能和身体素质等方面综合评定学生的体质健康水平，是促进学生体质健康发展、激励学生积极进行身体锻炼的教育手段，是国家学生发展核心素养体系和学业质量标准的重要组成部分，是学生体质健康的个体评价标准。

本标准将适用对象中的高校部分分为：大学一、二年级为一组，三、四年级为一组。

大学各组别的测试指标均为必测指标。其中，身体形态类中的身高、体重，身体机能类中的肺活量，以及身体素质类中的50米跑、坐位体前屈为各年级学生共性指标。

本标准的学年总分由标准分与附加分之和构成，满分为120分。标准分由各单项指标得分与权重乘积之和组成，满分为100分。附加分根据实测成绩确定，即对成绩超过100分的加分指标进行加分，满分为20分；大学的加分指标为男生引体向上和1000米跑，女生1分钟仰卧起坐和800米跑，各指标加分幅度均为10分。

根据学生学年总分评定等级：90.0分及以上为优秀，80.0～89.9分为良好，60.0～79.9分为及格，59.9分及以下为不及格。

每个学生每学年评定一次，记入《〈国家学生体质健康标准〉登记卡》。特殊学制的学校，在填写登记卡时可以按规定和需求相应地增减栏目。学生毕业时的成绩和等级，按毕业当年学年总分的50%与其他学年总分平均得分的50%之和进行评定。

学生测试成绩评定达到良好及以上者，方可参加评优与评奖；成绩达到优秀者，方可获体育奖学分。测试成绩评定不及格者，在本学年度准予补测一次，补测仍不及格，则学年成绩评定为不及格。普通高中、中等职业学校和普通高等学校学生毕业时，《标准》测试的成绩达不到50分者按结业或肄业处理。

二、单项指标与权重（附表1-1）

附表1-1 测试指标与权重

测试对象	单项指标	权 重
大学各年级	体重指数（BMI）	15%
	肺活量	15%
	50米跑	20%
	坐位体前屈	10%
	立定跳远	10%
	引体向上（男）/1分钟仰卧起坐（女）	10%
	1000米跑（男）/800米跑（女）	20%

注：体重指数（BMI）＝体重（千克）/身高^2（米^2）。

附录二 《国家学生体质健康标准》的测试方法

一、1分钟仰卧起坐（女）

受试者仰卧于垫上，两腿屈膝，小腿与地面成45°角左右，两手轻轻地搭在双耳侧。脚底与地面平行。受试者坐起时两肘触及或超过双膝为完成一次。仰卧时两肩胛必须触垫（附图2-1）。

附图2-1 仰卧起坐测试示意图

二、引体向上（男）

受试者跳起，双手正握杠，两手与肩同宽，成直臂悬垂。静止后，两臂同时用力引体（身体不能有附加动作），上拉到下颌超过横杠上缘为完成一次。记录引体次数。

三、立定跳远

受试者两脚自然分开站立，站在起跳线后，脚尖不得踩线（最好用线绳做起跳线）。两脚原地同时起跳，不得有垫步或连跳动作。丈量起跳线后缘至最近着地点后的垂直距离，以厘米为单位，不计小数。

四、坐位体前屈

受试者两腿伸直，两脚平蹬测试纵板，坐在平地上，两脚分开 10～15 厘米，上体前屈，两臂伸直，用两手指尖逐渐向前推动游标，直到不能前推为止（附图 2-2）。测试计的脚蹬纵板内沿平面为 0 点，向内为负值，向前为正值。记录以厘米为单位，保留一位小数。测试两次，取最好成绩。

附图 2-2　坐位体前屈测试示意图

五、800 米（女）、1000 米（男）跑

受试者至少两人一组进行测试，站立式起跑。当听到"跑"的口令后开始起跑。计时员看到旗动可开表计时，当受试者的躯干部到达终点线垂直面时停表。以分、秒为单位记录测试成绩，不计小数。

六、50 米跑

受试者至少两人一组进行测试。站立式起跑，受试者听到"跑"的口令后开始起跑。发令员在发出口令的同时要摆动发令旗。计时员视旗动开表计时，受试者躯干部到达终点线的垂直面停表。以秒为单位记录测试成绩，精确到小数点后一位，小数点后第二位数按非 0 进 1 原则进位，如 10.11 秒读成 10.2 秒并记录之。

七、肺活量

房间通风良好；使用干燥的一次性口嘴（非一次性口嘴，则每换一次测试对象需消毒一次，每测一人时将口嘴向下倒出唾液并注意消毒后必须使其干燥）。肺活量计主机放置在平稳桌面上，检查电源线及接口是否牢固，按工作键液晶屏显示"0"即表示机器进入工作状态，预热 5 分钟后测试为佳。

首先，应告知受试者不必紧张，并且要尽全力，以中等速度和力度吹气效果最好。令被测试者面对肺活量计站立，手持吹气口嘴，测试过程口嘴或鼻处不能漏气，如漏气应调整口嘴和用鼻夹（或自己捏鼻孔）；学会深吸气（避免耸肩提气，应该像闻花似的慢吸气）。受试者进行一两次较平日深一些的呼吸动作后，更深地吸一口气，屏住气向口嘴处慢慢呼出至不能再呼为止，防止此时从口嘴处吸气。测试中不得中途二次吸气。吹气完毕后，液晶屏上最终显示的数字即为肺活量毫升值。以毫升为单位，不保留小数。

八、体　重

测试时，杠杆秤应放在平坦地面上，调整 0 点至刻度尺水平位。受试者赤足，男性受试者身着短裤；女性受试者身着短裤、短袖衫，站在秤台中央（附图 2-3）。测试人员放置适当砝码并移动游标至刻度尺平衡。读数以千克为单位，精确到小数点后一位。记录员复述后将读数记录。测试误差不超过 0.1 千克。

附图 2-3　体重测试示意图

九、身　高

受试者赤足，以立正姿势站在身高计的底板上（上肢自然下垂，足跟并拢，足尖分开成 60°角）。足跟、骶骨部及两肩胛区与立柱相接触，躯干自然挺直，头部正直，耳屏上缘与眼眶下缘呈水平位（附图 2-4）。测试人员站在受试者右侧，将水平压板轻轻沿立柱下滑，轻压于受试者头顶。测试人员读数时，双眼应与压板水平平面等高，记录员复述后进行记录。以厘米为单位，精确到小数点后一位。测试误差不得超过 0.5 厘米。

附图 2-4　身高测试示意图

附录三　《国家学生体质健康标准》测试评分表

附表 3-1　体重指数（BMI）单项评分表　（单位：千克/米²）

等　级	单项得分	大学男生	大学女生
正　常	100	17.9～23.9	17.2～23.9
低体重	80	≤17.8	≤17.1
超　重		24.0～27.9	24.0～27.9
肥　胖	60	≥28.0	≥28.0

附表 3-2　大学男生各测试项目评分表　（大一、大二适用）

等　级	单项得分	肺活量/毫升	50米跑/秒	坐位体前屈/厘米	立定跳远/厘米	引体向上/次	耐力跑1000米/（分·秒）
优　秀	100	5040	6.7	24.9	273	19	3'17"
	95	4920	6.8	23.1	268	18	3'22"
	90	4800	6.9	21.3	263	17	3'27"
良　好	85	4550	7.0	19.5	256	16	3'34"
	80	4300	7.1	17.7	248	15	3'42"

续 表

等 级	单项得分	肺活量/毫升	50米跑/秒	坐位体前屈/厘米	立定跳远/厘米	引体向上/次	耐力跑1000米/（分·秒）
及 格	78	4180	7.3	16.3	244		3'47"
	76	4060	7.5	14.9	240	14	3'52"
	74	3940	7.7	13.5	236		3'57"
	72	3820	7.9	12.1	232	13	4'02"
	70	3700	8.1	10.7	228		4'07"
	68	3580	8.3	9.3	224	12	4'12"
	66	3460	8.5	7.9	220		4'17"
	64	3340	8.7	6.5	216	11	4'22"
	62	3220	8.9	5.1	212		4'27"
	60	3100	9.1	3.7	208	10	4'32"
不及格	50	2940	9.3	2.7	203	9	4'52"
	40	2780	9.5	1.7	198	8	5'12"
	30	2620	9.7	0.7	193	7	5'32"
	20	2460	9.9	−0.3	188	6	5'52"
	10	2300	10.1	−1.3	183	5	6'12"

附表 3-3   大学男生各测试项目评分表　　　　　　　　（大三、大四适用）

等 级	单项得分	肺活量/毫升	50米跑/秒	坐位体前屈/厘米	立定跳远/厘米	引体向上/次	耐力跑1000米/（分·秒）
优 秀	100	5140	6.6	25.1	275	20	3'15"
	95	5020	6.7	23.3	270	19	3'20"
	90	4900	6.8	21.5	265	18	3'25"
良 好	85	4650	6.9	19.9	258	17	3'32"
	80	4400	7.0	18.2	250	16	3'40"
及 格	78	4280	7.2	16.8	246		3'45"
	76	4160	7.4	15.4	242	15	3'50"
	74	4040	7.6	14.0	238		3'55"
	72	3920	7.8	12.6	234	14	4'00"
	70	3800	8.0	11.2	230		4'05"
	68	3680	8.2	9.8	226	13	4'10"
	66	3560	8.4	8.4	222		4'15"
	64	3440	8.6	7.0	218	12	4'20"
	62	3320	8.8	5.6	214		4'25"
	60	3200	9.0	4.2	210	11	4'30"
不及格	50	3030	9.2	3.2	205	10	4'50"
	40	2860	9.4	2.2	200	9	5'10"
	30	2690	9.6	1.2	195	8	5'30"
	20	2520	9.8	0.2	190	7	5'50"
	10	2350	10.0	−0.8	185	6	6'10"

附表 3-4　大学女生各测试项目评分表　　　　　　　（大一、大二适用）

等级	单项得分	肺活量/毫升	50 米跑/秒	坐位体前屈/厘米	立定跳远/厘米	1 分钟仰卧起坐/次	耐力跑 800 米/（分·秒）
优秀	100	3400	7.5	25.8	207	56	3'18"
	95	3350	7.6	24.0	201	54	3'24"
	90	3300	7.7	22.2	195	52	3'30"
良好	85	3150	8.0	20.6	188	49	3'37"
	80	3000	8.3	19.0	181	46	3'44"
及格	78	2900	8.5	17.7	178	44	3'49"
	76	2800	8.7	16.4	175	42	3'54"
	74	2700	8.9	15.1	172	40	3'59"
	72	2600	9.1	13.8	169	38	4'04"
	70	2500	9.3	12.5	166	36	4'09"
	68	2400	9.5	11.2	163	34	4'14"
	66	2300	9.7	9.9	160	32	4'19"
	64	2200	9.9	8.6	157	30	4'24"
	62	2100	10.1	7.3	154	28	4'29"
	60	2000	10.3	6.0	151	26	4'34"
不及格	50	1960	10.5	5.2	146	24	4'44"
	40	1920	10.7	4.4	141	22	4'54"
	30	1880	10.9	3.6	136	20	5'04"
	20	1840	11.1	2.8	131	18	5'14"
	10	1800	11.3	2.0	126	16	5'24"

附表 3-5　大学女生各测试项目评分表　　　　　　　（大三、大四适用）

等级	单项得分	肺活量/毫升	50 米跑/秒	坐位体前屈/厘米	立定跳远/厘米	1 分钟仰卧起坐/次	耐力跑 800 米/（分·秒）
优秀	100	3450	7.4	26.3	208	57	3'16"
	95	3400	7.5	24.4	202	55	3'22"
	90	3350	7.6	22.4	196	53	3'28"
良好	85	3200	7.9	21.0	189	50	3'35"
	80	3050	8.2	19.5	182	47	3'42"
及格	78	2950	8.4	18.2	179	45	3'47"
	76	2850	8.6	16.9	176	43	3'52"
	74	2750	8.8	15.6	173	41	3'57"
	72	2650	9.0	14.3	170	39	4'02"
	70	2550	9.2	13.0	167	37	4'07"
	68	2450	9.4	11.7	164	35	4'12"
	66	2350	9.6	10.4	161	33	4'17"
	64	2250	9.8	9.1	158	31	4'22"
	62	2150	10.0	7.8	155	29	4'27"
	60	2050	10.2	6.5	152	27	4'32"

等　级	单项得分	肺活量/毫升	50 米跑/秒	坐位体前屈/厘米	立定跳远/厘米	1 分钟仰卧起坐/次	耐力跑 800 米/（分·秒）
	50	2010	10.4	5.7	147	25	4'42"
	40	1970	10.6	4.9	142	23	4'52"
不及格	30	1930	10.8	4.1	137	21	5'02"
	20	1890	11.0	3.3	132	19	5'12"
	10	1850	11.2	2.5	127	17	5'22"

附表 3-6　大学生加分指标测试项目评分表一　　　　　　（单位：次）

加　分	引体向上（男）		1 分钟仰卧起坐（女）	
	大一、大二	大三、大四	大一、大二	大三、大四
10	10	10	13	13
9	9	9	12	12
8	8	8	11	11
7	7	7	10	10
6	6	6	9	9
5	5	5	8	8
4	4	4	7	7
3	3	3	6	6
2	2	2	4	4
1	1	1	2	2

注：引体向上（男）、1 分钟仰卧起坐（女），均为高优指标，学生成绩超过单项评分 100 分后，以超过的次数所对应的分数进行加分。

附表 3-7　大学生加分指标测试项目评分表二　　　　　　（单位：分·秒）

加　分	1000 米跑（男）		800 米跑（女）	
	大一、大二	大三、大四	大一、大二	大三、大四
10	−35"	−35"	−50"	−50"
9	−32"	−32"	−45"	−45"
8	−29"	−29"	−40"	−40"
7	−26"	−26"	−35"	−35"
6	−23"	−23"	−30"	−30"
5	−20"	−20"	−25"	−25"
4	−16"	−16"	−20"	−20"
3	−12"	−12"	−15"	−15"
2	−8"	−8"	−10"	−10"
1	−4"	−4"	−5"	−5"

注：1000 米跑（男）、800 米跑（女）均为低优指标，学生成绩低于单项评分 100 分后，以减少的秒数所对应的分数进行加分。